阅读成就思想……

Read to Achieve

卓越教练技术系列

MBTI
教练法

［英］珍妮·罗杰斯（Jenny Rogers）◎ 著

宋　霆◎译　黄学焦◎审译

COACHING WITH
PERSONALITY TYPE

WHAT WORKS

中国人民大学出版社

· 北京 ·

图书在版编目（ＣＩＰ）数据

MBTI教练法 / （英）珍妮·罗杰斯（Jenny Rogers）
著；宋霆译. -- 北京：中国人民大学出版社，2023.6
书名原文: Coaching with Personality Type: What
Works
  ISBN 978-7-300-31690-1

  Ⅰ. ①M… Ⅱ. ①珍… ②宋… Ⅲ. ①企业管理—组织
管理 Ⅳ. ①F272.9

  中国国家版本馆CIP数据核字(2023)第080918号

MBTI教练法

［英］珍妮·罗杰斯（Jenny Rogers） 著

宋 霆 译

黄学焦 审译

MBTI JIAOLIAN FA

出版发行 中国人民大学出版社

社　　址 北京中关村大街 31 号　　　　　　　**邮政编码** 100080

电　　话 010-62511242（总编室）　　　　　010-62511770（质管部）
　　　　　 010-82501766（邮购部）　　　　　 010-62514148（门市部）
　　　　　 010-62515195（发行公司）　　　　 010-62515275（盗版举报）

网　　址 http://www.crup.com.cn

经　　销 新华书店

印　　刷 天津中印联印务有限公司

开　　本 720 mm×1000 mm　1/16　　　　　**版　次** 2023 年 6 月第 1 版

印　　张 16　插页 1　　　　　　　　　　　**印　次** 2023 年 6 月第 1 次印刷

字　　数 236 000　　　　　　　　　　　　**定　价** 69.00 元

一个人不管活得多长，过得多么跌宕起伏，总会有那么一个瞬间，这个人会恍然大悟，知道自己究竟"是谁"。

——豪尔赫·路易斯·博尔赫斯（1899-1986）

我经常被新教练问到的一个问题就是："我还需要获得哪些资格认证呢？"接下来他们很快就会问："你看 MBTI^① 怎么样？"

这本书是写给那些想要知道自己为什么需要，以及如何才能够将类似于 MBTI 或其他的荣格式测评工具应用到自己的教练实践当中的教练的。这本书回答了以下这类问题：我怎样才能从这类测评工具中获得最大的价值？我如何才能避免让客户觉得我在把它强加给他们？我如何将它与其他工具、方法混合使用？我怎样才能让它与教练的其他部分完美融合？如果客户拒绝，我该怎么办？

这本书的前十章讲述了如何在一对一教练中对个体使用这些问卷。最后三章则是关于如何在团队教练中，或者在面对团体的场合中（例如在管理开发培训课程上）使用类型工具。

在处理教练使用人格类型问卷会遇到的许多问题时，我并不会假设对方已经完整接受了有关问卷运用的训练；即使你已经接受了相关训练，我也不会假设这种训练收到了令人满意的效果。同时，我也不认为教练一定能记住所学过的东西。我遇到过太多的教练，在他们的案例中，这种训练收效甚微。例如，曾有一位同事告诉我，尽管她完成了训练，但她从来没有在她的教练工作中使用过 MBTI，因为她认为 MBTI 无非就是她所说的"简单到了荒谬可笑程度的类型描述"。经过一番了解，

---

① MBTI 全称为 Myers-Briggs Type Indicator，直译为迈尔斯－布里格斯类型指标，是荣格心理类型理论，以及据此开发的测量工具中最广为人知和广泛使用的一种，也是此书介绍的主要工具。因此，为方便起见，在本书中直接使用其缩写，即 MBTI。——译者注

我发现原来她的认证培训不是在英国做的，而是由一名年轻的研究生在某个异国他乡之地"操刀"，这名研究生可能自己都还没有搞明白他所教的东西。我还曾经督导过一位经验丰富的教练，她向我坦承，虽然经过了非常全面的培训，但是之后她却并没有立即招揽客户来巩固自己对于这一工具的理解，导致她现在很紧张，不确定该如何使用它。我还知道，有许多教练给客户使用的是免费的、互联网版本的荣格式类型指标测评，但他们对这类问卷背后所蕴藏的思想了解很有限，仅限于他们自己身为教练对象时所学到的东西，再加上一点点延伸阅读。还有一些人会利用持证的施测师帮助自己购买资料[①]，希望凭借自己相当粗浅的知识能够糊弄过去。在一次聚会上，一位曾经这样做的教练借着酒劲，才非常尴尬地、嘟嘟囔囔地说他过去也用这套方法对付他的客户；直到他发现有位客户对问卷的了解比他的还多之后，才停止了这种做法。

偏好与两分

如果你对荣格式类型指标中使用的专业标签和术语不太熟悉，那么以下这一小节能够帮助你快速入门。

"偏好"这个概念对于理解荣格式的思想至关重要。这也是伊莎贝尔·迈尔斯（Isabel Myers）的著作被排挤了如此之久的主要原因之一。荣格式测评问卷是基于这样一种观点而开发的，即存在着四组两极性的偏好，也可称之为"两分"，因为它们各自代表了一组心理上的对立特征。其理论假设是：我们所有人都可能同时具有这八种偏好，但每一对中会有某一种是我们很可能更偏好的，这种更偏好带来的是舒适感和更高超的运用技巧。你的某种偏好有可能会非常不引人注意，也有可能会体现得十分明显。心理健康有赖于发展每种偏好中的积极部分和控制住每种偏好中的消极部分。这套假设是对心理测量学家的一个挑战，因为他们更喜欢中庸为佳的想法——每样事情都沾点边。事实上，荣格式测评问卷中，除了 MBTI 以外的一些替代版本也的确将这种中间状态列作一种可能性。

---

① 按照 MBTI 版权拥有方的规定，只有经过了认证培训并且考试合格的施测师才能购买测评问卷、报告等一系列相关资料。这也是在商业世界中，关于绝大多数心理测评工具使用的通行做法。——译者注

因此，这些词语中的每一个也有着与之关联的、不同于日常用法的特别含义。举例来说，外向（extraversion，E）并不意味着很好的社会调适，直觉（intuition，因为 I 已经被用于内向，故用 N）并不意味着依靠直觉来行事；感性（feeling，F）并不意味着情绪化；而判断（judging，J）也并不意味着喜欢评判他人。人格类型所使用的这套特殊语言可能会使人分散注意力并造成严重误导。我有一个明显属于"外向"类型的好朋友，对于 MBTI 只是一知半解，曾经天真地问我是否认为她丈夫（INTP）和我（INTJ）属于"高功能内向症"的典型患者，因而暴露了她自己完全错误的假设，即内向（introversion，I）偏好在某种程度上与自闭症有关[①]。直到现在，我回想起这件事情都忍不住想笑。

每个"两分"的任一端都各自有其需求及相对应的行为。

从哪里获取能量	
外向（E）	内向（I）
要采取行动，需要与他人的联系；通过大声说出想法来进行思考；喜欢和人交流来往，积极活跃；喜欢广度多于深度	需要隐私，需要反思；想透了才会开口；享受独处；喜欢深度多于广度
缺点：说的太多；听的太少；用过多的活动把自己搞得精疲力竭	缺点：看上去冷漠且疏离；可能会显得害羞、不作为，以及缺乏社交联系

如何感知、理解世界，注意力首先投向哪里	
感觉（S）	直觉（N）
对具象的事物敏感：可视、可尝、可闻、可触、可听的东西；依赖于已经熟悉的事物；一步接一步地做事情	对抽象的事物敏感：可能性、想法、模式、新奇之事；喜欢标新立异；思维跳跃
缺点：有时太古板教条；抗拒改变	缺点：不切实际、好高骛远；过分求变，甚至为了改变而改变

---

① 由于自闭症中有一个类别叫作"高功能自闭症（high-functioning autism）"，故此作者的朋友会有此问。——译者注

如何做决策	
理性（T）	感性（F）
基于客观事实做决定；拉开距离以求看到全景；追求符合逻辑的、公平的结果	基于对人际关系和个人价值观做决定；追求慈悲的、有同情心的结果
缺点：显得强硬和不近人情；忽略了人性的维度	缺点：显得多愁善感；忽略了理性的维度

生活方式是怎样的	
判断（J）	感知（P）
有条理、有决断；喜欢制订计划和目标	保持灵活性和适应性；喜欢顺其自然，随机而变
缺点：过早下决定；过于严肃；对于"完成任务"有很大的执念	缺点：错过最后期限；过于轻佻；凌乱散漫，没有条理

从每一对偏好中选出一种偏好，将遴选出来的四种偏好用四个字母来代表，再对其进行排列组合，就得到了 16 种可能的人格类型。

表 1 列出了这 16 种人格类型的简要侧写。

表1 16种人格类型的简要侧写

ISTJ	ISFJ	INFJ	INTJ
• 深思熟虑、谦恭有礼、责任心强、掌控欲很强、追求效率 • 似乎"永远不会下班"，一直在工作 • 对系统和过程给予极其细致的关注 • 喜欢合理规则所带来的明确性 • 可能会很固执 • 可能过分依赖细节，倾向于忽视别人的感受	• 亲切、迷人、有耐心 • 强烈的责任感和对传统的热爱使他们乐于助人、行事低调谦逊 • 善于观察别人的感受 • 注重细节，稳重认真 • 言出必行 • 可能需要防范被他人利用和怨恨	• 敏感、耐心、有洞察力、勤备 • 愿意多花心思去了解人际关系的复杂性 • 希望自己的思想能够对人们产生长期的、决定性的影响 • 有可能耽于梦想，显得神秘莫测 • 可能会发现很难把自己摆在第一位	• 内心能量充沛、非常独立、喜欢掌控全局又不失泰然自若的公众形象（这种形象掩盖了对自己与他人的能力、才干的极度渴求） • 对于"改进"非常迫切 • 喜欢管理和设定条理 • 可能会比较具有批判性，比较超然，给人一种无论如何都难以取悦的印象

ISTP	ISFP	INFP	INTP
• 在社交上显得内敛 • 冷静的观察者 • 需要看到丰富多样性 • 当需要快速应对危机时，能充分发挥自己的才干 • 需要"能以匠心妙手应对意外"的自我感受 • 超然的态度，对隐私的需求，以及不情愿与他人交流可能会带来人际关系问题	• 善良、谦逊、关心他人、没有要给人留下深刻印象或控制他人的需要 • 讨厌冲突 • 有服务他人的意愿，但要按照自己的方式 • 非常享受安静的乐趣 • 喜欢不加评判地提供实际支持 • 做事讨巧有成效，也可能会因为不愿与人交流或提供或解释而惹怒他人	• 温和、忠诚和表面上顺从的风格可能会隐藏其强烈的理想主义和内驱力 • 想要按照自己的价值观生活，拓展自我和他人的潜能 • 对于世俗的财物或控制他人几乎没有兴趣 • 对完美的追求无止境可能会使其一直举棋不定或产生不必要的内疚	• 善于分析，持怀疑态度，冷静地寻求真理 • 喜欢复杂的、理论性的和新奇的东西 • 抗拒权威，也不喜欢自身成为权威 • 不断地通过实践挑战现状 • 随时准备重新思考 • 需要注意他们对真相穷追细究的热情可能会使其与别人疏远自己

续前表

ESTP	ESFP	ENFP	ENTP
• 直率、开朗、务实、有创造力 • 对生活充满热情 • 只要能立即采取切实行动以加以回应，同样也看着自己看作适应性强的热爱挑战 • 把自己看作能适应性强的、能钻规则漏洞洞悉现实的现实主义者，能够接纳他人（的意见） • 需要注意的是，一时的权宜之计终归不能有大成就	• 开放、谦虚、慷慨、机智 • 活泼风趣、追求务实、重视他人，这些特点使他们善于了解防备心理，对人对己都抱持现实主义的态度 • 善于交际、亲切、灵活、喜欢出风头 • 全身心地享受生活的美好 • 需要注意的是，不要让他人感觉自己轻浮或不专注	• 热情、多才多艺的创新者 • 喜欢即兴发挥 • 喜欢通过创造力，以及对人们日常行为方式的洞察力来帮助他人解决问题 • 在人际交往中，既需要表达出自己的真诚，也必须感受到他人的真诚 • 架起沟通的桥梁，崇尚言行一致 • 可能需要提防"蝴蝶穿花、蜻蜓点水"式的做事方法，这种做法会耗尽自己和他人的精力	• 精力充沛、性急、有原创性 • 总想要亲临行动现场 • 想成为正确行动的一方，而且要拔得头筹 • 讨厌常规和细节 • 喜欢挑战传统观念，崇尚独立性 • 需要注意的是，不要因为爱争论辩到底而无意中伤害到别人
ESTJ	**ESFJ**	**ENFJ**	**ENTJ**
• 爽快、果断、勇敢 • 总想要马上就把事情安排好 • 需要通过对细节的关注来维持稳定和秩序 • 与人交往时精力充沛，性格直来直去，甚至有些粗鲁 • 脚踏实地、务实 • 需要注意的是，不要忽略方式方法和对人际关系的敏感性	• 友好、活泼、健谈、忠诚、务实 • 与人打交道时，按照常识常理行事，能给别人带来温暖 • 需要别人的认可 • 喜欢忙碌、组织安排事情和社交活动 • 重视工作的系统性和合作性 • 对别人的冷淡和漠视会很敏感 • 需要学会以一种更超脱的方式来给予和接受批评	• 圆滑老练、善于与人打交道 • 天生口才灵巧、立志要投身于将会造福世界的大事业 • 能够启发鼓舞其他人，也喜欢鼓励别人 • 坚信众生平等 • 对不和谐之事非常敏感 • 需要防备总是要"拯救"他人的倾向，或者让理想主义蜕变为僵化的教条	• 精力充沛、头脑清晰、决策果断、善于分析 • 渴望把想法转化为行动 • 讨厌矛盾和逻辑不通之事 • 需要有权威感 • 充满自信、善于表达 • 坚持从大局出发、热衷于对标准的改进和变革的实施会开积极的讨论 • 直率的行事风格可能会得罪生硬，还可能会让人感到别人感到害怕

背景

迈尔斯 – 布里格斯类型指标是荣格式人格问卷中最著名的一种，也是世界上使用最广泛的心理测量工具。其开发者伊莎贝尔·迈尔斯和她的母亲凯瑟琳·布里格斯（Katharine Briggs）都是未经训练但天赋异禀的心理测量学研究人员。她们痴迷于卡尔·荣格（Carl Jung）的著作，她们深信：如果自然界存在着可以观察到的（运行）模式，那么人类的性格也应该如此。这种痴迷和信念驱动着她们自筹资金，做了多年新奇而严谨的研究。她们的工作在好几个方面与荣格的思想有着明显的不同。例如，荣格自己从来没有对"人格类型"做过命名和标记；此外，她们也将荣格识别出来的 8 种认知功能扩展为 16 种不同的人格类型。

蒙受了数十年的鄙视、排斥和敌意后，伊莎贝尔·迈尔斯的工作终于在 20 世纪70 年代获得认可。经典的 MBTI 测试问卷现在有了多种语言版本，可以从其美国出版商 CPP（原名为咨询心理学家出版社）处买到，在英国则由 OPP（原名牛津心理学家出版社）发行。目前有两个版本的调查问卷，所谓的"第一步"（Step I），也就是原来的版本，把你归入到 16 种类型中的一种；所谓的"第二步"（Step II）则将每个"两分"（即一对"偏好"）分成五个次一级的"构面"（facet），提供了更关注行为的报告，并给出了相当细致的评分。但同时还存在着许多其他版本，如凯尔西类型指标（Keirsey Type Indicator）和荣格类型指标（Jungian Type Indicator）。本书的第 3 章讨论了针对 MBTI 测试"第一步"的各种替代方案，所有这些方案都在一定程度上受到了荣格思想的启发。

在迈尔斯和布里格斯展开研究的同时，商业用途的心理测量也在 20 世纪中后期兴起并蓬勃发展，成为一类小型的产业。促使这一产业蓬勃发展的原因是人们想要通过客观的方法测评出适合自己的工作类型。这就催生出了许多优秀的测量问卷，这些问卷会测量各种各样对人的性格的影响因素，包括语言推理、数字能力、空间能力、个性特征、优势、情商、动机，以及许多其他的影响因素。

对人类性格进行分类的兴趣在历史上由来已久，这种分类可以追溯到古希腊的医生希波克拉底生活的时代（公元前 460—前 370 年）但也可能比这更早，甚至可以追溯到古两河文明或古埃及文明。希波克拉底提出了关于四种气质的理论，他认为气质是由不同的体液造成的。现在看来，这种解释固然有些古怪，但他对于气质的描述被后人接受并得到了发展。直到今天，其作用仍然无法被否认。气质说在当代的一种表现形式是大卫·凯尔西（David Keirsey）提出的气质分类，它与 MBTI 有着明确的关联。

我的教练从业史

大约在 30 年前，我正在通往"教练"的路上摸索着前行，当时根本没有想到后来它会成为我终生的职业。当时我不知道还有谁在做这种事情，也不知道该用什么词来形容这种活动。事实上，在英国广播公司（BBC）的高级经理来向我寻求"帮助"时，我用了一个模糊的术语"一对一工作"来指代这件事。我曾经在 BBC 工作，后来做电视制片人，然后在出版行业工作了几年，再接着回到 BBC 负责"管理发展部"的工作。我所在的部门当时对 MBTI 测试表现出了极大的热情，但我之前从未听说过它。

我心不甘情不愿地报名参加了一场为期两天的内部培训课程。这场培训由一位杰出的施测师来实施。然后，随着我对 MBTI 了解得越来越多，慢慢地，我自己也变成了一个狂热的爱好者。

正如许多其他对荣格式类型指标产生兴趣的人一样，我当时也非常幼稚，甚至会认为在经过两天的培训后，我已经懂得了所需要知道的绝大部分内容；任何进一步的培训无非是在走形式而已，完成培训只是为了使我满足限制条件，否则我就不能购买和使用官方版本的问卷。我报名参加了 OPP 的五天认证课程，然后就完全被震住了，我意识到自己掌握的知识其实很粗浅，而课程结束时的考试也绝不仅仅是走个形式，因为你必须在四张卷子上都要拿到 80% 的分数才算是通过考试。

这种异常严格的认证过程很快就得到了回报。培训结束后仅仅四周，我就向 40 名年轻的医生介绍了 MBTI 问卷，其中几位医生坚决要求我拿出关于效度的研究证据。当时我非常高兴自己可以从容不迫地谈论 T 值（T-score）和概率论。老实说，这些内容我现在大部分都已经忘记了。如果我确实遇到了需要重新学习这些内容的场合，我现在手边就有非常全面的技术手册（可以拿出来温习）。

然后，就像许多其他教练一样，我开始让我的客户做 MBTI 测试。这是怎么回事呢？一部分原因是，每当我被某件事物牵动了热情时，我就想要与人分享。另一部分原因则是这样做能带来信心上的提振：别忘了，当时教练刚刚作为一门专业发展起来，与教练相关的特定培训基本上很少，甚至根本就没有。我们这些拓荒者基本上就是边学习边做，任何培训及提升业务水平的机会都不能放过。

很快，我就发现了对起源于美国的那些说明材料存在着某种程度的抵制，尽管我过去和现在都认为这些材料很棒。当时，还没有英式英语的翻译版本。我的英国客户抱怨说他们不喜欢美式英语，也不理解被他们称之为"类型术语"类似的一些专业表达；此外，还抱怨说这些材料里面关于领导力的内容太少了。要明白我当时是在 BBC 工作，所以身边充斥着受过良好教育的，并且有时会过于自信、喜欢和人辩论的人（这已经说得很委婉了）。我在两年多的时间里频繁地使用着这套工具，已经积累了来自不同机构的数百名客户，所以当时我有着足够的自信，认为可以对此做一些细微的改进。我义无反顾地开展自己的研究，并开发出属于自己的一套类型解读侧写。幸运的是，到了这个阶段，我已经被教练这项事业牢牢地吸引住了，所以我离开了 BBC，成立我自己的公司，这就给了我自己许多时间和空间来做这项工作。

我最初开发类型解读侧写只是为了自己的使用。我建立了结构松散的标准组，每种类型大约有 15 人，并努力增添新的类型侧写。我的构思是：在教练会谈之间给客户一些可以阅读的东西，这样我们就可以在下一场教练会谈中再次探讨他们的偏好。我鼓励这些客户要特别指出他们非常赞同的描述，以及对他们来说明显是错误的描述，直到现在为止我仍然这样做。没过多久，其他教练就开始向我索要这种材料。当时，在剑桥管理中心（后来叫 ASK Europe，即"问问欧洲"）工作的乔治·戴维斯（George Davies）看到了这些资料，觉得很喜欢，于是我们就启动了一个联合出版的项目。这个项目后来非常成功，有两本书卖得很好：《组织内工作中的 16 种人格类型》（*Sixteen Personality Types at Work in Organisations*）和

《运用 16 种人格类型影响他人》(*Influencing Others Using the Sixteen Personality Types*)。

到底为何要将心理测量学引入教练中

教练是一个比心理测量学更大的话题，反之亦然。然而，以下所述的两个领域的交汇点，在我来看是价值连城的。

用自己的脑子好好想想究竟什么是教练，这一点很重要。教练的本质是改变。如果没有什么需要改变的，那么你就不需要一名教练。这种改变可能是你需要一份新工作，或者是你需要学习如何成为一名领导者，或者是如何有效地影响他人，或者是如何改善你生活中重要的人际关系。有几十种关于教练的定义，其中许多定义非常重要，因为对于一种新兴的职业，我们总是急于要说明白它"不是"什么：不是心理咨询，不是顾问，不是治疗，不是辅导，不是精神病学；面向健康的人，而非生病的人。在 30 多年的后的今天，教练这个行业已经有了长足的发展，全世界有成千上万的教练正在为他们的客户提供服务，也许我们对于"我们是谁，我们做什么"可以多几分自信了。以下是当前我自己对教练的定义：

> 教练是一种帮助他人学习、发展、追求幸福和提升表现的艺术。教练能够提高自我意识，做出选择。通过教练，人们能够找到自己的解决方案，开发自己的技能，改变自己的态度和行为。教练的总体目标就是缩小人们的潜力和他们当前状态之间的差距。

很明显，在这个定义中，没有任何关于心理测量学的内容，但它确实包含了那个重要的词语，即"自我意识"。这就是心理测量评估能够派上大用场的地方，同样我在本书中也会对其详加探讨。但事实上，即使从来没有使用过任何心理测量问卷，仍然可以成为一名优秀的教练。经过成千上万个教练小时以后，我终于能够正确看待自己对 MBTI 测试的热爱了。在我进行督导时，我会对大约一半的客户使用MBTI 测试。所以请注意，在对另外一半的客户进行督导时我不会使用它的。我很少单独使用 MBTI，通常至少有另外一个心理测量工具与之相伴（关于这方面的更多信息，请参阅第 10 章）。我既明白它的弱点，也对它经久不变的优点了然于胸。

人格类型的丰富性

无论你选择哪种工具，都要接受全面的培训，然后让自己尽可能多地练习，没有第二条路可以走。在练习中，你肯定会发现，客户并不总是遵守简洁的规则，而人类的个性也会抗拒被分门别类。尽管如此，我仍然对那些杰出的心理测量学家非常感激，在他们当中当然也包括伊莎贝尔·迈尔斯和凯瑟琳·布里格斯。多亏了他们的见解，我们的教练工作才变得如此丰富。是他们给了我们一套语言和一套系统，延伸了我们工作的深度。在本书中，我所论及的是如何对个人和团体使用人格"类型"[①]这一类别的问卷，改编了一些著名的练习，并添加了我发现的其他一些有效的练习。既然所有的教练都和提高自我意识有关，为了做到这一点，我们就必须提高自己的自我意识。最起码也要做到对自己下功夫，了解自己的"热点"[②]、偏见和优势。自己多做一些心理测试，看看其中哪些对你有用。想要知道哪些测试对他人来说有用，亲身尝试永远是你最好的指南针。

关于命名法的说明。心理测量中一个可能令人困惑的方面是，有太多的不同被用来描述这一概念。在美国，心理测量被称为"评估"（assessments），而在英国，这个词很少被这样使用。心理测量也可能被称为"测试"（tests），如果其中并没有"正确 / 错误"式的答案，就像在荣格式的测量产品例子中一样，这种说法

---

① 针对人格的心理测量理论和问卷大体上可以分为两类，其一为"类型"（type）说，其二为"特质"（trait）说。前者的代表如 MBTI、九型人格等，也包括 DISC、PDP 和性格色彩等脱胎于气质理论的说法，其共通之处是将人格"分类"。后者的共通之处是针对某个或某些人格特征进行测量，如卡特尔 16PF、加州人格量表 CPI，等等。两者之间的差别，简单来说，可以按照作者之前在本书前言里已经提到的那样，类型说的假设多多少少偏向于极性分布，排斥"中庸"，其输出的测量结果不管是多少个门类，总归是某些"离散值"；而特质说即使没有明说，其对大范围人群的测量结果也默认应该是服从于近似正态的分布，所以可以说特质说在某种程度上喜欢"中庸"而排斥极性，且其输出的测量结果相对于"类型说"而言更接近于"连续值"。本书主要使用的是类型说的工具，故有此语。——译者注

② 热点（hotspot）在 MBTI 等人格心理学理论范畴内特指那些会引发个体的模式化反应的刺激，与此类似的表达还有"触发器"（triggers）和"热按钮"（hot button），等等。——译者注

就会产生误导。其他相关术语还包括调查（survey）和指标（indicator），以及工具（instrument）和问卷（questionnaire）。本书选择使用的是"问卷"和"工具"这种说法，在本书中这两者之间可以互换使用。

关于案例研究，所有的客户隐私会被严格保密。

第 11 章　团体工作：荣格式问卷的增值之处

第 12 章　设计一场介绍性的工作坊

第 13 章　团队的自我审视

Coaching with Personality Type:
What Works

————

第 1 章

要有热情，但不要迷信

一个当教练的朋友苦笑着告诉我她和她当医生的哥哥之间的一次交谈。她哥哥也被那个常见的"到底什么是教练"的问题所困扰，因此就来问她在一次教练会谈中她到底会做些什么。

"我提出问题，聆听回答。"她很酷地说。她的兄长在脸上挤出一副惊讶的表情，但事实上他也真的很诧异。

"你的意思是，人们就是为了这些玩意儿向你付费？"

是的，客户的确就是为了这些而支付费用。那他们实际上是在为什么付费呢？很显然，教练并不能够像医生那样运用自己所掌握的深刻而专业的医学知识，尽其所能为患者做出诊断，甚至挽救生命。然而，我们的客户之所以要寻求教练，是因为他们认为我们这些教练所能提供的一些服务，是他们无法通过给朋友打个电话或者是在酒吧里聊一场天就能得到的。他们的逻辑是，至少我们这些教练拥有智慧、心理成熟、沉着冷静，并且有管理好自己生活的能力。这就是为什么一个身材肥胖、烟瘾大的人，又或者是毁掉了自己的职业生涯、明显已经垮掉的人将很难在这行业谋生——缺乏自我管理的证据是如此地显而易见，这就使他宣称自己能够帮助他人解决类似问题的说法变得苍白无力。很明显，随着教练发展成为一种职业，我们也需要具体、可论证的专业知识。这些专业知识的基础无疑应该是我们对于人类心理的理解，这也是人格问卷能够使我们受益匪浅的原因之一。

人格类型的吸引力

获得人格测评工具资格认证之所以有吸引力，其原因是：尽管获得这种资格认证确实需要在培训上投入金钱和时间，但却不需要多年的经验积累。一身具备多个心理测量工具的使用资质，"桃李不言，下自成蹊"，自然就已经是一种对于自身专业技能的说明。同时，这也有助于为你增加实践活动的机会，比如做团队教练或经营开发和评估中心。

专业知识也为教练带来了自信。许多教练都会承认自己缺乏信心，因为他们私下里也会像我那个朋友的哥哥一样，问自己同样的问题："为什么会有人愿意为此付费？"知道自己具有专业知识会增强自信。但这种自信也有不那么吸引人的一面——它也可能是一种诱惑，让你相信自己有能力对客户任意施为。如果真的遇到这种问题，那么你必须直面这个问题。教练计划要想成功，唯一可行的方法就是教练和客户平等合作。

心理测量学是了解你自己的捷径

我们大多数人对自己至少会产生几分好奇：为什么我总是在工作中陷入某一类困境？我有什么独特之处？为什么我的许多段情感关系似乎都遵循着同样的过程？我真正想从生活中得到的是什么？像 MBTI 这样的心理测量工具，可以让你用一种清晰的方式，将自己与他人按照某些标准来进行比较。该工具的研发人员发现，这些比较标准直到今天仍然是经得起推敲的。

增强自我意识的好处是多方面的：对于职业和生活方向能够更快、更坚定地做出决定，更牢固地把握优先事项，更清晰地了解自己的个人风格的优缺点，改善工作和私人生活中的人际关系，明白自己要对自己负责，等等。无论客户是渴望找到第一份工作的年轻毕业生，还是名列富时 100 指数成分股或财富百强榜中的公司首席执行官，情况都是差不多的。诚然，客户通常不会在第一次教练会谈时就说"我需要更强的自我意识"，但这往往就是他们所遇到的问题的成因，例如：

> 通过出售公司，我赚了一大笔钱，但现在我不知道如何度过余生。

　　我从大学起就东游西荡。我需要理清头绪，但我并没有要成为兽医、图书管理员或从事任何其他职业的强烈愿望。

　　我当上首席执行官已经一年了，我不知道自己干得怎么样。我收到了某些暗示，董事会不喜欢我的某些行事风格。

　　离我开始这份新工作还有六个星期，我需要确保自己做好充分准备。我不想再犯同样的错误。

　　从事教练这行以后，我们很快就能找出各种各样的借口，将无法达到理想结果的原因归咎于"别人"的无能、自作聪明、食古不化，以及遮遮掩掩。而事实的真相是，这些让人恼火的"别人"很少或者从来没有坐在过你的教练会话室里面，坐在那里的只有你的客户。归根结底，教练最需要向客户提出的一个问题就是"对于如今所发生的这些问题，你要负的责任又是什么呢"（虽然以我的经验而论，大多数教练常常都会尽量避免向客户提出这个问题）。

　　客户们想当然地认为，他们自己对事情现状（以及应该是什么样）的看法与其他人完全一样，对此我已经司空见惯。我自己以前就会犯同样的错误。以人格类型为例，当我首次了解到 MBTI 的时候，我真的觉得很惊讶，居然还有人不是用宏观思维去理解世界，而是将注意力首先投向事实和可见的数据（S），因为我自己有着强烈的直觉（I）偏好，所以我对这些数据兴趣寥寥。事实上，在很长一段时间里，我都不太相信关于人格类型的理论，因为它看上去是如此难以置信；我也不认为自己的反应（即使有些天真）纯粹只是由自己的人格类型所导致的偏见。

　　因此，人格类型的第一个也是最明显的用处，就是让你对自己能够有一些最基本的了解：要记住，除了你自己所归属的人格类型外，还有另外 15 种看待生活的方式；此外，对于那些在理论上与你有着相同偏好的人，他们看待生活的方式仍会是千差万别的。永远不要低估这一工具在增强客户自我认知方面可能产生的影响，特别是当客户首次出现以下的想法时。

克里斯汀（呼叫中心经理，INFP）

在此之前我从未意识到，我这一生都在与这样一种观念做斗争，即"安静内敛是有问题的"。我对内向（I）的偏好，至少在一定程度上解释了我在滔滔不绝地讲了一整天的话之后为何会那么地疲惫，此前我对这一点并不了解。这个工具让我意识到我其实并不喜欢当领导，并且让我明白了原因何在。我一点也不羡慕通常意义上的那种"成功"。MBTI让我真正明白了，我要想生活得幸福快乐，哪些元素是不可或缺的。

伊莎贝尔·迈尔斯在撰写有关MBTI的著作时，把她的书《天生不同》称为"圣经引语"，因为书名总结了MBTI测试之所以能够产生作用的原理。这就是说，没有哪种人格类型比其他任何一种人格类型更好或更差；每种类型都有其天赋，就像每种类型都各有盲点一样。就天资本身而言，没有任何一种天资比其他天资更有价值。这种信念的内核其实相当激进，令人振聋发聩。这个世界需要各种类型的人——随便举个例子来说，如果全世界只有ENTJ一种人格类型，那么世界上就会到处都是使人筋疲力尽的推搡、吵吵闹闹的争执、相互抵触的宏伟计划和无休无止的竞争。而回到现实中，我们却应该感激那些精力充沛的、ENTJ类型的人各安其位，将那些令其他类型的人望而却步的混乱局面整理妥当。

在大多数教练工作中，如MBTI这样的心理测试评估只是整个教练过程中的一部分。但它偶然会成为解开一大堆令人困惑的问题的关键。

 罗宾（家庭主妇、教师，ISFJ）

这位客户做了20年的家庭主妇。19岁时，她怀孕了，从大学辍学，嫁给了一个比自己年纪大很多的男人。现在她41岁了，孩子们都离开了家，她觉得自己完全陷入了僵局。她离了婚，非常渴望进入职场，却几乎没有什么信心。多年来，她一直与焦虑症做斗争，这是一种得到公认的精神健康问题，其病征是：患者的每一个微小症状，无论是真实的还是想象的，都会变成他们心中的一种严重的疾病。治疗性的帮助使她能够面对她的恐惧，也正是她的治疗师建议说职业教练可能是一个上佳的后续（治疗）步骤。罗宾的教练向她简单地介绍了 MBTI，发现罗宾养成了一种行为模式：在她说"是"的时候其实内心的意思是"不"，（勉为其难）地承担让她望而生畏的责任，然后在最后一刻违背承诺。她很擅长被动攻击，穿着打扮更像一个十几岁的少女，并没有一个 40 多岁的女人该有的模样。罗宾和她的教练共同致力于完成一个计划，罗宾迎难而上，并将这个计划称为"成为一个真正的成年人"。他们一起找出了 ISFJ 类型的人的许多典型优点：机敏、默默为人提供帮助、务实、尊重传统、忠诚；然后对这些优点加以利用。他们也采取了一些手段来解决该类型的人所具有的缺点，直到她接受督导之前，这些缺点在她成年后一直与她如影随形。MBTI 在这个案例中起到了关键作用，它所能为客户带来的洞察力和挑战，是其他任何督导方式都无法如此迅速、彻底地达成的，而且这些内容贯穿了他们所有的教练会谈。罗宾注册参加了一个学位课程项目，接受了早教老师的培训，以优异的成绩毕了业，再次步入了婚姻的殿堂，现在她被所在的学校认为是该校成功教学的榜样。

作为一名教练，当你向客户提议进行一次心理测试时，你会发现有非常多的人会退缩。他们其实是害怕：害怕调查问卷会暴露出他们的某些内在的愚蠢，以他们不喜欢的方式对他们进行分类，或者让他们的教练以高人一等的态度对待他们。如果做的是基于特质的问卷，这种恐惧是有充分根据的。这是因为一份基于特质的问卷通常会把你限定在一个 1 ~ 10 分的评分范围内，展示你在某个特质（例如开放性）上的得分究竟有多高或多低。开放性过高可能意味着你容易上当，开放性过低则可能意味着你比较多疑、过度防备。如果给你做的是基于类型原则的问卷，你会被归到一组偏好中去，而不会被加以评判。你可以真诚地向客户保证，在这种测试中，并不存在对错之分，也没有好坏之分，任何结果都是可以接受的——即使客户一开始并不总是这样想。

因此，在首次阅读人格类型侧写时，客户的某种不安的情绪会再次得到缓解。这是因为在撰写人格类型侧写时，撰写人本就已经按照某种人格类型可能会展现出的最佳表现来对其进行描述。有许多客户表面上看起来很自信（实则不然），也有的客户是其所在团队中某种类型的唯一代表。对于以上两类客户，人格类型侧写的这一特点可能会成为一种特别的优势，请看以下案例。

凯文（信息技术顾问，INTP）

　　我一直在想，为什么我在部门里总觉得自己有点像个局外人；而在我的整个人生中，我都感到缺乏自信——我没有上过大学，与我的一些朋友相比，我觉得自己有点笨笨的。我们作为一个团队共同接受了 MBTI 测评，我发现我是这个由 15 人组成的小组中唯一一个具有直觉（N）和思维（T）偏好的人。其他人不是 SF 类型的人，就是 ST 类型的人。在我来看，他们总是把注意力放在一些鸡毛蒜皮的小事上，比如在办公室里摆弄花盆，或者坚持要为每个人都庆祝生日。我意识到，我自己的不合群、古怪的幽默感以及对社交的冷漠，让我的同事感到困惑并开始疏远我。同时，我也明白了自己能够给这个团队带来一些独特的东西——从本质上说，做我自己是没有问题的。从那一刻起，我的信心开始逐渐增长。

　　"类型"语言已经融入了许多组织的"血脉"之中。例如，在一个全球性的媒体组织中，所有高级管理人员无一例外地参加了 MBTI 测评，完全熟悉各种"偏好"的含义，了解所有同事的类型偏好，并会不自觉地使用类型概念来解决问题。英国有几个政府部门也是如此。想要成为这些人中的任何一个的教练，你必须完全熟悉他们所谈论的每件事，要做到轻松自如。

　　MBTI 的类型表由 16 个单元格构成，令人们能够以一种简洁、高效、安全的方式讨论彼此的差异。它时刻提醒着我们，其他人可能会做出一些看起来令人十分讨厌的行为，但他们并不一定是有意要这样做的，而是因为他们的思维（很可能还包括他们的大脑）和我们的运作方式不同。这在团队环境中是一个非常明显的优势：任何心理测量工具，只要它是在测量而不是在分类，就有可能令人感觉自己的隐私被暴露得太多了，让人很不舒服，这就是为什么很少有基于特质的工具被用于此目的（团队测评）的原因。

作为速记方式的人格类型

　　同样，随着教练计划的进行，个性类型这套话语也会成为教练和客户之间的一种速记方式。以下内容是某位教练举出的一些有关个性类型话语的好处。

格温内思（职业生涯教练，ENTP）

　　在任何教练计划的早期阶段，我都会花半天时间来实施各种各样的心理测量。随着教练过程的逐步推进，在未来的几周或几个月的时间里，我会提醒客户回想我们之前有关心理测评的讨论。举例来说，我有一名客户是财务总监，他处理大量数据时所展现出来的毅力和耐心，是他的感知（S）偏好所赋予他的优势之一。他认为这是理所当然的，而不是把它视为一种禀赋，但他也需要看到，他对于感知（S）和判断（J）的偏好，让他在一定程度上难以接受急剧和突然的变化。当我为他收集360度反馈意见时，我们也在持续地使用类型侧写来审视反馈结果。例如，在他自己的眼中他只是在进行一场普通的讨论，而在别人看来就像是在审讯，而这也正是ISTJ人格类型的人可能会使同事感到惊慌的原因之一。

　　在我自己的工作中，当所处理的议题属于职业生涯教练时，我发现使用人格类型这套话语方式能消除许多含糊其词和华而不实的东西。我最近与一位ESFJ型客户共事，她必须在两份看上去同样诱人的工作机会中选择其一。我们回顾了她的测评结果所揭示的含义，并讨论了她对感性（F）的偏好会在多大程度上使她在担任某一个势必会让她每天都要面临冲突的职位时遭遇困难。事实上，她还是接受并得到了那个比较具有挑战性的职位。她说，在决定接受这份工作时，她觉得自己已经做好了心理准备，因为她知道，从理论上讲，这与她自己对和谐的强烈需求背道而驰。

　　大多数接受高管教练的客户都曾接受过360度反馈。不知何故，360度反馈问卷特点发出了这样一个暗示，即全方位的完美对于任何一个经理人来说不但是可取的，同时也是可能的。这与我所知道的高级领导者的实际运作方式完全相反。他们每个人都有缺点，如果误认为自己可以在所有事情上都略胜一筹，反而会有可能抹杀了自己的实际优势，而你所得到的结果仅仅是将自己在其他方面的能力都提升到平庸的水准而已。人格指标则遵循着不同的构建思路。这种指标假设是：想要擅长于所有的事情是不可能的，你的任务是最大限度地善用自己的天资并从中获益，让别人擅长的技能补足自己的短板，同时也要至少在自己不怎么偏好的事情上多花一些心思。我发现大多数客户接受了这个想法以后，心理上都得到了解脱。因此，尽管我们常说"类型不是失败的借口"，但它确实能够阻止我们把精力浪费在毫无意义的事情上，即幻想在自己毫无禀赋的领域成为天才。

恪守关键的教练原则

我开展教练工作时，会恪守几条重要原则，这些原则既适用于个人教练，也适用于团队教练。这些原则是：

- 客户是足智多谋的人，他们不需要被"修理"；
- 教练的角色是与客户一起合作，为其创造合适的环境和向其提出恰当的问题，使他们能够解决自己的问题；
- 教练与客户无论在地位、职业或年龄上的差距是否明显，二者之间的关系都是平等的；
- 是客户（而非教练）决定了教练的议程议题。没有议程议题的教练，就谈不上教练；
- 要着眼于（客户的）整个生命周期，这一点很重要，包括简单地回顾过去，因为过去总是会对当下产生影响；
- 教练在本质上是为了实现改变：如果客户不希望改变，那么教练就没有意义。

对于"选择"这一原则的信念是以上所有原则的基石：因为我们能够选择如何应对生活抛到我们面前的挑战，所以我们无论如何都不应该有"受害者"心态。没有人能"使得"我们快乐或不快乐。教练的角色是与客户一起将选择明晰化。这样做意味着你提升了做出高质量决策的机会，并且是通过平等协作来实现这一点的。MBTI，以及它在荣格式测量工具家族中的"兄弟姐妹"们，是我目前所知道的唯一一类受到广泛认可、对于教练进程能够产生重要的促进作用、基于个性的心理测量学工具。诚然，是有其他的一些工具强调发展、平等和守礼节的思想，但这些思想也是 MBTI 与生俱来的。诚然，是有基于优势的问卷调查，但这些问卷并不会"宣称自己能够包罗完整的人格类型"。

当我接受有关使用 16 人格要素（16 personality factors，16PF）问卷的培训时，我在课堂上的反馈会谈练习中扮演客户的角色。那个要充当我教练的同学先是盯着我的测评结果看了一阵，然后从眼镜上方瞥了我一眼，之后宣布："嗯，我发现了我们这里有一个特立独行的怪胎！"不幸的是，这种由条形图或饼状图所堆砌而成的、披着"科学权威"外衣的草率结论，一直在许多其他的心理测量工具中大行其道。在那种场合下，我承认，我其实直接就关上了倾听的大门，再也不会全身心地参与到那场本来可能会使我获益的讨论中去了。虽然我当时装出一副"谦恭有礼"的样子，但在被别人如此轻蔑对待之后，我的心中早已燃起熊熊怒火。

关于人类大脑的（科学）研究表明了这一点的重要性。我们的大脑无法区分实际的攻击和虚拟的攻击（大脑对这两种攻击的反应如出一辙）：杏仁核向大脑释放出报警信号，它会向前额叶区域（大脑管理理性思考的区域）发送大量的皮质醇，而皮质醇则会关闭大脑的高级思维过程。当我们听到自己不想要听到的建议或者愚蠢的建议时，我们的大脑就会收到准备发动攻击的信号（就如同我们那些身处石器时代的祖先面对猛兽或敌人时所做出的反应一样）；此时大脑就会将氧气和葡萄糖输送到身体的其余部位，让我们准备好要逃开。

咨询、协作、尊重他人的讨论，以及鼓励客户做最后决定，这些理念在荣格式测评工具构建时都已经被内化其中，成为其固有的组成部分，而简报/反馈讨论（见第 4 章）的结构安排就是用来确保这些理念能够被贯彻实行的。仅就这一点来说，这类工具就很特别。

人格类型测试并非完美无缺

尽管人格类型测试非常有吸引力，但使用人格类型指标进行测试也有其缺点。首先，你会发现很多人声称以前"做过"问卷。MBTI 测试广为人知，所以当你向客户提及它时，他们可能会心里私下嘀咕，认为你只是让他们将已经走过的老路再走一遍。因此，在他们看来，你的教练平平无奇，缺乏新鲜感和原创性。

所有的人格类型从业者都讨厌那个以 H 字母打头的单词——占星术（horoscope）。人格类型好似一块"生机勃勃、阳光充足的高地"，但占星术这个词就好比"被高地挡住了阳光的阴暗谷底"，而类型侧写就仿佛"沉没在谷底"。"哦，是的，这听上去就像占星术一样！"客户惊叫道。与心理类型的相关研究不同的是，没有任何科学研究能够证明占星术拥有任何实际效度。在某种程度上，MBTI 测评向人们所传递的所谓乐观情绪，几乎都会被抵消，因为任何还稍微说得过去的类型侧写资料都会指出每种类型有其盲点和优点。然而，留给盲点的篇幅几乎总是大大少于留给优点的篇幅。在第 5 章中会谈到如何处理这两者之间存在的问题。

巴纳姆效应

　　人格类型测量还存在巴纳姆效应的问题。菲尼亚斯·巴纳姆（Phineas Barnum）是生活在 19 世纪的一名演出策划人和骗局制造者。他经常对容易上当的观众加以嘲笑，并以此为乐。据说他有一句名言："每分钟都有一个傻瓜诞生。"但实际上，他从未说过这句话。一个众所周知的实验阐明了巴纳姆效应与心理测量侧写之间的关联，在这个实验中，人们要先填写一份问卷，然后他们会收到一份据称是"独一无二"的测评结果。许多人发誓说侧写对于他们个性的描述是 100% 准确的，而事实上，所有被试在实验中得到的报告其措辞基本相同，这就是关于所谓"冷读术（cold reading）①"的一个很好的例子。亡灵巫师、占星师、灵媒、看手相的，以及在这个领域厮混的另外一些人都使用这套方法，用一些能够套用到所有人身上的说法来欺骗顾客，例如，"当有必要时你可以表现得外露些，但你也可以表现得内敛些""在不同的环境下，你有时会比较享受独领风骚的感觉，但有些时候你又会倾向于自我怀疑。"

　　我自己的经验是，对人格中相对令人不太舒服的那些侧面进行探索，乃是教练职责中的一个重要的组成部分。在督导了数百名实习教练，并听过他们的会谈录音以后，我发现这一类的任何挑战几乎对每一个初学者教练来说都是件麻烦事。教练的谈话与其他大多数谈话的不同之处在于，教练在谈话中向客户提供支持的同时，也获准向客户发起挑战，但是发起挑战时必须非常小心，这也许就是那么多教练会选择放弃挑战客户的原因。因此，解决巴纳姆效应的唯一正确途径，就是展开一场适当的报告反馈和解读会谈（见第 4 章）。反馈和解读会谈能否顺利进行，关键取决于教练的技能——并非每个教练都能驾轻就熟地运用相关技巧来解决客户的问题。

---

① 所谓冷读术，是指在没有准备的情况下，初次见面或甚至不见面就看透别人的心思，并对他人心理活动予以影响和操控的一些方法和技巧。——译者注

入门级别的类型侧写很容易被理解和记住，但是这个优点同时也是一个缺点，因为它会招致盲目的指责：类型侧写会被说成是在贴标签和设立条条框框；此外，把世界上所有的人简单地划分为 16 种类型的做法，是极其荒谬的。如果 MBTI 真的就是这样一种工具的话，那么说它荒谬也不为过。而且很不幸的是，MBTI 类型表的表现形式是一个包含了 16 个单元格的网格，这一表现形式会强化上述错误的看法。如果类型侧写的实践者真的相信这 16 种核心侧写能够对任何个体的一切情况进行描述，那么以上的指责就相当中肯。这就是为什么你在展开反馈会谈时既要真诚待人又要巧妙处理，只有这样做才能消除这些误解。

理论上的复杂性

人格类型问卷的另一个潜在短板在于其理论上的复杂性。荣格式思想是这套工具的指导理论，它看似平淡而简单，实则暗藏玄机。那些针对类型说留下了精彩论述的资深实践者表示，将这种由四个字母表示的类型侧写"轻松、简单"的外衣剥下之后，展现在我们面前的就是这些工具"丰富而深刻"的内核。但是，我已经记不清有多少次，其他 MBTI 的实践者带着内疚，在私底下问我是否会与我的客户进行类型动力学或类型发展方面的探讨。从他们问的这些问题中不难看出，这些教练面对这一类任务时是畏缩不前的，而他们之所以会这样做其实一点也不难理解。

在我第一次在 BBC 的培训课程上接触到 MBTI 工具时，我们的导师耐心地讲解了主要功能、辅助功能、第三功能和最次功能的原理和"规则"（见第 4 章）。她不止一次地对这些内容向我们解释，并且用了好几种不同的方式。当时我还以为自己是房间里唯一那个没听懂她到底在说些什么的人，尽管后来我发现并非如此。事实就是，这套准则很难遵循，而且我发现，当我试图解释它时，大多数客户的目光是呆滞的。

MBTI 在其发展初期所遭遇的敌意

MBTI 自诞生之日起就饱受批评。在 20 世纪五六十年代，伊莎贝尔·迈尔斯为了让自己的工作能够得到认真对待，付出了不懈的努力。由于她的女性身份（在当时，性别歧视被视为理所当然，她的一位批评者将她描述为"穿着网球鞋的小老太太"），她遇到的困难只会更多。他们乐此不疲地指出她并不是一名训练有素的统计学家，也不是一名有执照的心理学家。对她的工作的一些批评在当时（以及直到现在）都带着一种对于"入侵者"的憎恨：她只是一个女人，而且很显然只是一个心理测量学的爱好者，她怎么就胆敢提出这些说法？伊莎贝尔·迈尔斯的行为举止常常被人贴上"执拗"的标签，而当时具有类似行为的男性往往不会被贴上这样的标签。据说，当时她的出版商（教育考试服务中心）的工作人员在她来普林斯顿的时候要求休假，或者试图躲起来，因为她的要求太高了。她从事的纵向研究被无视了（纵使其数量庞大，质量上乘），因为她是自己出资来做的，而不是按照惯例，通过申请一个学术项目来获得研究经费。当时心理测量学研究的主要推动力量是开发、应用那些基于特质的测评工具，直到现在也依然如此。MBTI 的两分法结构被对立流派判定为离奇古怪的东西。

对 MBTI 的攻击通常集中在其所谓的弱点上。一些批评者似乎误解了偏好的概念。举例来说，他们误以为如果你的报告说你是一个有着内向"偏好"的人，这就意味着你永远都不能做出外向的行为。其实，我们可以调用与所有八个偏好有关的行为，这恰恰是 MBTI 一直坚持的原则之一；只不过，在我们的心中，我们很可能会有一个最中意的"偏好"，并将其作为我们的"默认设置"。对某些人来说，这可能有些过于玄妙了，或者就像一位批评 MBTI 的心理学家曾经对我说的那样："太模糊、太胡扯了。"

科学上的争论

关于 MBTI 确实已经有了成千上万项研究，其中有一些研究得出的结论并不能对 MBTI 的某些理论支柱加以证实。此外，也有批评者指出，有许多项研究是由心理类型应用中心（Centre for Applications of Psychological Type，CAPT）资助完成的，而 CAPT 恰恰是由 MBTI 的出版商 CPP 全资持有的。如果你打算使用心理"类型"说的问卷，你需要知道，从 MBTI 被开发出来的那一天开始，人格类型指标就已经引起了争议。

是否服从正态分布

MBTI 的双模态结构（每个维度上有两种可能性，有一个明确的中点）照理说应该显示出双模态分布的态势（如图 1–1 所示），但许多研究却显示出正态（钟形）曲线分布的态势（如图 1–2 所示），这表明我们中的许多人都集中在中间（或平均）区域，就像我们在其他测试中所显示出来的那样。如果类型理论成立，即在一个偏好和另一个偏好之间存在一个明确的分界点，那么针对大量人群进行的研究所得出的结果在其偏好分布态势图（以外向－内向维度来举例）中将显示：以曲线的中点为界，平均分为两个部分，每个部分在其中点都会形成一个属于自己的"驼峰"。但事实似乎并非如此。

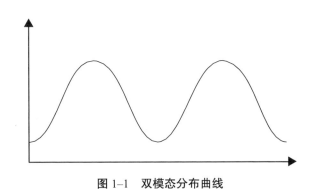

图 1–1　双模态分布曲线

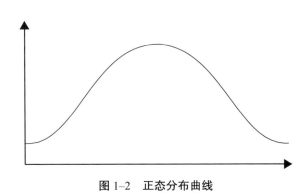

图 1–2　正态分布曲线

出版商关于重测信度的主张遭到了某些研究人员的挑战，一些研究人员的研究结果表明，当人们再次接受问卷调查时，他们的报告得出的结果与之前的调查结果不同的概率，没有达到重测信度所要求具备的标准。然而，有大量的证据（很可能来自设计更加严谨的研究）表明，MBTI 在这方面与其他工具相比表现得一样好，甚至更好。根据我自己的经验，我当然是认同这一点的。

与许多基于特质的测评工具不同，类型说的问卷大多数是公开透明的，并且没有用以识别那些故意伪造结果的人（被称为"装好人"和"装坏人"）的测谎装置。尤其是在你以前曾做过这份问卷的情况下，你很容易就可以看出来哪个问题是在测量哪个维度。这种公开透明的特点让客户有了在测评中作假的可乘之机。因此，当客户认为他们所属的组织会重视某一特定类型时（无论这种观点正确与否）就可能导致客户做假。它也容易导致客户有意向"理想的自己"靠拢，因为那些体现出自己真实、自然的类型偏好的典型行为所具有的价值，被他们低估了。

关于类型动力学理论存在着很大的争议，一些心理测量学家声称，对这些理论的效度的研究主要是基于奇闻轶事。在一些论文中，有些心理测量学家试图要全面推翻这一理论。

来自新闻媒体的攻击

我注意到，每隔三年左右，某本受人尊敬的主流期刊上就会有一篇关于 MBTI 的长篇文章。在这些文章中，很少见到作者能对 MBTI 持肯定的论调，而那些对 MBTI 加以批评的评论则反映了那些怀有敌意的心理测量学家的意见。如果你对荣格式人格类型这一领域还比较陌生，这样的文章论调很可能会使你惊慌失措：你上当了吗？你的热情放错地方了吗？整个事情是一个科学的骗局吗？

为了更好地理解事情的来龙去脉，你必须了解新闻媒体是如何运作的。我自己确实能理解。我做过自由撰稿记者，自己也拍过纪录片。我有许多教练客户都在新闻媒体行业工作，其中包括一些非常资深的人士，如知名的电视或广播节目的编辑和全国性报纸的编辑。优秀的记者是天生的怀疑论者。他们往往是单打独斗者，抗拒被"管理"。对这些人来说，"自我发展"的想法有可能在本质上就是荒谬的：它让他们想起那些荒唐可笑的"大师"，通过向轻信的人灌输愚蠢的陈词滥调而发家致富。他们反对将复杂的人类性格简化为若干"类型"。他们会告诉你，任何形式的心理呓语或官话、套话都会让他们时刻警醒。一名记者展开调查时的思维框架通常都是："这些人是江湖骗子，我的任务就是揭穿他们。"

在写到 MBTI 的起源时，许多记者都忍不住将伊莎贝尔·迈尔斯及其母亲称为"家庭主妇"。这些文章可能会带有一种嘲讽的语气，那些愤世嫉俗的记者明显是为了写文章才去参加"测评"的，然后就谴责测评结果是平庸陈腐的，因为他们除了把文章写出来之外就没有其他要参加测评的动机了。虽然这些文章往往被伪装成平衡报道，但其中充斥着带有强烈主观色彩的观点。读完这种文章后很少有读者能够做出独立、客观的判断：人人都想扮演"仲裁者"的角色（对别人加以批判）。

研究证据

总的来说，有大量的研究证据确实能够证实 MBTI 背后的许多思想。例如，"大五"人格问卷的开发过程，其实是将有关基于特质的测评问卷的许多项研究整合到一起，"大五"人格问卷在人格分类方面与 MBTI 有很多重叠的部分：在"大五"的五个分组中，唯一一个在 MBTI 的四个"两分"里面没有对应关系的，就是衡量情绪稳定性（神经质）的那个组别，而这本来就是设计 MBTI 时刻意要避免去衡量的东西。

对于这一切的争端，你会得出自己的结论。我发现，只要我能够尊重一个基本的（职业）伦理原则，即"对于任何结果的准确性，客户永远是最好的评判者"，那么荣格式思想中的大部分论断在实践中就基本上站得住脚。要记住，目前没有任何一种人格测评工具可以让你对某一个人的所有情况了如指掌，未来也不太可能会有。

传教士般的热情

在心理测量学中，MBTI 以及其他人格类型测试尤其能够唤起人们传教士般的热情。这些测评自身蕴含着一种力量，可以让实践者失去判断轻重缓急的能力。也许这是因为它确实有明显的类似于基督教的地方：它强调每个人都有"不同的天资"；对不同个体的心理差异要抱有更加宽容的态度；以及客户拥有最后决定权是多么重要。MBTI 本身也受到了基督教团体的热情追捧，在你可以买到的一些关于 MBTI

的书籍中，会明确出现有关灵性层面的内容。很难想象关于其他测评工具的书籍会有关于祈祷、冥想或信仰方面的内容，光是想想就会让人感到很搞笑。在任何情况下，如果热情表达过火了，也会让那些并没有感受到这种热情的人感到不快。

因此，无论你对 MBTI 测试多么痴迷，都要注意不要让你的客户看起来好像使你在尽力拉拢他们加入某种邪教。热情本身是有吸引力的；而狭隘的"福音式传教"会对理性的批评意见视而不见，也会对其他工具和方法弃之不顾，则只会让人讨厌。

本章小结

所有主要的心理测量问卷都有相应的优点和缺点。这一点对于 MBTI 和其他荣格式测评工具，以及其他类型的测评工具而言，都毫无二致。荣格式测评工具的吸引力在于其简单易行，并且能够对人类行为产生积极的影响。荣格理论的某些方面比较复杂，一直受到其他一些心理测量学家的批评。然而，MBTI 的另一个弱点却是这种测评可能会显得过于平淡无奇：主要依靠客户（也许还有客户的那位坚持不懈、机智灵活的教练）来衡量一份类型侧写中所许下的承诺在多大程度上可以在实践中得到兑现。而这恰恰就是这种工具的有趣之处。

Coaching with Personality Type:
What Works

———

第 2 章

坚守道义，不忘初心

很多刚开始当教练的人都有一定程度的自信，非常乐天。也许他们自己曾有过一位优秀的教练。如果是这样的话，这位教练就会像所有技巧高超的专业人士一样，让事情看起来很容易。他们的教练那种举重若轻的工作方式遮蔽了初学者的双眼，让他们误以为教练是件简单的事情。当他们后来发现事实并非如此时，往往会大吃一惊。在我自己实施的培训课程中，我觉得如果教练初学者在第一部分学习结束时，既能在一定程度上拥有理性的自信，又能敏锐地意识到他们在哪些方面有所欠缺，那将是一个很好的结果。通常在这个阶段，人们的呼声会是"我需要更多的工具和技术！"

之所以出现这种情况，部分原因是这些初学者以一种恭敬的态度认可了拓宽个人眼界的必要性；此外这也是他们对由其他教练开发的，用于处理客户典型问题的巧妙方法的认可。毫无疑问，在你的头脑中存储大量的可行方案是很有帮助的，即使你有可能很少用到它们。我们需要特别注意的是，在任何教练会谈中，教练都有可能通过改变节奏、引入不同的音调和情绪，以及创造出轻松或严肃的气氛来让教练会谈的质量得到提高。

这种情况可能会带来的负面影响是，客户可能很快就会察觉到某种"技术"的运用，而且可能不会像你那样全心全意地使用它。在我服务过几位"教练终结者"（曾经有过一名教练，但是之后却解除了教练合约）之后，我发现他们有个共同点：他们很快就意识到原来的教练过于依赖一些"小伎俩"。

> 每当教练活动似乎失去驱动力的时候，她就会说："让我们来做下愿景规划（visioning）吧！"

我后来发现，我的教练一直在上一门神经语言程式学（NLP）的课程。在接下来的两次教练会谈中，直到我制止他这样做之前，他一直坚持要让我进行一场"部分间的对话"（parts conversation）。从表面上看，这说的是我大脑中的某一部分需要和另一部分进行交流。我觉得这很荒谬。

我失业后，因为很苦恼，所以去找了一位心理咨询师，而她所做的就是对我重复我自己说过的话。后来我发现原来这叫作"反射"（reflecting back）。我觉得我还不如对着镜子自言自语，这样还能省下一大笔钱，所以我就不再去了。

要注意，不要让自己在使用心理测评工具时也掉到同样的陷阱当中。

以正当的理由引入心理测量学

在决定是否应当使用某种人格类型测评工具时，你需要对各方的利益进行综合考量：你自己的利益、客户的利益、客户所在组织的利益（如果你在做的是高管教练）。

教练的利益

教练只有在平等的对话中才会有效。这就意味着，尽管客户可能在他们的各自的领域成就非凡、技能高超，但身为教练，你要对自己的专业能力有信心（不要妄自菲薄）。这是个大问题。我们教练和其他人一样，会因为外界对我们客户的看法而受到影响。如果你的客户在其领域里很出名，或者比你年长，或者在你成为教练之前所从事的职业中他们获得的地位比你更高、资历比你更老，你可能会暗自敬畏他们。当你为一个比你年轻或相对资历更浅薄的人提供教练时，相反的情况同样也有可能发生（你可能会轻视他们）。某种"技术"可以增强你的自信。当你对自己的教练能力表示怀疑并感到紧张和不安时，当你自知缺乏经验时，或者当你的客户也可能已经知道或能察觉到这一点时，"技术"就能为你提供一些必要的帮助和支持。当你因为客户看起来又年轻又紧张而有点过于自信时，你就可能会产生要凭借自己的智慧来掌控局势的倾向。

在涉及心理测量学时尤其如此。你已经完成了培训，了解了工具，你知道它的秘密，以及它能揭示些什么。最重要的是，你知道光是对一项心理测评进行简单介绍就可能会占据整个会谈时段，这样你就不必面对那种由于坚持要客户设定议程（而这又恰恰是教练的主要原则之一）而产生的恐惧感；这种恐惧还会带来恶心憋屈的感觉，因为你根本不知道客户会将什么议题摆在你面前，你也无从准备。某种"技术"就能让你掌控一切，它推迟了那个时刻的到来——在那个时刻，再也没有小道具能够帮助你，剩下的只有你和客户，而你必须决定需要向客户提出什么问题。

在这么多年的工作中，虽然到现在我已经积累了数千小时的教练经验，但我也只遇到过少数几个客户是真的自己开口要求我在教练过程中加入心理测评的。其余情况下，这都是出于我的建议。所以实际上至少对那一场会谈而言，是我而不是客户在设置议程，从而改变了彼此间力量的强弱对比。在简单介绍测评工具时，这种改变还要更多一些，因为我了解问卷的结构和目的，而客户则不知道这些。我也曾遇到过这样的教练，他们承认，当客户在简要会谈之前向教练诉说自己对测评结果可能蕴含的意义感到担忧时，他们的内心会因为感到兴奋而产生一阵微微的悸动。

正如其他任何职业一样，教练的核心职业道德规范之一，就是要在自己的能力范围内开展工作。如果你在相关领域没有经过正规的培训、缺乏经验，向客户提供一份问卷就是不道德的，因为你很可能会歪曲问卷或曲解结果。而且，客户很快就会发现你对相关知识领域缺乏深入的了解。我自己的几位客户曾讲述过一些教练对工具做了不恰当简介的事例，那些教练显然没有获得执业资格，或者即使有，也早就忘记了他们在培训中所学到的一切：

> 当我说我收到的类型侧写一点也不像我自己的时候，教练跟我争吵了起来，她说我在"否认事实"。

> 我问了她几个关于 MBTI 问卷如何构建的温和问题，她似乎很尴尬，因为她无法回答，所以她只是含糊地嘟嚷了几句，然后迅速地扯开了话题。

> 她承认自己从来没有接受过这种培训，只是在执业过程中边做边学而已。随着谈话的继续，这一点变得很明显，因为她无法回答我的任何提问，只是不停地查看打印出来的类型侧写资料。

以上给我们的教训是，无论使用什么测评工具，接受培训和跟上最新的研究进展都是很重要的。就在写作本章的几周前，我自己的个人经历才使我再次意识到了这一点。当时我正在为一位本身就是教练的新客户实施一场督导会谈，他并不知道我对 MBTI 长期以来很感兴趣。这位教练本人是一名取得了资格认证的心理学家，对"卡尔·荣格和他那些滑头的废话"有着发自内心的厌恶。当话题不可避免地涉及如何在教练中使用心理测量学时，我们终于能够就当前有关 MBTI 的研究证据进行一场友好的、同伴间的谈话，同时也能针对其他测试工具进行同样慎重的谈话，并同意各自保留不同意见。

客户的利益

我自己的方针是：永远不要想当然地把任何心理测量工具的应用当成例行常规。这始终是一个开放的议题，可以协商，需要明断。这里的问题不是该工具是否能给我带来好处，而是它是否符合客户的诉求及其最大利益。

几年前，我接到过一个电话，对方自称是一家大型医疗机构的人力资源顾问。她说，她正在找人来就 MBTI 做一次简介：

"你的意思是这是教练计划的一个组成部分？"

"不，"她说，"只是一次性的工作。"

她接着说，她不仅仅是在找人来主持这个一次性的会议，其实是来邀请我同意自己被列入愿意投标来做这项工作的人的名单。为了一个两小时的会议招标？我抑制住自己内心对这种浪费公共资金的荒谬行径的怀疑，礼貌地说这不适合我，并解释了原因。

我建议你永远不要同意主持一场孤零零的简介会议。这样的会议将不受束缚，漂浮在空中楼阁之上，有着无法说出口的或者是模糊不清的目标。你将无法跟进，你所能提供的心理测试结果也不太可能包含任何能对客户或组织产生影响的内容。

相反，你应该寻找这样的机会：将这些测评手段作为某种长期计划的一部分，也许是管理发展计划的后续教练，或者是你自己的教练计划的一部分。教练计划为时越短，你就越应该问问是否值得在心理测量上花时间。举例来说，如果组织将教练时间限制在 4.5 小时（即 3 次各 90 分钟的会谈），那么引入心理测量就会很容易占用掉 1/3 的可用时间。在某些情况下，这样做是合理的，但在你做出选择之前，要先弄清楚引入工具能增加些什么价值。

你应该能够向客户提出一个令人信服的案例，说明投入时间和精力来做心理测评问卷的好处。想要做到这一点，就要与已经商定好的教练计划的总体目标建立明确的关联。例如，明确职业目标、改善与同事的关系、培养更高的情商、发展领导风格和技能，等等。如果你无法建立这样的联系，那么采用其他方法会更好一些。

如果不清楚能带来什么好处，或者如果客户拒绝的话，那么就放弃这个想法。假设你仍然真心相信心理测评可能会给客户带来很大的好处，但你却遇到了阻力，那么也许你应当再做出一些努力去说服客户，这是值得的。

↻ 玛克辛（教练，ENFJ）

我的教练工作服务对象是那些被公司解雇了的高级职员。通常都有合理且慷慨的预算，所以时间并不是问题。我有一个客户，属于 ESTJ 人格类型，我相信他在内心深处认为，如果我们做了他坚持用"考试"这个词来称呼的测评，我就能以某种方式看透他的内心。他丢了工作，自尊心受到很大的伤害，但他总是虚张声势。我素来是做好准备按照客户的要求来工作，但在这种情况下，我觉得 MBTI 对他尤其会有帮助，能帮助他达到恢复元气的效果，因为这能使他对自己的优势有一个客观的认识。所以我请求他再听一遍我的提议——我这次的劝说一定是比之前的那次更有说服力，因为他最终同意了。这实际上是一个转折点，他的信心明显地从那次教练会谈之后就开始逐步恢复。

有些客户也许并没有从人格类型测评中获取太多的价值。

↻ 崔斯特瑞姆（土木工程师，最有可能是 ESTP）

崔斯特瑞姆当时在一家建筑公司工作。他来找我做教练，我的工作重点是帮助他决定是否要竞争一个更高级的管理职位。他把自己描述为"一个亲力亲为、撸起袖子到现场干活的工程师"。他整个人光鲜亮丽，穿着色彩鲜艳的衬衫，有一副深沉的嗓音，由内到外透着自信。他有些兴奋地告诉我，人们第一次见到他时，可能不太喜欢他，因为他们把他看作"一个来自特权阶层的时髦男孩"。尽管如此，他微笑着说，"我会很快告诉他们这只是阶级偏见而已，他们应该通过我的工作表现来判断我，而不是我的口音"。在随后的交谈中，他爽快地向我承认：他喜欢聊天，有时候可能会口不择言；他认为自己可能有点缺乏情商；他沉迷于自己的爱好——翻修经典款式的老爷车，然后参加拉力赛；他在生活和工作中投入的激情可能有些过火了，（给人一种压迫感）让人喘不过气来。同时，他也很清楚以上这些特性各自可能会产生哪些优势。他充分利用了公司提供的 360 度反馈资料，告诉我其中已经没有什么能让他感到意外的内容。由于我们的教练被严格限制为三次会谈并且每次会谈用时各两小时，我觉得性格类型问卷不太可能为我们提供更多的启发。在与他权衡利弊后，我们很快得出结论，我们的时间应该花在更好的用途上。

如果存在着任何强迫的迹象，那你应该立即拒绝在此情况下使用人格类型测评工具。接受测评必须是自愿的，因为它的目的是促进个人发展，没有人有能力坚持让另一个人去获得发展，也没有人有权这样做——无论是通过使用心理测量工具，还是任何其他的工具。

这种胁迫也不太可能成功，因为它只会导致客户恼怒、变得固执，或者存心要破坏测评的结果。

↻ 邓肯（公共事业公司高级经理，INTJ）

我们被告知，每个人都"必须"参加 MBTI 测试，原因据说是"我们需要知道目前占据高层的是些什么样的人"。我和我的大多数同事都认为这种测试对我们很危险。我问了一下测评结果会被怎样处理，然后被告知我们每个人都会从在线提供测评服务的机构那里得到一份打印出来的报告，此后就没有了下文。我们团队中的某个人之前曾经做过 MBTI，并告诉了我们它是如何建构的。我们一致同意，大家将努力确保我们全体的测评结果均显示为 ENTP 类型。作为一种应对策略，这种做法无疑取得了成功，因为这是我们最后一次听到有人提起 MBTI 测试了！

对专业知识的不恰当运用

当你接受某种人格类型工具的资格认证时，你会被要求签署一份职业伦理规范协议。内容如下：承担道义上的义务，永远不要将这种工具用于遴选（人才）；承诺在进行人格类型测评时不对（他人的）智力或倾向性做出任何评价；承诺永远不要歪曲你自己的能力和经验水平；时刻警醒，要提防由于你自己的人格类型而产生的偏见。这些原则乍一看似乎很容易得到认可，但是在实践中，我却经常看到它们被无视。性质最严重的违反行为反而可能很难被察觉，例如，利用自己对工具的了解，对同事或客户制造一些微妙的批评。曾有一次，我在听一名实习教练向她的客户简介 MBTI 的会谈录音时，我就听到这名教练以一种极其以偏概全的方式对客户的某位同事做出评价。这位教练从未见过她客户的同事，她知道的仅仅是这名同事在一次团队外出活动中被宣称为 ISTJ。教练当时的说法是"作为一名 ISTJ，他理所当然会沉迷于吹毛求疵和毫无意义的过程"。由于这名同事与她的客户之间关系紧张，教练当时的说法无疑属于与客户"勾结串谋"的行为。

我的一名客户约翰必须处理一个多层次的、困难的纪律问题。约翰的老板被叫来做出裁决。为了搞明白状况，老板邀请该部门的人力资源顾问就此事发表意见。这位顾问是一位授证的 MBTI 施测师，他没有进行口头、非正式和明智的评论，而是写了一份报告，并抄送给许多其他资深人士。其中有这样的语句："约翰偏好于理性（T）而不是感性（F），这也许可以解释他为何缺乏人际交往能力。"同一份报告的后面还有"约翰的个性类型偏好是判断（J），这解释了他过早结束讨论的习惯行为"。约翰当初对于那个问题处理得有多好或有多糟，我自己完全没有任何个人观点；但即使是现在，许多年过去了，我仍然没法忘记那种锥心的恐惧——当约翰把这份文件寄给我，我初次看到这些语句时的那种感受。这种高高在上、不容置疑的（以及充满报复心的险恶）裁决乃是对教练职业道德的赤裸裸的践踏。MBTI 是对人类行为做出细致入微的理解（与判断），而上述做法与这套工具的精神完全背道而驰。

组织的需求和利益

在每一项高管教练工作任务中都有三个合作伙伴：教练、客户和组织。使用心理测量工具应符合组织为其工作人员所设定的总体目标。理想情况下应该有一个"三方缔约"，这指的是一个开放的过程，在其中，教练、客户和客户的直线上司聚在一起讨论教练的总体目标，以及如何衡量教练成果。通常是由教练来提出要求并主持引导这种会议。有关心理测量的问题应该在这个场合提出。基于保持一致性的合理考虑，有些组织可能会坚持要求他们考察的所有教练候选人都应该使用该组织所心仪的测量问卷。

我偶尔听到过有一些组织使用人格类型测评工具作为其评鉴中心的一个组成部分，换句话说，就是用于遴选的目的。这种做法不仅违反了伦理道德，而且所产出的结果也毫无意义。人格类型测评工具的设计根本就不是用来分辨一个人是否拥有技能、智力或成熟度的。它无法衡量调整适应，也不能衡量稳定性。举例来说，你可能是一个具备了所有的类型短板的 INFP：在人际关系中不断地、毫无意义地追求完美，敏感易怒，缺乏自信，没有条理。但你也可能是一个拥有所有类型优势的INFP：是一个好的倾听者，谦虚，不对别人品头论足，有洞察力，对你的核心朋友圈非常忠诚。同样，你也完全有可能兼具所有的优势和短板。仅仅知道某人的报告类型属于 INFP，并不能让你知道此人在那个大范围内具体落在哪个点上。如果你被要求做这样的事情，应该断然拒绝。

如果了解到遴选才是测评的目的，也会使得参与者挖空心思猜测组织想要提拔重用的是哪个类型的人，无论他们是否能猜对，这都会导致测评结果会有所缺陷。

让你的职业伦理原则清楚分明

我会明确表示，我不会透露心理测量的数据，就像我不会透露我在教练中所得知的其他机密材料一样，我的说法是："客户可以对测评数据随便说什么都行，但我不能。"曾有一次，客户组织中的某位人力资源部门的人士愤怒地质疑我说："但是支付你费用的是我们。"我不得不解释说："披露这些信息会立刻破坏教练和客户之间的信任；如果他们想让我针对客户做一次评估，我也很乐意做，但这将是一套不同的流程，客户届时应充分地知晓"评估"本身就是目的所在。

当某个组织要求大规模施测时，应该问问施测的目的是什么，并以一种理想的方式把你自己与之结合在一起。例如，如果某组织设计了一个很有前景的领导力发展项目，并希望确保每个参与者在该项目周期内都有一次单独接受 MBTI 测试汇报的机会，那么我将乐意成为其中的一分子。但我曾经拒绝过这样的工作邀请：他们只是希望我作为一名有资格的从业者参与进来施测并提供资料，而我本人对于资料将如何被使用既不能掌控，也没有发言权。此外，有些组织在阐述出资委托我施测的目的时含糊其词，对于这样的工作邀请我也是拒绝的。

同样值得一问的是，测评的结果将被如何存放，有什么安全措施可以防止它们在将来的某个时候被用于其他目的。例如，鼓励人们参与以发展为导向的人格类型测评，但是后来却将测评结果用于强制裁员计划中，是一种违反职业伦理的做法。

最后，对于任何将某种人格类型测评工具作为唯一心理测量手段的做法都需要谨慎对待。尽你所能地将类型测评与其他测评结合使用，这是本书第 10 章的重点。

本章小结 ◯────────────────────

以符合职业伦理的方式来运用心理测量学是很重要的。应该本着自愿参与测评的原则，所涉及的每个人都应该清楚测评的目的是什么，并且应该从训练有素的从业者那里得到优质的反馈，测评的目的应该符合开发测评工具时的初衷。永远在你自己的能力范围内工作。无论使用何种测评工具，如果你认为参与施测会违背你自己的价值观，不要犹豫，勇敢拒绝就好。

Coaching with Personality Type:
What Works
———

第 3 章
该用哪份问卷

现在市场上有很多荣格式问卷。本章将着眼于如何选择最能符合你的使用目的的那份问卷。即使你像我一样热衷于 MBTI 的原版测试，了解一下其他的选择也是很有价值的。你会发现，在其他问卷中，至少有一份问卷能给你带来一些有价值的东西。此外，你也有可能会服务于曾经采用过其中某种问卷的变体的客户，因此，你需要知道与 MBTI 相比，该变体的优点和缺点是什么。

"树大招风" 的 MBTI

原版的 MBTI 类型测评问卷已经以这样或那样的方式存在了近 80 年。它现在的出版商 CPP 严格地控制着版权和发行权，这并不难理解。你必须是有认证资格的施测师才能购买问卷，而要想获得认证资格，你必须参加得到出版商认可的认证培训课程。如果你在课程结束时没有通过考试，你就不能购买问卷。通过这种做法，出版商其实是在应用质量控制手段来保护它们的品牌，并且与任何明智的企业一样，会着意突出品牌的特殊性。如果一个品牌并不特别，那么从技术上讲，它就变成了一种日用品，例如一次性圆珠笔；而对于日用品你只会以尽可能低的价格来购买。出版商是一家企业，它们需要创造利润，并且至少会拿出利润中的一部分，将其用于进一步的研发当中。这一策略被证明是非常成功的：MBTI 测评问卷频繁地被修订、更新，被翻译成多种语言，每年有数百万人使用。

MBTI 的成功使其变得非常引人注目，但是"树大招风"，它在得到大量关注的同时，也招致了一些竞争和敌视。

由于在心理测量和评估领域占据主导地位，MBTI 比任何其他的心理测评工具都要受到更多的审查。一些文章将其与大五问卷进行了不太适宜的比较，而且针对大五问卷中的任何一份问卷（如 NEO）所做出的分析与针对 MBTI 所做出的分析相比，实在是相形见绌。这让我得出一个结论：与其他任何心理测评工具相比，MBTI 的证明标准都更加严苛。例如，有时在大五问卷中会被描述为"客观"的人，在做 MBTI 测试时却无法享受如此的美誉，然而这些大五问卷中的每个维度显然都承载着（主观的）价值判断。问问你自己，你真的愿意让别人用"开放""认真""随和"的反义词描述你吗？被贴上"神经质"的标签又能让你有多愉快呢？

其他荣格式测评工具的兴起

鉴于 MBTI 在商业上的成功，再加上我在本章上文和第 1 章中提到过的针对 MBTI 的各种批评，这种测评工具不可避免地会遇到一些竞争对手。由于思想是没有版权保护的，所以大多数持不同观点的人都要将其研究回归到卡尔·荣格的理论本身，并且以他们自己的方式来对荣格的理论加以解读，有时甚至声称他们的成果比 MBTI 更接近荣格的"真理"。MBTI 的某些竞争对手有大量的投资作后盾；其中，一些"佼佼者"背后的研究令人印象深刻。

在这些实力雄厚的竞争对手中，大多数都在力图解决 MBTI 会出现的一些普遍性问题。下面列举了一些其他荣格式测评工具与 MBTI 的不同之处（你也许已经察觉到了）。

- 避免使用由 16 个单元格组成的类型表，因为它看起来有点画地为牢，容易造成刻板印象；其他荣格式测评工具会以圆形、饼状图、曼陀罗、星形等形状或以颜色的名称来表示测评结果。
- 避免引用荣格式人格类型中比较复杂的内容（如类型动力学和类型发展），将理论简单化。
- 开发荣格式思想的"基于特质的版本"，使测评结果有可能处于中点而又不会被指责为"不一致"。
- 通过提供个体人格的多个可替代版本（如"最佳状态 vs 压力状态"版本）来应对关于 MBTI 测试"过于积极"的批评。这些可替代版本也有可能是"外在 vs 内在"版本，或者是"工作中 vs 私人生活中"版本。

- 许多人开发出了某种计算机软件，使得个体的解释报告可以变得独一无二，其中有可能包括了某些自我报告的、从传统的类型画像角度来看似乎挺奇怪的行为。
- 提供一种（问卷）变体，即让同事填写一份对你进行描述的问卷，从而打消（在你的心中）自己的行为会对他人产生何种影响的错觉。
- 将可能存在的人格类型从 16 个减少到 4 个，以使得人格类型更容易被记住。
- 在问卷中避免使用"词对（word-pair）"[①]题项，因为它们承载了大量的社会意义，因此很难翻译成其他语言；甚至对于同一个英语词对来讲，在某一个语言环境下是有意义的，而在另一个英语国家的语言环境下就有可能是没有意义的。
- 设计一份没有强迫选择（自比性）题项的问卷，要求被试用五分制量表来评估自己的行为，在这种情况下就有了出现中间选择的可能性。
- 避免使用 MBTI 的特殊用语，例如感觉（sensing）、判断（judging）等，因为这些单词都有着与其日常用法不同的含义，必须被"解释"：需要寻找含义不那么模糊的、更简单的单词来替代它们。
- 主要面向"领导层和组织市场"这类目标客户。
- 将荣格式思想与其他观察人格测量工具或理论（如贝尔宾团队角色理论或 DISC 问卷）相结合。
- 让产品价格更有竞争力。

MBTI 的第二步

作为 MBTI 的出版商，CPP 回应诸多质疑的方法则是开发出一个不断修订更新的 MBTI 第二步版本。所以在比较 MBTI 及其竞争对手时，你需要弄清楚你所指的是哪个版本。我下面会谈到 MBTI 的竞争对手（其他荣格式测评工具）的许多优势。实际上，MBTI 的第二步都已经具备了这些优势。

第二步在第一步的基础上增加了相当多的精微之处。问卷所包括的题项增加了，并且将四种"两分"各自拆分成五个更细小的"构面"，每一个构面都有两个相对的极点（如图 3-1 所示）。

---

① "词对"题可算是 MBTI 问卷的一种特色，即要求被试根据词语的含义而非其他，在两个有着大体相反意思的词语中选择自己比较喜欢的那一个，如"抽象"和"具体"、"温柔"和"坚定"等。其他心理测试问卷很少使用这种题目。——译者注

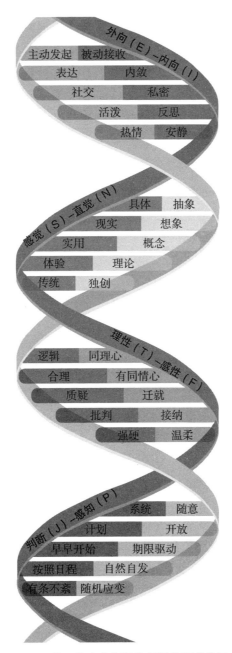

图 3-1　MBTI 第二步中由每组偏好拆分而成的五个构面

资料来源：Copyright 2015 OPP Ltd. Reproduced with the permission of OPP, Oxford, England. All rights reserved.

当客户沿着某个维度（例如理性－感性）来考虑他们的测评结果时，这些构面可能就能有所帮助（如图 3-2 所示）。因此，一名成熟的高级经理可能会明显地偏好"理性"，并以之作为其决策的依据，能够在保持公平性和逻辑性的基础上做出艰难的决定，不会害怕提出那些尖锐的问题；然而，根据他在"同情心"和"温柔"这两个构面上所得到的分数来看，其测评结果却是"异于偏好"，因为他能敏锐地发觉自己的决定会如何影响其他人。针对测试反馈的结果展开讨论并提出问题，了解客户身上各种构面的利用效度有多高，从而帮助客户增强其个人优势。

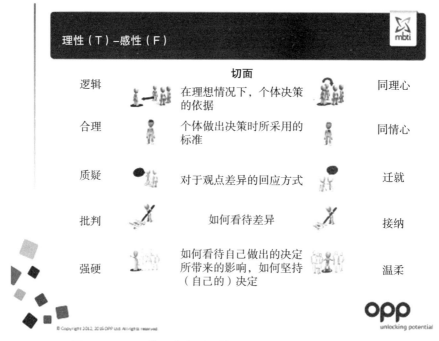

图 3-2　MBTI 第二步中"理性－感性"维度下的五个构面

MBTI 测评的第二步考虑到了个体之间的巨大差异，可能对那些不能确定自己"最适类型"的人特别有益，同时也能帮助客户理解到：在他们表达自己偏好的个性化方式中，体现出了个体之间的许多细微差别和独特之处。

亚历山大（演员，INFJ）

　　虽然是个很有天赋的演员，亚历山大仍在考虑是否要转行。尽管多年来他一直为现场表演而感到焦虑，但是他做得还算不错。不过，在这个人才饱和的行业里，要想在舞台、电影和电视中谋求出演机会还是很困难的。MBTI第一步的报告说他偏好内向，亚历山大最初对此表示反对。"我可是个演员，"他说，"我喜欢表演！"但通过我们之间的简报讨论可以很明显地看出来，他也喜欢、需要保持一定的隐私感，用他自己的话说，就是在剧场里有那么多双眼睛在"盯着"他，这种感觉正是他患有舞台焦虑症的直接原因。因此，内向无疑应该是他的偏好。MBTI测试的第二步则给出了更多启示。是的，正如你所料，在"安静""被动接收""反思"这三个构面上，他的得分要不表现出了明显的偏好，要不也是位于中间区域，但是在"社交"和"表达"上，他的得分则是"异于偏好"，换句话说，更像是外向（E）型人格的表现。在他这个案例中，这完全说得通。用他自己的话来说，他对莎士比亚、契诃夫、易卜生等人的经典剧本表现出了极大的热忱，并展开了仔细的研究，这"解放了"藏在他身体里面的"演员天赋"，让他发现了表达能力和社交能力的价值。在我们的教练期间，亚历山大决定不再继续寻找舞台工作，转而到企业中寻求发展。事实证明，他在这方面相当有天赋。这种小规模的亲密环境很适合他，同时也让他能够发挥出自己作为演员的许多才能。

关于其他荣格式测评工具的一些问题

　　在考虑MBTI测评的替代品时，首先要思考某些一般性问题。人格问卷只是众多心理测量中的一种测量方式。还有许多其他的测量，例如针对语言推理、动机或心理优势的测量。以下经典原则是所有心理测量问卷都应遵循的，它们决定了问卷的质量：

- 信度。该测评工具在一段时间内给出的结果，以及前后对同一个人使用所得的结果是一致的；
- 效度。该工具所测量的正是它声称要测量的内容；
- 标准化。工具是按照客观、一致的方式来设计的；

• 消除偏见。无论文化、国籍、性别、年龄如何，测试结果都是一样的。

以下是你面对某类测评工具时所应该自问的问题。

1. 出版商对测评工具背后的理论、假设（概念）和研究持什么观点？你觉得他们的说法听上去是否合理？他们怎么看待自己从荣格和伊莎贝尔·迈尔斯那里所继承的东西？仔细看看出版商关于问卷背后的研究有什么说法。问卷开发了多长时间？多久才会更新一次？常模组的规模有多大？

2. 是否经过同行评审？看看在那些权威学术期刊中，是否有文章曾经对该工具发表过评论。如果你本人并非心理测试学家（我们当中很少有人会是），那就需要依靠专家来提出那些尴尬的问题，例如关于常模组的大小或重测信度等。

3. 你知道谁在用这个工具吗？他们从客户那里得到了什么反馈？为什么他们说他们更喜欢这份问卷而不是传统的 MBTI？要对一些问题深入调查原因，比如他们的客户都是什么类型的，以及为什么他们认为这个工具较之 MBTI 会是更好的选择。比如说，你可能会发现某些教练出于便捷的考虑，选择了基于四种颜色的、浅显易懂的、短小精悍的产品。那些经常举办研讨会的教练可能会喜欢那些妙趣横生、需要团队合作的产品。

4. 这份问卷与你自己的教练所提供的"建议"有多吻合？你的客户是否可能会欣然接受呢？如果会的话，他们对测评结果可能会有什么样的感受呢？

5. 关于他们的目标市场，出版商有何说法？某些出版商的产品定位偏大众化；另外一些出版商则更有意识地瞄准管理者和领导者市场，在这类工具的报告中，会提到一种管理困境——在授权委派和提供反馈之间进行平衡。有些产品针对的是学生群体，注重学习和发展，这种工具的报告强调不同的人在学习风格上的差异。众口难调，所以出版商可能会针对不同的目标人群提供不同版本的问卷。

6. 出版商提供什么培训？培训课程的费用是多少？培训需要多长时间？培训题词如何构建？某些出版商以低廉的价格向客户提供简短的"衔接""转换""补充"课程，让你在自己已有的心理测量资格的基础上轻松获得认证。因此，应该问一下出版商，看看你所感兴趣的问卷是否也属于这种情况。此外，你需要多长时间才能收回你在培训中投入的经历和金钱？在培训结束时是否有对（已习得）技能和知识的正式评估，还是说只要参加培训就能获得资格认证？没能通过测试而且也没有利用优惠报价来重修课程的客户将永远不能再购买资料，因此这意味着你失去了一个商机。关于是否要在课程结束时进行结业考试——决定你能否获得资质，某些出版商是心存犹豫的，因为他们担心那些在课程上花了很多钱的人一旦被告知他们没有达到通过的标准就会很生气。

7. **这份测评问卷能给你带来竞争优势吗？** 这个问题看上去要更复杂一些。有资格使用 MBTI 不再算是竞争优势了，因为在教练群体中，大部分人都拥有这种资质。但是，当有这么多组织对它热切关注，并期望你能对它娴熟于心的时候，没有资质反而可能会成为你的一项短板。此外，提供一些与众不同的东西可能会吸引客户，尤其是当他们对 MBTI 测评表示怀疑的时候。

8. **平均测评费用是多少？** 如果价格较高，假设你希望由客户来承担这些成本，来自客户方面的阻力会有多大？如果你来承担这些费用，你还能有多少利润空间？你是否能在购买问卷的成本上合理加价？问卷的大量使用是否会让出版商为此提供折扣呢？

9. **问卷有哪些不同的版本？** 一些出版商会以较低的价格提供简短的介绍性版本，还会为了涵盖诸如"领导风格"或"对压力的反应"等主题而提供更多的其他可选版本。除了在线测评以外，有些问卷仍然会提供纸质版本，在很多情况下这种做法都是很有用的。

10. **如果问卷已经从英文翻译成你自己所用的语言，你如何评价翻译质量？** 译文是否和原文一样受到了严格的、科学的审查？报告的质量如何？举例来说，报告读起来像是出自母语人士之手吗？

11. **有什么支持性资料？** 关于 MBTI，有一本供从业者使用的综合手册、一个面向个人且内容广泛的解释性指南库、一些简短易读的书籍（其主题包括职业转换、研讨会支持材料、进一步的培训，等等），以及源源不断的、有趣的文章和研究。在这一方面，其他的很多问卷很难比拟，但这一点未必重要，具体情况要取决于你的使用目的，以及其他问卷与 MBTI 的匹配程度。如果两者非常相似，那么你完全可以使用 MBTI 的资料来配合你所选用的任何问卷，无论你选用的是哪种问卷。查看出版商网站上有关参考资料的那部分，看看他们都提供了些什么信息。

12. 你能自己试用一下吗？ 当你联系出版公司的时候，问一下你自己是否可以免费或以低价的形式先试用一下这个工具，并请一位受过培训的顾问就（测评）结果给你反馈。如果做不到的话，那就聘请一位得到了工具使用资格认证的人来为你施测，并给你提供一场完整的反馈会谈。当你与该公司联系时，注意他们对待你的方式：需要等很长时间才能与一位知识渊博的人交谈吗？还是说他们会及时处理你的要求？他们是否礼貌地对待你并遵守他们的承诺？

13. 你自己回答问卷时的情况如何？ 要特别留意你在做问卷时的感受。这个测评网站容易浏览吗？问卷下载容易吗？使用说明清楚吗？回答问卷中的题目看上去比较容易还是比较困难？这些题项的建构看起来怎么样，是否使用了明确的词语？你能否很容易就猜出问卷到底在评估什么（问卷不应让测试者轻易猜出问卷要评估的内容）？总共有多少题项？数目太多可能会令人反感，数目太少又可能会使人感觉问卷很肤浅。当你完成测试的时候，所花的时间真的和出版商声称的时间差不多吗？

14. 做完问卷后所得出的报告对你来说有表面效度吗？ 它能很好地描述你的优点和缺点吗？按照巴纳姆测试的方式，这份报告能否用来描述大多数人呢？它是否太过平淡、太过积极，以至于毫无意义呢？报告的版面呈现方式如何？例如，一些客户可能会对冗长的报告避而远之，向你抱怨报告包含了太多的信息，或者是用一种艰涩、难以理解的语言写成的。有些报告篇幅过长，还增加了一些不必要的篇幅来说明"行动要点"，可是实际上很少有人愿意据此采取行动。而一份简短的报告则可能看起来含糊、肤浅、缺乏内涵。

15. 报告的阅读体验如何？ 要留心观察报告中那些针对个体的专横武断的陈述，之所以会如此，是因为生成报告的电脑并不认识这个人。特别让人恼火的一种情况是报告一直用你的名字来称呼你，这让人感到无比厌烦[①]。例如，"珍妮，你是一个有

---

① 英语中在正式场合一般会称呼他人的姓，如"詹金斯先生"或"罗杰斯女士"，只有比较熟悉的亲戚朋友才会称呼名字，如"约翰"或"珍妮"。作者认为报告在没有征得测试者同意的情况下就一直称呼名字是一种故作亲密的失礼行为，故有此语。——译者注

创造力的人，不拘小节"，这就是我在尝试使用某份问卷时在报告中看到的一句话。没有人能够仅仅根据问卷的结果就能胸有成竹地做出这样的断言。那些优质的报告只会提出建议，并且会使用"可能""也许""大概""有时候"等字斟句酌的说法。软件将不同的诊断结论进行拷贝，有机地联系在一起，也是一门艺术。我为了写好这一章做了一些研究，尝试了一些样本问卷，在我所见到的一些报告中，会存在如下的问题：报告中的一些起承转合看起来很突兀，有些部分中的某个句子的意思会和另外一个部分中的某个句子的意思相互冲突；更有甚者，偶尔会出现在同一个句子中前后含义相互矛盾的情况。来自这一类报告中的一个例子如下："珍妮很敏感，会避免与别人冲突，她会为了追求她所信仰的价值观而坚持到最后，不会考虑她的这种做法会对他人产生怎样的影响。"我把这句话读了好几遍，最后确定它就只是个官样文章而已，不予理会就好。

出版商还会另外提供哪些其他的问卷或测试套件？许多提供其他荣格式问卷的出版商还提供其他类型的问卷和测试套件。其中一些能够与荣格式问卷的材料紧密吻合，共同使用。因此，举例来说，如果你的工作涉及开发中心和评鉴中心，或者你专擅职业教练，那么也许可以享受到一站式购买的好处。

其他的备选项

此处要先声明一下，我并不想在此处对于其他荣格式测评工具进行全面的介绍。我亲自试用了其中几项并获取了测评反馈，但这与接受培训，从而牢固地掌握每个工具的目的、优点和缺点是不能等同的。想要达到那样的效果，你需要根据自己的条件进行调查、了解。

除了下面的凯尔西气质分类（The Keirsey Temperament Sorter，KTS）以外，我也没有列出任何可以在互联网上找到的免费问卷。这些免费版本大多针对那些在网上随意浏览的人。他们只是想找找乐子，对于效度的要求很低。

凯尔西气质分类（KTS）

大卫·凯尔西（David Keirsey，1921—2013）是一位杰出的美国心理学家，他的研究将荣格、伊莎贝尔·迈尔斯、格式塔心理学和古希腊人对人格的思考成果以有趣的方式结合在一起。他开发的"气质分类"问卷很流行，包括 70 道迫选式问题。做问卷时，你会发现其分析使用了 MBTI 的 16 个标签，而且其中大部分内容会让人感觉很熟悉。人们普遍认为，他的著作《请理解我》（*Please Understand Me*）对传统的人格类型描述起到了良好的补充和替代作用。然而，该问卷与 MBTI 之间在基本思路方面存在着一些差异。凯尔西的问卷着眼于可观察到的行为，而非基于思维方式。凯尔西将人类划分为四种"气质"类型，分别是卫士（guardians）、工匠（artisans）、理想主义者（idealists）和理性主义者（rationals），而不是像 MBTI 那样以"主要功能"（理性 T、感性 F、感觉 S、直觉 N）来将人分组。凯尔西气质分类的出版商还提供许多其他产品，大多数定价合理，包括书籍、团队报告、有关兴趣的量表，以及关于职业和学习风格的问卷等，其中的一些适合年轻人使用。

听听出版商怎么说

凯尔西气质分类第二版（KTS®-II）已被翻译成 18 种不同的语言，来自 140 个不同国家的 4000 多万人都在使用。它首次出现在 1978 年出版的《请理解我》一书中，并在 1998 年出版的《请理解我》第二版中得到更新。KTS-II 目前被财富 500 强、全球 1000 强、美国政府和军方使用，全球主要的学术机构、非营利组织和基于信仰的组织也在使用它。

根据凯尔西气质理论，有四种基本的气质群组可以用来描述人类行为。凯尔西将这四种气质分别称为工匠、卫士、理性主义者和理想主义者。这四种气质可以进一步细分，通常被称为"性格类型"（character types）。这四种气质各自都可以被进一步细分成四种性格类型（如表 3–1 所示）。

表 3–1　　　　　　　　　　　　四种气质以及各自的性格类型

工匠	卫士	理性主义者	理想主义者
发起者 / 促进者 （ESTP）	督导者 （ESTJ）	统帅 / 调度者 （ENTJ）	教师 （ENFJ）
手工艺者 （ISTP）	稽查员 / 侦探 （ISTJ）	幕后操纵者 （INTJ）	咨询师 （INFJ）

续前表

工匠	卫士	理性主义者	理想主义者
表演者 （ESFP）	供给者 （ESFJ）	发明家 （ENTP）	倡导者/拥护者 （ENFP）
作曲家/创作者 （ISFP）	保护者 （ISFJ）	建筑师/设计师 （INTP）	治疗师 （INFP）

凯尔西气质分类的潜在优点

与传统的 MBTI 框架相比，它提供的类型描述更聚焦于行为方面；问卷的价格更便宜，而且还提供一个免费的版本，尽管你应该明白这个免费版本提供的信息非常有限；此外，给每种类型起个古怪的名字也是记住类型差异的一种简单方法。

人格类型映射系统

人格类型映射系统（The Type Mapping System）这份问卷由英国心理学家罗伊·蔡尔兹（Roy Childs）开发，完全基于荣格式思想，专门针对组织市场来设计。在视觉上，该系统被表示为一个圆环。开发者强调荣格自己的观点，即类型偏好在一生中是可以改变的。团队焦点公司（Team Focus）提供了五种问卷的变体（或称"透镜"）。其核心问卷名为"类型动态指标"（Type Dynamics Indicator，TDI），提供了关于优选工作环境和风格、动机、职业选择、个人优势和待发展领域（此问卷被称为 TDI®-IS）的全面信息。总共有 16 种可能的类型，使用与 MBTI 相同的四个字母作为标签，但每种类型也对应着一个好记的名字，例如，INTJ 被称为调查者，而 ISFP 则被称为支持者。出版商还为客户提供了一份问卷，它能帮你认清你目前认为自己属于什么类型，以及你可能想要成为什么类型（此问卷名为 TDI®-WANT）。出版商还会向你提供一份学习风格问卷和两份基于团队合作的问卷。

听听出版商怎么说

我们所做的就是为工具的使用者提供三个富有洞察力和环环相扣的视角：

- 内心，即个人的世界；
- 外部，即情况和处境；
- 中间，关系中的动态。

这就是我们与众不同的地方，即类型映射（type mapping）的核心。

类型映射是一种基于心理类型这个综合模型整合型测量工具。它将个人（他们的偏好、身份和愿望）、情境（背景、需求和挑战），以及其中的空间（互动、行为和关系）结合在一起。这样就可以使用五个"透镜"来进行映射。这一先进的工具在干预和发展方面具有极大的灵活性。

人格类型映射系统的潜在优点

这是一种经过认真研究的荣格式测评工具，它避免了经典 MBTI 在表面上将人们"打包装进人格类型中"的做法，但是又使用了人们熟悉的 MBTI 类型名称，并提供了许多不同的视角来帮助我们对人格进行观察。所有经典的 MBTI 材料都可以成为这个工具的配套辅助材料。

荣格类型指标

荣格类型指标（Jung Type Indicator，JTI）是一份完全基于荣格思想的 MBTI 替代问卷，关注的重点是组织背景。这份简短的问卷调查会产生一份 10 页的报告，也会使用大家已经熟悉的 16 个单元格结构来帮助你定位，此外还会就八种偏好、工作风格、管理风格、思考风格和决策风格提供一份个性化的陈述式评论。问卷的结构避免了 MBTI 测评的"非此即彼"两分法评分方式，并承认了评分落在中间者的行为和偏好是有可能"既这样又那样"的，此外，它也有可能会为人们提供两种"最适"类型。其技术手册可从网站上免费获得。其出版商（Psytech）积极寻找具有资质的分销商，目前该问卷已被翻译成多种语言。它们还提供一整套其他的评估工具，比如一份使用 16PF 和大五人格观点的、基于特质的人格评估问卷（他们将其称为15 因素问卷）。此外，其工具库中还有一份通用推理能力测试和一份批判性推理能力测试。

听听出版商怎么说

荣格类型指标是一份简短的、易于实施的、自我报告形式的问卷，旨在帮助人们识别他们的心理类型。它是利用现代量度技术开发出来的，能够对人们在心理功能方面的偏好进行可靠而有效的测量。

荣格类型指标是帮助人们管理个人变革和成长问题的不可或缺的工具。荣格类型指标旨在帮助人们了解自己的基本心理过程，激发人们的自我意识；并为人们提供一个建设性的（思维）框架，使其可以对自己的人际关系模式和思维方式进行理解和探索。

在组织内，荣格类型指标可用于提高个人效能和促进团队建设。荣格类型指标问卷的题项能够为来自不同文化背景的人们所接受，提供了一种现代、可靠、有效的荣格式人格类型测量方法。

荣格类型指标的潜在优点

该测试忠实于荣格的思想，完成起来简便快捷，并且允许"中间"得分出现。尽管 Psytech 公司在提供额外材料这方面的支持力度比较有限，但你可以利用经典的 MBTI 测评材料作为补充，两者之间的部分内容是完全一致的。

"清晰四维"

"清晰四维"（Clarity4D）模型结合了荣格的思想和古希腊的四种"体液"（水、火、土、风，各自以蓝色、红色、绿色和黄色来表示）的概念。荣格的思想反映在一个由"头脑 vs 心脏"和"内向 vs 外向"两条轴组成的四象限矩阵中。"四维"（4D）代表了人格的四个维度：我们如何看待自己，别人如何看待我们，我们隐藏的潜能，以及开发潜能所需的时间。每个人所得到的个性描述都会在一个由颜色组成的轮子上显示出来，从而使你明白每种"颜色"在自己身上显现出了多少。该模型并未使用的 MBTI 标签，只是大致借鉴了一下 MBTI 中有关偏好的概念。每一份个性描述都会谈到这个人的优点可能是什么，他们通常是如何交流的，以及与他们身上的每一个优点可能会对应着什么样的缺点（即指"隐藏的潜能"）。工具开发人员会培训并授权咨询公司和人力资源专业人士（他们称这些人为"业务合作伙伴"）在世界各地的国家使用该工具。他们强调，这种工具价格便宜，所以对慈善机构和其他非营利组织比较有吸引力，也比较适合年轻人。

听听出版商怎么说

清晰四维能给我和我的客户带来哪些价值呢？

- 简单易懂，工作繁忙的客户不需要去理解掌握那些复杂的图表；
- 你和你的客户都负担得起，所有级别的组织都用得起，新兴市场国家也用得起；
- 因为该工具将四种颜色与四种元素相关联，所以能在全球范围内被广泛理解；
- 除英文版外还有阿拉伯语、法语、波兰语、葡萄牙语和西班牙语的版本；
- 将目标设定和行动计划纳入个性描述中，所以会有效果；
- 不会使用标签或者"把人打包装进一个（人格类型）盒子里"；
- 受测者被要求按照本能和真实想法来回答问卷，使其摆脱了职场角色的束缚；
- 为年轻人和其他一些人提供非企业版本的个性描述，使家庭交流更加密切。

"清晰四维"的潜在优点

它的用语易于理解，而且有一个简单的色彩系统，不像其他荣格式工具那样令人感觉复杂、深奥。如果你面对的客户市场是个人或资金短缺的组织，那么它便宜的价格就会很有吸引力。

"流明火花"

"流明火花"（Lumina Spark）这种心理测量工具旨在将荣格式思想的见解和方法与最好的大五人格问卷的优势结合在一起，其目标十分远大。它是由英国职业心理学家斯图尔特·德松（Stewart Desson）开发的，是一份基于性格特质的问卷，避而不用那些强迫选择的题项。测评结果以兼具四种颜色的、栩栩如生的"火花飞溅"的形式，呈现在一个"曼陀罗①"（圆圈或轮子，在这个测评结果中表现为一个八边形）之中。这四种颜色代表四种"原型"（archetype），分别是发号施令的红色、尽忠职守的蓝色、授权赋能的绿色和启迪人智的黄色。测量结果将显示出，你个人的"火花飞溅"在多大程度上涉及了这四种原型中的每一种。不会出现框框和格子，也没有类型和标签，而且问卷充分包容了每个个体的复杂性，所以介于两者之间是

---

① 曼陀罗又译作曼荼罗，或称满达、曼扎、曼达。英文原词为 mandala，此词来自梵文，意译为"坛场"，以轮圆具足或"聚集"为本意。这是印度教的术语，后来也被佛教所借用，指一切圣贤、一切功德的聚集之处。曼陀罗形状通常以圆形为主，也有正方形的，其他形状比较少见，但无论是怎样的图形，均代表心中的全宇宙，而且这个图形一定是有中心点的对称形状。——译者注

一种常见的情况。针对个人的报告会向受测人提供三种人格面具，包括一个内在人格面具（Underlying Persona），它是你天生的自我；一个日常人格面具（Everyday Persona），它是有意识的自我，即你的最佳状态；以及一个过度延伸的人格面具（Overextended Persona），即你处于压力之下的状态，或者过度发挥优势以至于它们反而变成了缺点的状态。

听听出版商怎么说

以下是"流明火花"的一些特点。

- 大五人格和荣格的精华相得益彰。该模型基于最新的大五人格研究范式被开发出来，也可以通过流行的荣格式视角来审视它。
- 特质而非类型。"流明火花"不会给人贴标签，也不会将你归入到某个小格子当中。我们称之为特质，而不是类型。
- 拥抱悖论。"流明火花"不会强迫人们在不同偏好中做出选择，我们将这种做法称为"拥抱悖论"。我们独立地测量每个人的性格中相互对立的、彼此竞争的、矛盾冲突的方面，例如他们的内向和外向的程度。
- 对三种人格面具进行测量。我们从三个独特而完整角度对你进行测量——内在的你、日常的你和过度延伸的你。
- 深入浅出。我们使用了丰富多彩的、注重实用的语言来创造出一系列的想法，从而方便人们记忆，并在未来的多年的时间里加以应用。该模型可以在多个层次得到应用——包括基于 4 种颜色的全局大图景层次，8 个方面的层次，或者更加详细的 24 种品质的层次，具体如何使用要取决于你的用途。

"流明火花"的潜在优点

它将大五人格的思想和荣格式的深刻见解结合在一份问卷中。它是一份基于人格特质的问卷，主要客户群来自企业或组织。每名受测者都会得到一份长达 40 页的综合报告。

洞察发现系统

洞察力（insights）公司最初由洛锡安（Lothian）父子在苏格兰创立，如今已发展成为一家全球企业。洞察力公司开发的这份问卷完全遵循着荣格的思想，有好几种语言的版本，在多国有售。测评结果显示在一个四色的轮子上，轮子上的结果被称为"能量"。四种颜色分别是炽热的红色、耀眼的黄色、冷峻的蓝色和充满生机的绿色。然后这个轮子可以进一步被分成八个位置，每个位置都有一个名字，比如变革者、观察者、激励者，等等。在这个框架内，洞察发现系统问卷识别出了 72 个子类型，每个子类型都有一份高度个性化的报告。信息以章节的方式来呈现。举例来说，基础章节分析了个人的优点和可能存在的缺点，个人沟通风格，以及个人对团队的贡献。其他的可选章节则提供了关于销售风格、管理风格、个人成就的观点；还有一个章节包含了一些在面试中可以用来提问求职者的问题。就像 MBTI 的许多其他替代品一样，它也可以在团队中使用。对于一些偏好上的细微差别，MBTI 测评的第一步是无法识别的，但该问卷可以做到这一点。它与 MBTI 的差别在于，它并不采取 MBTI 的那种看待主导功能和辅助功能的方式，而是探索有意识的和不那么有意识的人格面具。开发人员声称，他们的这种做法更接近于荣格思想的本来面目。就像 MBTI 一样，这个工具也强调优势和偏好。MBTI 的辅助材料和方法与该问卷有一定的相容性。

听听出版商怎么说

洞察发现系统使用了一个简单易懂的四色模型来帮助人们了解个体的独特偏好。我们根据你对一份简短的在线评估问卷的回答来测评这些偏好。其中一项测评结果是一份 20 页的人格侧写，它能帮你确定你的优点和待发展的领域。

洞察发现系统起源于瑞士心理学家卡尔·荣格的研究。我们的研究团队对它进行不断验证和完善，以确保它总能得出准确的测评结果和深刻的见解。

洞察发现系统能够帮助你发现你是谁，以及你如何与他人互动。它所提供的见解极具深度，可以给你带来意想不到的收获。从一对一教练到团队发展，再到提高销售业绩和提升领导能力，在这些方面，它为客户提供了无穷无尽的可能性。

洞察发现系统的潜在优点

颜色系统的使用令人印象深刻、方便记忆。它既可以用于个人，也可以用于团队。你会得到一份个性化的报告。得益于这份问卷的建构方式，它是自比性和规范性的完美结合。

戈尔登人格类型剖析器

这种工具是由美国心理学家约翰·P. 戈尔登（John P. Golden）博士开发的，他长期致力于心理类型研究。在结构上，该测评所得报告与 MBTI 第二步有一些相似之处。它强调行为和类型发展方面的因素；戈尔登博士还增加了第五个维度，即紧张－平静（tense-calm）维度，来测量人们所承受的压力；该问卷既可用于工作场景，也可用于休闲场景。由 125 个题项组成的该问卷是规范性的，这也就是说，它没有使用迫选式的问题，而且会产生 18 个构面量表（facet scale），从而使那些只有细微差异的解释得以存在，比如说，你可能会是一个健谈的内向者。该报告的一个特点是，MBTI 测评中为人所熟悉的"判断－感知"维度（即 J-P 量表）被 A-Z 量表所取代，其中 A 代表调整适应（adapting），而 Z 则代表组织安排（organizing），这样做的理由是这些词语与判断（judging）和感知（perceiving）相比，误导作用会少一些。所有的戈尔登问卷都可以配合经典的 MBTI 材料来使用。戈尔登问卷可能在大中小学校里会特别有用，出版商也专门针对此用途提供模板和研讨会材料。

听听出版商怎么说

与其他人格评估不同，戈尔登人格类型剖析器的独特之处在于以下这些方面：

- 它专门用于对人们的行为进行识别；
- 它既对工作场景进行测评，也对休闲场景进行测评；
- 报告涉及在四个总体量表框架下的 36 个人格特征，允许特定的个性出现，从而帮助人们对各自的工作风格能够有更全面的了解；
- 拥有一个其他荣格式测评工具所没有的、额外的总体量表，以及两个额外的人格特征，以测量人们对于日常压力源的反应。

戈尔登人格类型剖析器是现有的最有深度的人格评估工具之一，全球范围内的学校和各行各业的组织都在使用它。依托于荣格的类型理论和大五人格因素模型，戈尔登问卷运用由 4 个字母代表的荣格类型、表示压力的第五个要素，以及 18 个"子构面"来描述每个人的独特人格。它的个人和团队的报告都能为我们提供多种选择，让我们对自我和他人能够有更深入的理解，从而使戈尔登问卷成为一个完美的工具，可用于实施干预，促进个人和团队的发展。

戈尔登人格类型剖析器的潜在优点

该工具与 MBTI 材料高度兼容，但给出"子构面"，从而避免了 MBTI 的两分法结构的出现。如果你是在与中小学里的孩子或大学里的年轻人开展合作，或者你在寻找一种价格合理的 MBTI 的替代品，那么该工具可能会有吸引力。测量压力的那个额外的维度也可能很有价值。

本章小结 ○────────────────────────

对 MBTI 的诸多替代方案做一番探讨是很有价值的，因为你所在的工作单位说不定就已经使用了其中的一种。在这些竞争者中，没有一个能够在研究的时间跨度和内容深度上与 MBTI 相比拟，或者能够提供同样丰富的材料，但是这些都不是问题，你不必做非此即彼的选择，因为一些竞争者的出版商会鼓励你配合着 CPP 所出版的资料来使用它们自己开发的工具。归根结底，选择使用什么工具取决于你对市场的了解、你或你的客户能付得起多少钱，以及某份问卷能在多大程度上满足你特定的专业需求。任何一种工具都不太可能完全符合你的需要：所有工具各自都有其优缺点。大多数竞争者的出版商都有意识地对它们的产品进行一定程度的设计或调整，以应对那些针对 MBTI 的普遍批评。你必须权衡的是，这些衍生品的特性价值与原版测试的大量好处相比，究竟孰轻孰重。

Coaching with Personality Type:

What Works

———

第 4 章

结果汇报：平等的伙伴关系

假设你已经确定客户有意接受测评，无论客户接受的是 MBTI 测评，还是其他荣格式人格类型问卷的测评，抑或是其他心理测评，应该都会对他们有好处。在教练计划的第一次会谈当中，教练通常会向客户提议参加测评；而结果汇报通常会在第二次会谈中进行。

在首次会谈中找机会提议

在与新客户开展第一次教练会谈时，我自己的做法是：首先，我会快速回顾一下我对客户到底为什么觉得自己需要教练这件事的理解；然后，我会要求客户做一个简短的、自传式的介绍，要求其说明到目前为止在他们的人生中出现的转折点。此外，首次会谈还是一个可以让客户在交谈中就家庭、事业、休闲、健康和伴侣关系等问题对你进行倾诉的好时机。然后，我们将对整个教练计划的目标进行更深入的讨论，包括还需要向哪些人（比如客户的老板）咨询意见。这很自然地会引出关于客户曾经用过哪些方法来发展自我的讨论。

当客户说他们以前做过某份性格类型的问卷时，我们很有必要弄清楚客户所说的是哪一份问卷。客户可能会在回答这类问题时无意中泄露出一些信息：客户对所谓的"施测"具体是在何时何地发生的，以及测评结果披露出了什么，都只有一些含糊不清的大概印象。他们可能会说"哦，我想我是一个 EPNS"或者"没错，我就是一个 ESPN"（EPNS 实际上是电镀镍银合金的缩写，而 ESPN 是娱乐和体育电视节目网络的简称）。那些以这种方式将测评结果丢到你面前的客户有可能是有意在搞些小恶作剧，其目的是想看看你会作何反应。

其他客户可能是在培训课程上做过问卷，在这样的场合下，显然没有时间对测评结果进行深入的解释。所有这类做法都削弱了一种信念，即人格类型其实是可以为我们提供很多东西的。也有些人可能从以前的教练中接受过完整的汇报并因此而受益。

如何处理部分的讨论由你自己来决定。各种可能的应对策略包括：

- 提议重新解读客户的测评结果；
- 如果之前的测评已经过了很长一段时间，可以建议客户再做一次问卷，尤其是 MBTI 测试的第二步；
- 可以让客户告诉你最初的测评结果是什么，但不要提议重新解读；
- 如果客户觉得他们已经对 MBTI 有了足够多的了解，也可以赞同他们的说法并不再纠结这个话题；
- 如果客户说"不"，不要强行说服，也不要让自己看起来很失望。

当人们以前没有见过 MBTI 时，对它所能提供的结果做一个简短的、具有感染力的，但同时又比较审慎的描述，并观察客户的反应。因为在第一次会谈中已经有足够多的事情要处理，假设客户表示有意接受测评，我通常的做法是：在会谈后发一封电子邮件，其中包含着有关如何填写问卷的贴心指导（特别是当客户似乎对于测评结果将要揭示出的问题感到不安时）。

在第二次会谈中做汇报

汇报或称反馈讨论，通常发生在第二次教练会谈中。不要急于求成，应留出至少一个小时的时间（做汇报）。当我同时对几个测评工具进行汇报，以及定制的360度反馈结果时，我通常会计划拿出半天的时间来做这些工作。汇报一般分为以下七个阶段。

阶段1：心智上的准备

我在为会谈做准备的时候总是提醒自己，有关汇报的一切都必须反映出教练的原则，其核心是（自由）选择、平等和尊重。

测评工具到底有没有揭示出一些东西，如果有的话，所揭示的结果对客户又有什么意义，这些应完全由客户来决定。请记住，教练与客户是一种伙伴关系，即使其中一个伙伴比另一个伙伴掌握更多的专业信息，这一点也不会改变。针对他们自己，客户自身才是全世界领先的"专家"。不管客户向你透露了多少，也不管你认为自己对他们有多么理解，你永远不会真正地了解他们。你的角色只是提出问题，增加客户对他们自己的洞察力。

因此，你对客户有什么深刻的理解并不重要，客户能否与你就某种类型侧写是不是他们的"最适类型"这一问题达成共识也不重要。只要他们愿意，他们完全有权保持困惑或犹豫不决的状态。他们对 MBTI 持何种看法，或者对其持何种怀疑态度，都由他们决定。

另外，你还要放弃对客户的先入为主的想法。

人类总是在寻找捷径。按照我们的预期或希冀的"现实"去做，比起重新思考要容易得多。在这一点上，没有任何人可以例外。这既有心理上的原因，也有生理上的原因——与一下子得出结论相比，慢慢地思考一个问题需要消耗更多的氧气和葡萄糖。想要就此了解更多，请阅读丹尼尔·卡尼曼（Daniel Kahneman）的精彩著作《思考，快与慢》（*Thinking, Fast and Slow*）。快速思考指的是那些并没有真正进行思考的思考，即寻找证据来支持既存的观点，它会导致"确认偏误"（confirmation bias）。举例来说，假设你认为所有的男性天生就比女性情商低，你就会发现能够支持你的观点的事例比比皆是，但是你会对所有例外的证据视而不见。在第一次教练会谈的基础上，你对客户业已形成了一些结论，这一点是无法避免的。如果你已经为该客户做了问卷评分，那么这个过程可能已经开始形成了"在汇报会谈中会发生什么"的想法。然而，请做好大吃一惊的准备吧！要记住，有些客户多年来一直在伪装成另一个人。尽管这种情况非常罕见，但的确有可能发生：在他们的报告中所呈现的每一种偏好其实都不是他们的真实状况。

还要注意你自己关于人格类型的"快速思考"。避免在语句中包含"总是""从不""经常"这一类词，例如"偏好感觉（S）的人总是喜欢有形的证据"。在描述偏好时，你的语言应该是模棱两可、适度和不确定的。我个人喜欢的说法类似以下这些：

- 有些偏好感觉（S）的人可能会……
- 对判断（J）的偏好有时与……有关。
- 有一种可能的情况是，当你对直觉（N）有偏好时，你会……
- 对于那些偏好感性（F）的人来说……是有可能的……
- 这就是你的报告的说法，同时也是人们有时候对这种偏好的描述，但在你看来是怎样的呢？

收集一些简短的、说明性的趣闻轶事并与客户分享。这些轶事能够强调说明与每个偏好相关的、可能出现的行为的变化范围会是多么宽广，从而减少风险，避免让客户误以为某个单一故事就说明具有该偏好的人通常会做出哪些行为，也能避免让他们误以为 MBTI 的意图是要"框定"他们。

阶段 2：缔结契约，询问客户做问卷时的体验（2～3分钟）

这个阶段的工作会为接下来的工作进程定下基调。始终要先从一些"小契约"的缔结开始尝试。你们事前可能已经同意，这次会谈的时间将用在心理测量结果的解读上。但生活中总有不测风云，所以可能会有一些更紧急的事情是客户想要加以讨论的，因此总该问一句："我们曾经赞同这次会谈的时间将花在做汇报上面，这样的安排对你来说可以吗？"

如果你还没有这样做，那可以问问客户他们对 MBTI 测试有多少了解。你还可以问客户："你自己觉得，本次会谈聚焦在哪些内容上会为你带来好处？"仔细聆听答案。即使你在上一次会谈中已经与客户就此缔结了契约，客户自己也往往会通过互联网进行后续调查，可能他们所掌握的信息比你以为的要多得多。不要把他们的时间浪费在那些他们已经掌握的信息上。如果客户过去已经做过问卷，处理方式也是一样的——尽管我发现很少有人能回想起很多内容，但无论如何总是要检查一下的。我记得曾问一位客户，关于上一次测评他还能记住些什么，他的说法很模糊，却能很快就对这四组偏好给出了准确而简洁的描述。在这件事上，我很高兴我自己也遵循了我给你们的建议，并没有急于开始描述客户已经知道的事情，避免让自己陷入难堪的境地。

问一问客户填写问卷时有何体验。回答可能是饱含热情的（因为他们可能会觉得问卷挺有趣），也可能是无所谓或者甚至是带有敌意的。不管是哪种情况，要对客户进行冷静而热情的询问，从而了解更进一步的信息，例如：

- 所以当你说它"奇怪"的时候，确切地说是什么地方让你感到奇怪呢？
- 所以你开始猜测哪些问题和哪些维度有关——这样做的感觉如何？
- 你说有些"词对"问题不好回答——你能记得某个具体的问题吗？

如果客户的回答显示出敌意，询问他是否准备让汇报继续下去。如果对方表达出了愤怒，你应该做好放弃整个进程的准备。"你看上去有些恼火，你还想继续吗？"通常情况下，主动做出这样的提议就足以让客户放心，让他们知道自己并不会被迫参加自己非常不喜欢的活动，这时他们的抵触情绪通常就会开始消融。对于其他的回答，只需点头并记下它们，并向客户保证你稍后会对其进行探索和讨论。

阶段 3：第一关卡是先找到最适类型（10 分钟）

对任何测评工具而言，最好的汇报方式都是多次迭代的，也就是说，你寄希望于通过几轮的解释和讨论来不断加深理解。这种方式特别适用于 MBTI。在第一步，我的目标是向客户提供以下的一些想法，其中的某一些想法将在后面进行补充：

- MBTI、简史（只有几句话）：它与卡尔·荣格的思想及其杰出的、洋洋洒洒的研究成果有关联；
- 偏好是什么以及它为什么重要，每一对中两边各自的价值所在；为什么这个世界需要具有各种偏好的人；
- 16 种类型之间的平等性：在这 16 种类型中，并不存在善与恶，更好或更糟；
- 最适类型的概念，以及每个个体的独特性。

"偏好"这个概念支撑着 MBTI 的一切，我总是把以下这几句话作为开场白，并配之以我从培训课程中学到的优秀练习：

- 请写下你的名字（客户看上去会有些讶异）；
- 现在把笔换到另外一只手上，麻烦你再写一次名字；
- 前后的差别有哪些？

这个练习的目的是将用手习惯当成一个隐喻，来帮助我们理解我们的两只手都可以使用；如果确有必要，可以使用非惯用手；使用非惯用手将需要更多地、更刻意地集中注意力；而且非惯用手真要用起来几乎总是会显得更笨拙、更孩子气。用手习惯遵循着上述的规律，偏好也是如此。每个人每天都可以使用所有的偏好（事实也确实如此），但是每一对偏好中的某一个可能会始终用起来更加轻松，由此而带来的表现也更佳。

我会向客户展示如图 4-1 所示的这个简单的网格，上面列出了四对偏好（两分）。我会解释说这些偏好之间的相对关系只是心理上的，而不是逻辑上的。我会告知客户：人们对于这些不同的偏好会加以盲目推崇，存在着许多常见的误解和偏见，这些可以归因于社会规范和不经思考的偏见。举例来说，内向（I）不是指害羞或神经质的人适应不良下的反应，而只是两种能够获取能量的方法中的一个，且两种方法同样有效，这往往就是很值得一说的一件事。要强调心理类型所用的语言不同于它们日常的用法。向客户清楚表明：这只是第一步，随着过程推进，他们逐渐就会弄明白其中的奥妙。

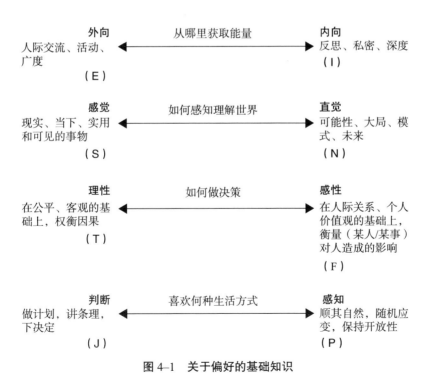

图 4-1 关于偏好的基础知识

阶段 4：将客户对于自己的第一次猜想和报告结果做对比（45 分钟）

在汇报的这一阶段慢下来是有好处的。争取多听少说。在我为接受培训的教练做督导时，我有时会听到关于这部分谈话的一些"灾难性"的录音：教练似乎沉浸在自己的专业知识和饱满的热情之中，感受到的喜悦是如此巨大，以至于他们偏离了谈话的轨道，客户在对话中似乎消失了，你所听到的只剩下背景音中偶尔传来的一两句隐约模糊的"嗯，知道了"。要谨防这种危险的情况发生，因为解读报告的传统做法可以轻易地就变成了"灌输－检查－灌输"的方式。也就是说，首先向客户提供一大堆信息，然后短暂地停顿一下，用一个闭合式的提问来大致检查一下客户对教练的解读是否理解，接着再急匆匆地提供大量信息（如图 4–2 所示）。这种做法限制了客户接收信息的程度，并抑制了探索、质疑、分歧和披露的发生。

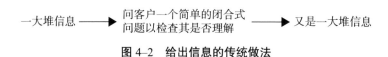

图 4–2　给出信息的传统做法

相反，应该使用以下这种模式：首先引出客户已经知道的内容，然后倾听和总结，再根据他们所说的提供一个简短的解释，然后重复这种"在解释之前先要引出话题和聆听"的模式（如图 4–3 所示）。当你这样做的时候，你就是把客户所提出的和所知道的与你认为客户所需要知道的融合在了一起。

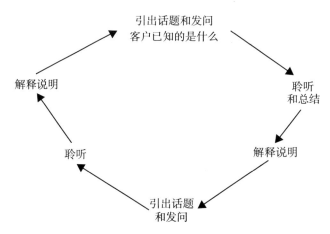

图 4–3　在解释说明之前先要引出话题和聆听

先要简要描述评分系统的运作方式。例如，虽然每条题目都有标记，但并不是每个选项都是这样的。①然后解释"偏好清晰度"的概念——分数的导向只是表明你有多清楚这就是你的"偏好"。客户之前对照图 4–1 猜测过自己在每个维度上大概会落在哪个位置，将报告的评分与客户自己先前的猜测进行比较。告诉客户：这份问卷是由伊莎贝尔·迈尔斯设计的，其目的是帮助人们理解自我，而不是做某种外部审查，从而调查客户究竟是什么样的人。

与客户逐一讨论他们的得分，这次可以更详细地解释每个偏好的实际含义，以及分享一些说明性的趣闻轶事。花尽可能多的时间来讨论客户的真正偏好可能会是什么，而不要在他们看起来犹豫不决的时候强迫客户选择。

要说清楚每种偏好都有潜在的缺点，并对这些缺点进行描述，请客户提供一些他们自身的例子。同时也请客户提供一些例子，说明他们自己的偏好在日常生活中是如何体现的。再做一遍那个关于用手习惯的练习，请客户举例说明，在他们使用非优势偏好时，在何种情况下会感到更为吃力。这也是引入这样的观点的一个很好的时机，即与那些和自己偏好相反的人一起生活或工作可能是具有挑战性的：理论上这对所有参与者都是有益的，但在开始时往往很艰难，因为存在着太多相互误解的可能性。问一问客户，他们自己在这方面有哪些例子。

阶段 5：通过一些小挑战／小练习来澄清每个偏好（可选，时间不定）

客户并不总是能立即明白自己都有什么偏好。这其实并没什么好奇怪的，因为他们是在两个好的选项之间做出选择。你会开发出自己喜欢的方法，但下面是一些我自己觉得很有用的、能够帮助客户澄清偏好的方法。

---

① MBTI 问卷有一些题目的两个选项中只有一个会落在评分纸（假设做的是纸笔版本）上标识着阴影的区域内，按照评分规则，此时该选项就会被计入对应偏好的分数累计中。而另外一个选项虽然表面上看，其意思与能够得分的选项是对立的，但是即使你选择了，也不会被计入对立偏好的得分中。客户自己评分时，需要将计分方法向他们交代清楚。——译者注

澄清是外向（E）还是内向（I）

询问客户对一次完美的周末旅行的构想会是什么，有哪些人会在场，在理想状况下他们会做什么。偏好外向的人经常会描述这样一幅情景：在周末，与一大群家人和朋友欢聚一堂，玩游戏，参加各种活动，迎来送往，交朋结友。偏好内向的人喜欢和一两个亲密的朋友去一个安静的地方，这样就有足够的时间来做一些个人的活动，比如阅读或者独自散步。

 澄清是感觉（S）还是直觉（N）

询问客户在你们所处的房间中他注意到了什么。偏好感觉的人往往会滔滔不绝地逐一列举那些数都数不清的细节。偏好直觉的人则可能会耸耸肩，或者看起来很困惑，然后告诉你一些宽泛而笼统的东西。要解释一下与客户具有相反偏好的人此时可能会如何反应。

 澄清是理性（T）还是感性（F）

这个练习要更难一些，因为我们当中的许多人，尤其是女性，都会主观地认为我们自己是把人际关系放在首位的，即使我们的偏好其实是理性的。要强调理性和感性都是合理的决策方式，每个人都可以使用这两种决策方式，感性偏好其实并不是"感情用事"。女性可能不太愿意选择理性（T），而男性则可能不太愿意选择感性（F），即使这可能就是他们真正的偏好。当得分接近中线时，更要注意这一点。给客户营造一个典型的理性／感性两难困境，例如，必须告诉一个老朋友一条使人不舒服的信息。虽然最终的结果可能是一样的，但是所使用的词语和所描述的策略通常会有所不同。偏好理性的人做事的时候会更简短、更直接，但可能会强调在这样做的时候要尽量释放善意。偏好感性的人会先从人际关系出发，力求维护彼此间的关系，经常会说他们要尝试用更迂回的方式来传递信息。此外，要向客户询问他们所遇到的有关绩效管理的真实案例，了解他们是如何处理这类问题的。

澄清是判断（J）还是感知（P）

询问客户他们如何安排假期。他们通常会提前很长时间做计划吗？若是去旅游会购买旅游指南吗？会把每天的行程都提前安排好吗？会在去之前就把要做的事情列个清单吗？会提前几天打包好行李吗？偏好判断的人可能会采取以上这些行动，而偏好感知的人更倾向于在最后一刻才采取行动，比如说在出发前一天的晚上把几件东西扔进行李箱内，然后在旅途中自由随意地停靠游玩。

你也可以参考第 12 章，其中有关于如何澄清偏好的其他例子，以及可用于团体的练习。

阶段 6：阅读整份的类型侧写（10 ～ 15 分钟）

在这一节点上，客户可能已经可以明确断定他们自己的身上有哪四种偏好了，但也有可能还不行。不管怎样，现在是时候给他们一份类型侧写了，请他们自己阅读，想看多久就看多久。如果他们对自己的偏好有疑问，建议他们阅读所有可能的类型侧写。[①]鼓励客户抱着怀疑的态度去阅读，寻找那些他们认为可能是准确的描述和自认为绝对不准确的描述。针对这些描述，询问客户有无类似的行为事例，或者他们从其他人那里得到的反馈，从而对这些描述进行确认或质疑。许多客户走到这一节点时会不知所措，仅仅靠四个小小的字母居然就可以如此准确地描述他们对自己的看法，他们会对此表示惊叹。即使这样，你也要记住巴纳姆效应（见第 1 章），同时需要再次强调 MBTI 有其局限性，提醒客户它设计出来的目的从来就不是用于分析（无论分析对象是调适能力、智力、技能又或是什么别的）。我仍然还能记得当自己第一次读到 INTJ 的类型侧写时，由于找到了身份认同，我的心中涌起了一种躁动不安之感。此外，当客户读到一篇与他们的实际情况非常匹配的类型侧写时，我也一遍又一遍地看到过他们脸上的那种既感到尴尬又觉得有趣的认同表情。

---

① 这里说的是 MBTI 在确定最适类型时的标准操作步骤之一，举例来说，如果客户对于 E、P 的偏好很清楚，但是在 SN 和 TF 上举棋不定，那么就请其阅读四份类型侧写，分别是 ESTP、ESFP、ENTP、ENFP，从中选择最合适的一份。——译者注

类型动力学会有用吗

所有 MBTI 的入门培训都会告诉你，荣格式人格类型指标绝不意味着"四个字母相加之和就等于你"。有许多会议、书籍和额外的培训课程，能够指引你破解这套复杂理论的种种谜团。虽然我很少会真的解释类型动力学理论，但我的确会运用它的观点，即在每种类型中的四种心智功能（感觉 S、直觉 N、理性 T、感性 F）理论上遵循着一个层次结构：从强到弱分别是主要功能、辅助功能、第三功能和最次功能。这四种心智功能有些是作用于外部世界的，还有一些是作用于内心世界的，由此还会产生一些变化。该理论认为，虽然这些信息（主要功能、辅助功能、第三功能和最次功能）并不会直接显示在组成类型的四个字母当中，但我们所有人其实都会使用所有这四个功能，而且我们对其中一些功能的偏爱程度会超过对另一些功能的，比如：

- 主要功能是我们的心头所好，我们对它最为信任；
- 辅助功能出自另一对心理功能偏好 ①，它对主要功能会起到一种辅助、平衡的作用；
- 第三功能的排序如其名所示，可能使用得不那么频繁，人们也不能很熟练地使用这类功能；
- 第四功能，荣格认为它最接近于潜意识，通常被认为是主要功能的对立面，通常被称为最次功能，有时也被称为"阴影"（shadow）；这是一个我们最不可能用意识加以控制的功能，它有可能在我们处于压力之下时，以一种更原始、更孩子气的方式出现。

表 4-1 是一个类型动力学的简化版本。

表 4-1　　　　　　　　　　　　类型动力学的简化列表

荣格式人格类型	第一顺位 （主要功能）	第二顺位 （辅助功能）	第三顺位 （第三功能）	第四顺位 （最次功能）
ESTJ 和 ISTP	理性	感觉	直觉	感性
ENFJ 和 INFP	感性	直觉	感觉	理性
ENFP 和 INFJ	直觉	感性	理性	感觉

---

① 类型动力学认为，如果主要功能是感知功能中的一种（即感觉 S 或直觉 N），那么为了保持心理平衡，辅助功能就必然会是判断功能中的一种（即理性 T 或感性 F），反之亦然。——译者注

续前表

荣格式人格类型	第一顺位 （主要功能）	第二顺位 （辅助功能）	第三顺位 （第三功能）	第四顺位 （最次功能）
ESTP 和 ISTJ	感觉	理性	感性	直觉
ENTJ 和 INTP	理性	直觉	感觉	感性
ESFJ 和 ISFP	感性	感觉	直觉	理性
ENTP 和 INTJ	直觉	理性	感性	感觉
ESFP 和 ISFJ	感觉	感性	理性	直觉

　　关于研究结论是否能支持以上这些观点是存在着争议的。在我自己的实践中，我不会费力地去解释和说服客户接受这套复杂的理论，而是通过一系列探索性的问题来使那些我认为有用的、立即就可以明白的观点得到应用。这些问题会涉及所有八个偏好，比如：

- 你觉得你可以轻松地使用这八种偏好中的哪一种？
- 哪一个（偏好）会给你带来最大的困难？
- 在四个"心理功能（感觉 S、直觉 N、理性 T、感性 F）"中，你觉得哪一个是你最喜欢、最常依赖的？
- 你最喜欢的功能同时也是你运用得最熟练的那个功能吗？
- 你的备选功能都有什么？
- 在实操中，哪一个功能给你制造了最大的麻烦？

　　无需过多地涉及类型动力学理论，回答这些问题就足以让客户得到启发。

阶段 7：总结（时间不定）

　　到了最后这一阶段，你可能会想要把 MBTI 的测评结果与其他问卷的测评结果联系起来，（如果你真的这么做了）那么你可能会把这个会谈时间都用在这件事上。即使你并没有这样做，你也应该向客户提出以下问题：

- 现在你对你自己的类型侧写有什么看法？
- 这对你来说意味着什么？
- 这对于我们将要一起完成的工作又有什么影响？

本章小结

在做测评结果汇报时，你要清楚自己对于问卷需要有哪些了解，而客户又需要对哪些关键问题进行探索，并在二者之间找到平衡，这是一门艺术。保持开放的心态，要考虑到客户有可能不赞同他们收到的测评结果，并为进一步的讨论创造足够的空间，这些做法都能增加会谈的效用和乐趣。你可能还会遇到一些来自客户的常见挑战，这会是下一章的重点。

Coaching with Personality Type:
What Works

———

第 5 章

如何应对来自客户的常见挑战

在使用 MBTI 或其他荣格式测评问卷时所遇到的、由客户发起的挑战，与教练活动中会遇到的其他类似挑战没有任何实质上的不同。只要你能够牢记以下道理：教练关系本身就具有挑战性，因为它可能与客户在日常生活中所接触到的其他形式的交流或人际关系都不同，那么这些问题就都可以解决。不管客户有多么资深、成熟、自信和著名，在其公众形象的背后，都包裹着一个害怕坦露自我、对事情失去控制的脆弱的灵魂。客户来这里接受教练，是因为在他们的生活中有一些东西是他们想要改变的，但做出这样的改变却很难。这种改变越重要，也就越难以捉摸，客户也就越抗拒改变。技巧娴熟的教练是那些能够抱持着同理心与客户一起开展工作的人，他们能够理解并消除客户的抵触情绪，但是不会和客户"勾结"起来，假装他们并不需要改变。我发现，记住一些最基本的教练箴言是有帮助的，例如，"客户永远比你更了解他自己""诊断、拯救或治疗不是教练要做的事情"。

下文描述了一些与 MBTI 相关的最常见的挑战、可能导致挑战发生的一些原因，以及一些可行的应对方法。

"感觉就像占星算命一样"

这种反应可能会出现在客户首次阅读完类型侧写之后，教练尚未有机会和客户详细探讨其偏好之前。客户的这种反应是出于什么原因呢？客户其实是在对类型侧写表示怀疑。很有可能是他以前曾经和心理测量学打过交道，并认为这完全是伪科学——胡编乱造、乏味无用。客户也许曾经听过一个愤世嫉俗的广播节目或读过一篇杂志文章，现在模糊地回想起，记得那个节目或那篇文章说心理测量学是一个有缺陷的学科。所有这些都有可能是导致客户出现这种反应的原因。而更有可能的原因是，客户觉得自己很脆弱，他正在挑战你的专业技能，并抵制那种认为他们性格的复杂性到头来可以归结为几百个字的类型侧写——其实这种担忧是完全合理的。

如何应对

永远不要让自己被激怒而做出防御或易怒的反应。微笑，平静地点头，承认客户的说法是一种司空见惯的即时反应，解释说这是该工具的一个弱点，不过这个弱点直接源自它的另一个优点，即工具本身易读易理解。要求客户给你机会开展多轮迭代性质的讨论，这种讨论将使得他们明白：对于增强自我意识而言，打印出来的类型侧写仅仅是一个开端，而远不是结束；而增强自我意识才是一开始要做问卷的全部目的。这种讨论还能帮助他们理解到，在报告中积极正面的文字所描述的每种类型发展到高度成熟阶段的例子背后，其实还潜伏着糟糕得不是一星半点的其他可能性。此外，你也可以尝试以下这个对"占星术指控"进行快速纠正的方法，即要求客户阅读与他们的性格类型完全相反的那种类型侧写，看看他们是否仍然怀疑这些类型侧写像占星术那样只会说好听的话来糊弄人。

> ### ↻ 罗珊娜（教授，INTP）
>
> 罗珊娜是一位寻求晋升的教授。在我们开始教练合作的时候，她看上去既紧张又谨慎。在之前的一次求职经历中，她曾遇到过某种基于性格特质的心理测试。在那次操办得非常糟糕的遴选过程中，她没有得到任何关于工具测评结果的反馈，因此倾向于将其个人的失败归咎于那项测评工具。"我是个科学家，"她说，"我可不相信占星术。"按照我之前描述的策略，我能理解她这种看似无礼的行为其实并不是针对我，所以就赞同地表示，首次快速浏览报告的确会让人感觉这种测评就像是占星术，但同时我也邀请她阅读 ESFJ 的类型侧写（与她的类型完全相反）。我观察到了她睁大眼睛，完全不敢相信的表情。"你是说真的有这样的人吗？"她说。那是我们最后一次提到占星术。

在三个或所有维度都选"我不知道"或"我就在中间点"

虽然我只是偶尔遇到过这一类客户，但总是有可能再次遇到这样的人。首先要关注他们对"做问卷时感觉如何"这一问题的回答，他们的说法会是"很难"，并且会说做问卷时阻碍他们做出回答的核心问题是"这要看具体情况"。当你开启讨论的第一阶段，描述各个偏好并敦请他们从每一对中选择那个"本心觉得更适合自己的偏好"的时候，他们可能还会重复"看情况"这个说法。

对于这种反应有多个可能的解释，比如：

- 客户真的无法在各种偏好之间做出选择，因为所有的偏好在他看来都具有同等的吸引力；
- 客户是一个天才，在所有的事情上都同样地擅长；
- 你对偏好含义的解释缺乏生动性和清晰度；
- 在客户与你的互动中存在一种死气沉沉的氛围，而这很可能也是他们通常过日子的方式，所以他们对偏好的选择也呈现出一种无动于衷、毫无生气的感觉；
- 有的客户是典型的骗子综合征的患者，他们告诉你，他们在工作中的表现是伪装的，而且他们唯恐别人看不到他们的行为表现，但这种表现与他们在家里的表现截然不同；
- 客户对于教练、了解自我其实都兴趣寥寥，因此也懒得填写问卷，只是随意地东涂西抹应付差事，从而导致了眼前的结果；
- 当你与某些客户进行自传式的讨论时，你会发现他们所接受的家庭教育可能是一团混乱的，客户的父母在教育孩子这件事上彼此之间可能会充满敌意，或者客户完全就是缺失家庭教育，他们的童年可能充满了冲击、困惑和矛盾。

如何应对

向客户说明白你所处的困境，告诉他们说这种情况比较不寻常，不一定会有一个令人开心的结局。询问他们愿意付出多少努力来寻找"最适合"的类型。让他们的回答指引你的行动。如果他们对此没有什么兴趣，那么就做好迅速结束讨论的准备。如果他们想继续，那就试试第 4 章中推荐的所有活动和问题，以澄清各个偏好，同时请客户从自己的生活中提供一些活生生的例子。可以探索一下与类型发展有关的领域（见第 6 章），看看会发生什么。

你需要与客户进行讨论，从而制定出几种不同的教练策略，并在这些策略中选择看起来最有希望的那个。在我上面描述的各种可能的解释中，我发现只有最后一种在现实中得到了实例的支持；但我也明白，数量很少的样本并不足以构成证据。

> ### ↻ 黛丽丝（经理人，零售银行业务）
>
> 　　黛丽丝曾在一家零售银行担任中高层经理，却遇到了麻烦事。由于她的疏忽，她团队中的一个下属犯了一个严重错误，这使得银行损失了一大笔钱。黛丽丝受到了严厉的训斥，但她还是设法保住了自己的工作。我提议她接受MBTI 测评。外向是她唯一清楚的偏好，但即使在这一点上，她的偏好分数也只有 7 分。我还记得在首次教练会谈中，她向我讲述了她自己的故事，她的童年充满悲伤和挑战：黛丽丝的母亲在患病多年后不幸去世了，当时她虽然只有 10 岁，但是家中三个孩子中的老大。她的父亲沉浸在悲痛之中，转而让她来扮演其他孩子的"母亲"这个角色。黛丽丝当时没有空暇舔舐自己的伤口，她必须要学会做饭、打扫卫生、照顾孩子，并处理与升学有关的事务。她没有机会享受年少时光，更别提"叛逆"了。对所有直系亲属来说，她就是那个无所不能、无处不在的存在。她收到了一所领先的大学体育科学专业的录取通知书，但是她放弃了这个机会，因为她父亲不同意，认为这个专业没有前途。她只得去当地的大学攻读商业研究方面的学位，因为这样她就可以继续住在家里发挥作用。

类型理论认为，处于两种偏好的中间点表明一个人很可能对自己的认知非常混乱、模糊，而不是表明你在两个偏好上都能做得一样好（尽管在荣格式测评问卷的某些版本中，这种情况也是有可能出现的）。我向黛丽丝解释了这一点，强调说这只是一个理论而已。然后我问她，她觉得自己属于哪种类型。她沉默了许久才颤抖着说："我不知道我到底是谁……"

在她看来，这一点与她在工作中所遇到的问题之间的直接联系是，她对自己的管理角色和管理风格没有清晰的认知，她从不确定自己什么时候该坚持，什么时候该放弃。因此，她的行为前后矛盾；她的员工从来都捉摸不透她究竟是持什么样的立场，所以也就从来都不清楚何时该把问题呈交她来解决，何时又该自己想办法搞定。

我并没有继续在教练会谈中去"寻找"偏好，而是建议黛丽丝在会谈后完成一份"作业"，从个人生活和职场生涯中找出八个她体验到了"心流"的时刻并将之记录下来，带到下一次教练会谈中加以讨论，同时还要阅读所有八个外向类型的侧写，从中寻找关于她自身偏好的线索。这使我们前进了一小步，但也只是一小步而已——我们确定了她是个 ES，这下就把她的偏好范围缩小到了四份类型侧写。到了这一步，我们一致认为，这种搜寻偏好的工作可能是前路漫漫、不知所终的，再投入更多的时间已经没有太多意义。因此，黛丽丝的"最适类型"仍然是一个谜。在接下来的教练中，我们集中精力开发一套务实的管理者行为规范，这将有助于防止她再次陷入目前所处的可怕局面之中。

在这种情况下，你还可以建议客户接受 MBTI 测评的第二步，在它给出的测评结果中，有着更细致入微的差异描述，并且将四个维度中的每一个都进一步拆分成五个小的构面。

"一点都不像我"

有少数人在接受问卷调查时所收到的报告类型与他们对自己的看法不同。当客户有这种反应时，我会再次提醒客户（在他们填写问卷之前我就已经提醒过他们）：这只是一份问卷而已，即使它被建构得很好，仍然有可能会出错，也许是因为它没有我认为的那么好，也许是因为填写问卷时客户的情绪影响了结果，也有可能是客户在填写问卷时想要让自己更接近他们想要成为的样子，而不是他们真实的样子。另一种可能的解释是，这些书面的类型侧写缺乏表面效度。要牢记 MBTI 的其中一条核心道德原则，即"对于自己的偏好，客户永远是最好的裁决者"。

我自己的估计是，在我的客户中大约有 10% 的人会对他们收到的报告类型有疑问，尽管通常只是在某一种偏好上存在争议。在汇报讨论最初的环节中，对于客户的报告类型，如果客户的猜测与你所了解的情况有出入，你就应该对此有所警觉。有时候客户经过澄清后仍然无法确认（自己所属的类型）。如果是这样，那就随它去好了。或者可以在头脑中记下这件事情，以便在以后的教练中能够跟进，看看客户到底是真的不相信他们的真实偏好，还是说客户其实是在两种偏好的中点徘徊。大多数情况下，经过一番讨论就可以快速确定客户的实际偏好，对这种挑战的回应就到此结束了。

只有以下两类教练会认为这种挑战是个问题：（1）有些教练认为调查问卷具有神圣性、必须"正确"；（2）另一些教练对自己的专业知识缺乏信心，希望通过一份据说很棒的调查问卷来赢得客户的认可，从而为其权威性提供背书并以此获得快乐。我自己的观点是，如果你承认所有的人格问卷都有缺点，那这只会提升（而不会损害）你自己的影响力。

因为"极端"的分数而沮丧惊慌

根据类型理论，分数只能说明我们在多大程度上清楚自己都有什么偏好，所以恰在中轴或中轴附近的分数代表的是非常轻微的偏好，或者说明客户对自己的认知可能比较模糊、混乱。同样，如果我们在某个偏好上的得分较高，就说明我们非常清楚这就是我们的偏好，但这并不能代表我们的偏好程度。举例来说，如果某人在内向偏好或外向偏好上得分较高，也并不意味着他就是外向过头了或者是内向过头了。对于这些，你在做汇报的时候，就应该已经向客户解释过了。即使你已经向他们做了解释，可能仍无法让某些客户放心，他们可能会问以下类似的问题：

- 我在感性偏好上的得分是零，这意味着我冷酷无情吗？
- 天啊，我的内向分数是 45 分，这是说我是个无可救药的残疾人吗？

我自己的观点与类型理论不完全一致。我认为在实践中，分数的高低很可能与客户自身的行为方式相关。

如何应对

把这个理论再解释一遍：告诉客户有些时候偏好得分的趋势确实可以体现出客户的行为方式。这也许会让人感到不舒服，因为这样做可能会使人不假思索地联想起一些常见的、与偏好有关的刻板偏见（尤其是关于"内向 / 外向""理性 / 感性"

这两个维度的），从而引发出一些负面情绪。例如，一个极度内向的人缺乏自尊，或者一个理性偏好的女人冷酷无情，等等。就像我在前面所说的那样，在性格类型方面，客户才是最好的判断者。问他们自己是怎么想的。一些好的问题如下所示：

- 你觉得要调用这个两分的另一端会有多大难度？
- 你所得的分数在多大程度上能够准确地体现你在这个偏好上的行为模式，你自己是怎么想的？

然后，根据客户的回答，你可以发起一场关于类型发展的讨论（见第 6 章），在对话中，你可以探讨过度依赖于某个偏好可能会产生的后果。

这些我在网上都看过了

从上次会谈（你建议客户参加 MBTI 测评）到这次会谈（听取汇报）的这段时间里，客户可能已经针对这类话题积极地做了些研究，有时还会寻找一些免费或廉价的网络版本，重做了一遍问卷。有些时候这种研究会集中在对工具的批评上（这些批评并不难找到）。有些人，特别是 INTP 和 INTJ，会带着一捆一捆打印出来的文件资料过来听取汇报。我曾是一位教练的督导者，她不无遗憾地说："我认为一位客户做的研究水平太差，而且居然还与客户就这件事发生了争吵。"这名教练坚持强调自己所接受的培训更为优越（这种做法非常愚蠢，但可以理解），结果却失去了客户。我们不应认为客户发起的研究具有挑衅性质（尽管它可能会给人这种感觉）。由于客户对此有足够的兴趣，所以才会自己去做一些功课。请记住，就像互联网上至少有 25% 关于医疗的信息是完全错误的一样，客户对 MBTI 的随机搜索结果也可能是错误的。同时也要记住，MBTI 有一些众所周知的缺陷，客户也有可能只是发现了这些缺陷而已。

如何应对

- 建议客户毫无保留地告诉你他们（在网上）都发现了什么；
- 询问他们对这些发现做何反应，并对他们的回答进行总结；
- 快速阅读客户的研究成果并记下其来源，准备好学习一些有趣的新知识；

- 请求客户允许你给出自己的观点，避免展开徒劳无益的辩护，同时也要做好准备，不卑不亢地提供适当的证据，以回答那些站不住脚的批评；
- 如果客户有学术上的兴趣，或似乎想要展开进一步的研究，建议他们去 CAPT 的官网搜寻资料，向他们强调在这个网站上能够找到的研究是非常综合全面的，并告诉客户你将很乐意了解他们的发现。

一旦客户允许你对他们的发现展开探讨，暂停汇报，问问客户你的解释是否与客户自己的研究发现相符。通常答案会是肯定的——或许吧。

 凯瑟琳（管理咨询顾问，INTP）

正如她自己不断提醒我的那样，凯瑟琳是个智商超群的年轻女性。她在剑桥大学读哲学，获得了一等荣誉学位，目前在一家声望很高的咨询公司工作。但事实证明，她并不是非常快乐。凯瑟琳出于本能，要与我在学术上竞争，我回避了这个挑战，解释说我的角色不是她在剑桥的教员。如果我们要一起工作，那么情感领域，即感性（F）是很重要的——请记住，如果类型动力学理论是正确的话，那感性（F）就恰恰是 INTP 的最次功能。在她的夸夸其谈之下，隐藏着一种极度的不安全感，她容易发脾气，对此她感到羞愧和担忧。她在第二次教练会谈上扬言，她已经"找到了所有关于 INTP 的信息，所有这些信息都表明 INTP 可能是最糟糕的类型"。

"告诉我，你的哪一些研究结果提供了这样的观点？"

"嗯，事实上所有信息都是这样说的。"

"具体是……？"

结果证明根本就没有"具体的"，只有从一些根本不可靠的网站上随机搜集来的一堆所谓"事实"。

我平静地向她介绍了经典的 INTP 类型侧写，询问她的看法。实际上，从理论上讲，INTP 与她当时的工作非常匹配，我们的教练目标主要是更好地利用优势，并将短板的影响降到最低。但这份工作与凯瑟琳的许多技能并不十分匹配，不到一年，她就找到了一份更合适的工作——在一所大学里担任研究员。

不想成为这种类型

在这种情况下，客户承认问卷所报告的就是他们的偏好。但是他们不喜欢自己所读到的描述。对于这种情况，可能的解释包括：

- 这让客户想起了早年父母对他们的否定；
- 在他们的生活中，一些师表般的人物和他们属于不同的类型；
- 他们的偏好与组织中的主导偏好不一致
- 他们受到了偏好描述中某些或所有的消极描述的过度影响；
- 这实际上并非他们的"最适类型"。

应该平静地应对这种挑战，你可以问客户：

- 具体来说，你不喜欢的是什么呢？
- 和你的人生经历联系起来，这意味着什么呢？

你也可以向客户提供此类型的另外一个版本的侧写供其阅读，或者探讨一下哪个类型更有可能是他们的"最适类型"。

我很喜欢伊莎贝尔·迈尔斯发明的一个概念，即"心理上的爱国主义"。换句话说，就是为自己的类型感到高兴和自豪，接受它的弱点并利用它的优点。我经常会向客户提到这一点。我并不把客户发起的这种挑战看作一场危机，而是把它看作一个绝佳的机会，借此对身份、职业、人际关系以及教练所能涉及的一切议题进行探讨。这种对于 MBTI 的反应通常来自那些向你倾诉自己缺乏自信心的客户。他们会报告说自己很难在会议上发言，或很难对同事的意见进行反驳。他们经常会遇到授权委派方面的问题，与此相伴的另一个问题就是自己常常超时工作。你需要运用常规的教练方法来解决这些问题，但就 MBTI 而言，你可能会发现客户似乎确实无法做出那些与他们类型相关的积极行为。

 吉迪恩（家庭医生，ISFJ）

    吉迪恩当时在市中心的一家大型诊所工作。他在教练中提交的议题是职业：他报告说自己想离开医学界，这是一个重大的、可能无法回头的决定。原因是他觉得这份工作"无聊而且没有成就感"，但他同时又表示，他觉得自己必须留下来，因为他已经在教育和培训上投入了巨额资金。他觉得自己受到了同事们的"压迫"，并声称自己在应付"所有的垃圾工作和垃圾患者"。

MBTI 测评结果的汇报对他甚有启发。"是的，这就是我，"他说，"但我希望自己不是这个样子。"吉迪恩只看到了 ISFJ 的缺点：深度的内向；对事实的狭隘关注；对未来感到悲观；害怕在诊断上犯错误；害怕与别人的意见不一致；倾向于过分被动；但又偶尔会用直接或间接的方式来反咬一口。

我承诺我们之后会谈到职业选择，但建议首先应该探讨 ISFJ 的积极方面对他从事医生这个行业有何意义。我当时的说法是：我觉得无论他从事什么职业，他都免不了是个 ISFJ。我们花了 90 分钟的时间讨论这个问题。吉迪恩离开的时候带着一个笔记本，上面写满了各种各样的新行为，等待他去尝试——所有这些带有试验性质的行为都是受到严格限制的。

吉迪恩留在了医学界。他居然在教练计划中的一次 MBTI 会谈中就能够发生明显的转变，这是一个非常罕见的例子。这为他开启了一扇门，让他可以成为更好的自己，尽管在接受了 12 个小时的教练后，他在我们的最后一次总结会谈中说："我确实发现教练是一个贯穿终生的过程。"

这种类型看上去和我的职业不是很匹配，对吗

这个问题可以用多种不同的方式提出，例如，客户会直接问你哪些工作可能适合其类型偏好。以职业生涯为中心的教练绝不会盯着那颗蕴含着你的"类型秘密"的水晶球，然后自信地说："哦，是的，我认为你应该成为一名律师。"确实有很多研究项目表明类型偏好和特定职业之间存在相关性，但这并不是说只有某种特定类型的人才能做好某项工作。当客户来向我寻求职业教练的时候，我总是从一开始就说清楚：我的角色不是为客户找到合适的职业。我没有做这件事情所需要具备的知识（鉴于职业数目在过去 40 年中爆炸式的增长，我怀疑是否有人可以做到），而且有大量的信息是客户无需我的帮助就可以自己搜索到的。类型只是影响职业选择的一部分因素，能力、成熟度、热情、年龄、教育、资格证书和生活环境等都同样重要。

更为重要的是，如果你持有关于哪一类型可能会在某个特定角色上更为成功和快乐的先入之见，那么所有的这些先入之见都应该接受挑战。举例来说，偏好直觉的人和偏好感性的人成为外科医生的概率相对偏低，但这并不意味着 ENFP 类型的人就不能成为一名令人满意的外科医生。不能因为 ENFP 类型的人当外科医生的情况比较少见，就不鼓励客户向这个方向发展，这是不道德的行为。相反，应该用提问的方式来探究他们如何看待外科医生这个角色，以及他们认为自己的个性偏好对自己的职业生涯会有什么影响。我确实发现，这样的提问很可能会揭示出客户当前的职业道路与他们的类型偏好之间是不太匹配的（我在本书中给出了一些例子），但如果认为情况总是如此，那未免就太草率鲁莽了。在我早年的一份工作中，我曾经任命过一位优秀的业务经理，她的偏好就是 ENFP。我们通常会做出这样的预期，即一个 ESTJ 类型的人才能胜任这个岗位，但实际上这位女士具有高超的数字运算能力，并认为她的工作能够使她在数字和流程方面的技能有用武之地，从而帮助我们的商业客户得到他们想要的结果。

我不是四个角落上的那些 TJ 类型 ① 的人，那我还能成为领导者吗

这个问题其实是前一个问题的另一种版本。在我自己使用的类型侧写手册中有一个直方图，它显示了经理人样本的类型测评结果分布，这个样本不但为数庞大，而且还在不断更新中。与许多类似的研究一样，它显示，"理性＋判断"类型的人（再加上 ENTP 和 ESTP）在领导角色中占据了主导地位。初闻此事之时，许多本身是高级经理的客户可能会感到失望，因为他们并不属于这些类型。

在后续的讨论中，我会提及以下一些要点：

· 大量组织选择了某些类型的人，并不意味着这类人就一定是合适的人选，而只是说这

---

① MBTI 类型表中，包含理性（T）和判断（J）的四个类型即 ISTJ、ESTJ、INTJ 和 ENTJ 各自占据着四个角落上的格子。而根据研究成果显示，这四种类型的人在经理人群体中各自的占比都比它们在对照的常模组中的占比高得多，故此有"管理者角落"的说法。——译者注

些组织被这些类型的人所表现出的行为所吸引了而已；

- 一旦这些类型的集合占据了主导地位，选拔者就倾向于寻找与自己相似的人；
- 在一个领导团队中有太多相似的类型，尤其是 TJ 类型，就会导致一些常见的弱点出现：过分看重"坚定不屈"，忘记了灵活性和人际因素是多么重要——而这些缺陷通常与组织的失败直接相关；
- 无论你属于 16 种类型中的哪一种，你都有可能成为成功的领导者，尽管不同类型的人的领导风格将截然不同（我会举一些例子，小心地隐去姓名）；
- 当你与众不同时，你可能需要详细地了解你如何能为公司带来增值，并在此基础上做到自尊自重。

当你和别人有明显差异的时候，学会如何与性格类型不同于己的人协商、合作是很重要的。

 托姆（学生领袖，ENFP）

　　我的客户通常都是大型组织内的高管，但托姆是个例外。他的父亲是我以前的客户，是他介绍托姆来找我的。托姆当时 27 岁，是一名有抱负的政治家，一名学生领袖，即将获得心理学博士的学位。他的 MBTI 测评结果明确地显示出他是一个 ENFP。这立刻让他关注到了自己的偏好（尤其是感性和感知）与那些传统领袖的偏好（理性）之间存在的差异。我告诉他，根据我的猜测，好几位尚在人世或已故美国前总统的偏好类型应该都属于感性和感知（如比尔·克林顿、罗纳德·里根、杰拉尔德·福特和吉米·卡特）。之后，我们马上就确定了教练目标：让 ENFP 类型的人学会如何利用自身风格的优势，而不是试图在 NT 或 ST 类型的人所擅长的领域把他们统统击败。话题由此进一步扩展到如何理解对方的典型思考方式和行为方式，从而有效地影响他们。

本章小结

　　接受荣格式问卷测评时，客户会提出各种常见的挑战和问题，回应这些问题的时候要始终对客户保持尊重，并且要提防想要为某份问卷的"正确性"过度辩护的倾向。

Coaching with Personality Type:
What Works

———

第 6 章

发展和成长

　　一切教练都是关于发展和成长的，但是要牢记，从来没有一个客户来寻求教练时会宣称他们要的是"个人成长"或"挖掘他们内心的智慧"。不幸的是，这两句话在教练网站上太常见了。本章探讨荣格关于"类型发展"的观点可以如何被运用在教练中，还会谈到为什么个性类型可以帮助我们管理压力。

　　在任何教练会谈中，客户的目标要么纯粹是事务性的，要么纯粹是转型性的，这两者之间是有区别的。事务性议题是一次性的，旨在解决某个特定问题（例如怎样管理某个绩效差的员工）。转型性议题则是关于学习的一种全新方法的议题，你可以将之应用到任何类似的情况中；不仅仅是客户，其他人也可以运用这种新方法解决自己的问题。所有教练都在处理事务性议题，这就是我们每天工作的一部分。但是，当教练属于转型性质，涉及发展和成长时，教练和客户才是最满意的。

　　荣格的观点是：我们的偏好是与生俱来的，每个人终其一生都在追求他所说的"自性化"（individuation），也就是发展成为最好的自我。我喜欢这个观念：它与在我自己的职业生涯中驱使我奋力前行的那些动力是那么相似——无论是在教那些母语非英语的、有天赋的、刚刚移民过来的 16 岁的孩子们（我的第一份工作）时，还是制作教育电视节目（职业生涯中期），抑或是在与高管和其他教练一起开展工作（我现在所做的）时。对于一名年轻的教师而言，几乎没有什么事情比看到自己的学生未能发挥出潜力更让人感到沮丧的了，我现在也能从我那些高级的客户身上找到同样的感觉。"自性化"与"差异化（differentiation）"密切相关，与所有那些认为荣格式性格类型侧写会给人带来刻板印象的简单化思维则是截然相反的。

类型发展

类型发展的思想是内嵌到 MBTI 当中的。它假定以下发展过程会以有意识和无意识的方式发挥作用并贯穿人的一生：在人生早期，我们合乎理想地开发和信任我们的主导功能，发展出与之相关的所有技能；到了中年，我们可能会发展起一个健康的辅助功能，从而达到平衡；在中年以后的生活中，我们可能会尝试发展出第三功能，甚至是第四功能，或称最次功能。本质的类型偏好可能会保持不变，但是我们使用这些偏好的方法可能是会变化的；而且在理想情况下这些方法也应该有所发展。这绝非是说要让人们在所有八种偏好上都达到同样的效能，而是要让人们具有更高效的觉察能力，做好平衡，变得更加成熟。

所谓"良性类型发展"，指的是对我们自身的偏好保持适度的自豪感，意识到与之相关的盲点，保持谦逊的心态，从而在我们需要的时候可以理解和利用相反的偏好——之所以这样做，通常是为了支持我们的主导和辅助功能。这样做意味着我们更有可能成为始终一致、稳定可靠、心理健康的人。在这一方面，人格类型的概念与特质所说的理论是完全不同的，因为后者的假设是最好每样东西都有一点。

是什么在阻碍着我们

毫无疑问，社会压力是一种强大的阻力，它扭曲了人们对自己先天偏好的信心。在社会中，外向性（E）比内向性（I）更受重视。去听听每天在学校门口发生的那些谈话，你就可以发现这一点。家长们会担心那些看起来很安静的孩子，他们似乎更满足于独自一人相处而不是持续地与人交往。这可能是一种言之有物的担忧——孩子缺乏与人相处的信心，但也可能只是一种毫无根据的担忧——孩子只要想就可以很好地进行社交，但他同时也需要独处的时间。关于这种故事，我听过很多不同的版本，其中一位明显偏好外向的家长，为喜欢独自活动的孩子而操心："你成天看电脑 / 书。你为什么不和别的孩子一起出去玩呢？"

由于判断偏好（J）与责任心和计划能力有关，所以它往往似乎比感知偏好（P）更受重视。当某个人的偏好与社会主流不同时，这些关于什么受重视、什么被看轻的模糊印象有时会使人们的行为发生扭曲。

关于性别的刻板印象

性别在人的发展中也发挥着重要作用。在大多数社会中，女孩在成长过程中都被告知她们的角色是养育。男孩则被告知"男儿有泪不轻弹"。尽管女权主义运动和有关机会平等的正式立法已经存在多年，但这些有关性别的刻板印象仍在不断得到强化。这样的压力可能意味着，理性（T）偏好的女性可能会因为自己天生偏好逻辑和理性而纠结，而感性（F）偏好的男性则可能害怕被贴上"软弱"的标签。你会在教练会谈室里看到各种各样的适应性行为和不良适应行为造成的后果。

↻ 玛尼（ESTP）

她自己明明是个异性恋，却穿着明显带有阳刚气息的衣服。她之所以这样做是出于一种赌气的态度："看我会不会在乎你们认为我这个人非常强硬而且像个男人。"在我们的教练期间，她明白了其他人会认为她这样做属于挑衅和幼稚的举动，而一个偏好理性的女人是完全可以被社会所接受的。

↻ 特蕾西（ISTJ）

由于害怕被认为"强硬"或"男性化"，她故意让自己的嗓音听起来非常尖细、女孩子气，在着装中大量使用粉嫩的颜色，还装饰着许多褶边和荷叶边。她总是被自己的易怒所困扰，而且正在接受抑郁症治疗。意识到理性偏好与她的性别完全相容，对她来说是一种解脱。我把她介绍给了一位语言治疗师，他很快就和特蕾西通力合作开发出了属于她的自然嗓音。随着声音变得低沉，一种更加流畅简洁的着装风格也逐渐出现了。不知道是不是巧合，她的抑郁症状也消失了。

约瑟夫（ENFP）

他从小就知道，在自己那地处乡间的家庭和学校里，一个男孩如果表现得非常温柔和善良，会招致嘲笑和孤立。长大成年后，他在家庭中遇到了严重的困难，因为在其幼子因为意外事故不幸去世后，他完全无法表达出自己的悲伤。他的妻子指责他"冷酷无情"。约瑟夫告诉我，他太少谈论自己的感受了，以至于尽管他很想这么做，却感到舌头打结，脑海里没有词汇可用来描述他的感受。我们的教练主要集中在探索表达情感的那些词汇包含了哪些含义，并且练习使用它们。

乔瓦尼（ESFP）

他已经感觉到自己像一个局外人，因为他是所属团队中唯一的同性恋，但是又没有明确地"出柜"。他告诉我，在工作中，他"努力表现出男子汉气概，但做得不是很好"。他欣慰地发现，有感性偏好并不意味着他是"非理性的"，而是不是同性恋与感性偏好没有关系。

组织文化

多年前在芝加哥，我作为一名教员，为现已不复存在的安达信会计师事务所做一个项目。在我涉猎甚广的咨询和教练生涯中，我想不出还有什么工作能够比这个项目让我觉得更加讨厌的了。所有的参与者都是高级合伙人，当他们被告知必须参加我们举办的领导力课程之后，本就已经很生气、很抵触了。更糟糕的是，尽管许多参与者在开场的破冰活动中就已经自豪地宣称自己实现了"财务自由"，他们仍然认为这门课程会妨碍他们实现人生中的主要目标——赚很多很多钱。

该课程旨在赋予该公司一个全新的角色：受众更广泛的、更注重人际关系的咨询角色。在课程的第二天（为期五天），我们为参与者实施了 MBTI 测评，也做了解读和教练。在 40 名参与者中，38 人（95%）是 ISTJ，我相信这个结果在后来的课程（我没再参加）中大体上还会重复出现。碰巧的是，在我负责教练的两人小组中，有一个人就不属于 ISTJ 类型，她也是参与者中仅有的四名女性之一。在教练会谈室的私密空间里，她告诉我当她在同事面前被"揭露"出来是个 ENFP（换句话说，她被揭露出了不同的一面）时感到非常恐惧，当时她一度情绪失控。她诉说了自己对安达信企业文化的强烈厌恶。她表示，安达信严格要求员工保持一致，这不仅仅体现在着装要求上——所有员工都必须穿着格调阴沉的正式服装，而且也表现在态度上和工作实践上，她甚至认为其中包括了一些安达信损害客户利益的不道德行为。那么，到底是什么让她留在那里的呢？原来是因为她是家里的经济支柱，有一个身患严重残疾的丈夫依赖于她的医疗保险。她相信自己和许多同事一样，落入了金钱的陷阱之中。她已经充分意识到了自己与同事的差异，不仅是性别上的差异，她还难以适应在她身边发生的种种（不道德的）行为。人格类型的学习给了她一种全新的思考方式。"我尽了自己最大的努力做一个好的、乖巧的 ISTJ，"她说，"但这太让人精疲力竭了！"

我猜想，如果安达信新招募的其他毕业生不属于该公司中主流的 ISTJ 类型，这些人中的大多数要么会找一些理由迅速离开，要么就会被迫离开。从类型差异的角度来看，这次课程本身就已经是一项挑战，因为我们八名教员无一例外的都是 NT 偏好的人，所以也难怪我们和学员都觉得课程进展得很困难。公司想要的是更多具有 NT 和 NF 行为的员工，但是这些能力超群的 ISTJ 专业人士无论如何也看不出问题出在哪里。

若干年后，当我得知安达信在安然公司（美国的一家大型能源公司）审计丑闻中所扮演的角色时，一点也不感到意外。安然公司令人咋舌的犯罪行为导致该公司几名最资深的高管锒铛入狱。安达信则在安然破产后轰然倒塌。人们不禁要问："如果安达信能够创造出一种不同的文化，其中拥有更多样化的人格类型，这种情况是否就有可能避免？"这或许并不是捕风捉影。

组织文化可以很容易地创造、维持和强化一种很狭隘的世界观。我关于安达信的轶事证据只是一个极端的例子，但我也见过许多其他的事例。这种事情很容易发生。首先，你很自然地会招聘那些似乎具备了所需技能，可以替公司向客户提供核心产品或服务的人。而这些技能很可能与特定类型有关系。所以，会计师事务所确实可能会吸引 STJ 类型的人才，而公司也确实需要这样的人。这家公司取得了成功，对于最初招募的员工，其职位也就水涨船高。他们很可能会按照自己的形象来招募其他人。很快，这种文化就会对不合群的人产生敌意，所以这样的人要么永远不会被选中和提拔，要么很快就会离开。

我曾为英国广播公司工作多年，先是在组织内担任工作人员，后来充任他们的顾问和教练。很明显，该组织会为其制作部门选择和提拔那些 NT 类型的人。这并不奇怪，因为制作广播节目所需的技能正是你期望 NT 所具备的那些技能。问题不在于这样做是不是"错误"的——我认为这是不可避免的，而在于人们在多大程度上意识到了这样做带来的后果，尤其是对于那些看起来和组织里大多数人不一样的人所产生的后果。

如果你不去"发展"自己的类型，会有什么后果

人格类型在教练中派上用场的一个主要途径，就是辨识生活事件是如何阻碍客户发展他们真正的类型偏好的。如果一个人不去发展自己的类型，其结果有多种可能性，轻则模糊地意识到了自己没能发挥自身潜能，重则会产生一种灾难性的挫败感。你要小心留意以下这些症状。

1. 对主导功能缺乏信任，胆怯而不敢去使用它。关于这一点，以下案例研究就非常典型。

> ↻ **埃莉诺（生产控制高管，ISFP）**
>
> 埃莉诺出生在一个军人家庭，父母重视他们所谓的"直言不讳"和学业成绩。她在学校成绩很好并考上了一所好大学。在那以后，她参加了一家汽车制造商的研究生项目，在技术方面表现出色，学会了如何管理一家工厂，之后又去学了如何管理公司的核心业务。她之所以来寻求教练，是因为她觉得自己"漂流在外"，与她的同事和她所管理的庞大团队脱节。埃莉诺一向以作风强硬、要求苛刻、讲求效率而著称。我以为她的报告类型会是 ESTJ，没想到

其实是 ISFP。"这才是真正的我。"她说。在讨论中，当她得知自己一直以来对于感性（F）偏好的印象完全不对的时候，她崩溃了。因为这个原因，她没有要孩子。她说，她"真实的"生活其实应该是宅在家里，和她挚爱的丈夫、她的猫待在美丽的花园里。而她的工作环境中，没有哪个人对此有一星半点的了解。由于长期伪装成 ESTJ，所以她从来没有发展自己主导的偏好——感性（F）偏好，并说对感性（F）偏好产生信任会让她感到"不安"，不过她也没能做到熟练地使用 ESTJ 偏好中的任何一种。接下来我们教练的重点就变成了在实践中展现自己真实的偏好意味着什么，以及这样做对她的领导风格可能产生的影响。在一次团建活动中，埃莉诺和大家一起分享了她的测评结果，所有人都很惊讶。这件事本身标志着她的领导风格开始发生重大转变，而且这种转变对她所领导的团队而言要适合得多。

2. **从来没有开发过一个用以平衡的辅助功能**。INTJ 类型的人——其主导功能是直觉（N），可能忽略了他们的辅助功能——理性（T），因此永远沉迷于新思想和关于未来的宏伟计划，而从未对它们中的任何一个进行过理性的分析。ESTJ 类型的人——其主导功能是理性（T），则可能会忽视那些表明他们的观点没有得到证据支持的数据，从而过早地做出判断。

3. **缺乏自我意识**。一个没有能力调用"内向（I）偏好"的外向者可能无法意识到他们是如何滔滔不绝，以及他们在别人（甚至也包括其他外向者）看来是多么地吵吵闹闹和傲慢自大。而一个从未学会某些外向（E）技能的内向者，则总是有可能把别人看作他们自己与外部世界产生问题的根源，并进一步退缩到自己的内心世界中去，从而进一步断绝那些本可有所裨益的挑战。

4. **客户试图伪装成其他类型，使他们看上去不诚实**。客户可能会报告说，他们感觉到自己就像是个骗子，或者因为总是要表现出某个样子而筋疲力尽，就像下面这个例子。

⟳ 安德鲁（保险公司高管，INTP）

是安德鲁的老板把他介绍给我的，并跟我说这是解雇他之前留给他的最后一次机会。安德鲁的老板私下里告诉我，她怀疑安德鲁的听力有问题，因为他说话声音太大，而且似乎经常听不到别人对他说的话。在我们的第一次教练会谈中，我和安德鲁聊起了他过往的人生经历，他告诉我他在男校里因为"安静"而遭到霸凌，这里的"安静"就是"内向"的意思。因此，在 15 岁时，他决定自己必须大声说话、活泼好动、吵吵嚷嚷、乐天开朗，并且不停地说话：实际上，就是说他"要成为"一个 ESTJ。这当然只是一种表演而已。他获得了牛津大学的奖学金。假装成为一个和真实的自己非常不同的人让他压力巨大，以至于他告诉我，每天晚上不管天气如何，他都会躲到学校屋顶上的一个秘密地点，因为那是他唯一能获得"安静"的地方。他此前从来没有听说过内向和外向这两个概念在 MBTI 中的含义。我鼓励他在填写问卷时要完全坦诚，根据自己的真实感受来回答。当我向安德鲁汇报问卷结果，告诉他说内向得分 49，外向得分 3 时，毫不夸张地说，我从未见过哪位客户的脸上有像他那样轻松的表情。他的听力没有问题，但是他缺乏真诚，这一点在他身边的同事看来是显而易见的。他们发现了他的古怪行为，并为之感到困惑。

安德鲁是一个极端的例子，说明社会压力会迫使你变得比真实的自己更外向。在他的案例中，这导致了他既没能发展出内向（I）的技能，同时又变成了一个缺乏说服力、只有不发达的直觉（N）①的外向者（E）。这也意味着，他花费了很大的力气，试图成为与他个性相反的那种人，结果事倍功半。安德鲁本可以对自己的工作进行重新评估，并以一种让他和老板都满意的方式重新调整了工作。如果事情发生在现在，我一定会让他读一读苏珊·凯恩（Susan Cain）所著的《安静》（Quiet）。这本书讲述了内向的乐趣和优势，以平衡那种认为外向型行为应该成为常态的主导思想。

5. 想要满足所有人的需要，成为无所不能的人。 客户会显得前后矛盾；人们永

---

① INTP 类型的主导功能是运用于外部世界的直觉，安德鲁没能开发好他的主导功能，因此作者才有此评语。——译者注

远无法确定他们在和什么样的人打交道。

6. 过度依赖某一种偏好，客户可能会对相反的偏好不屑一顾。举例来说，一个偏好理性（T）的人可能会宣称感性（F）是"荒谬可笑的"或是"多愁善感的"，将"感性偏好"和"伤感"这两个不同的概念相混淆。一个永远无法调用判断（J）偏好，因而对你说偏好判断（J）的人只是一个过分小心的、偏好感知（P）的人，可能会变成一个非常优柔寡断的人，永远在改变主意，极不可靠，没有计划能力。偏好直觉（N）的人可能会嘲笑偏好感觉（S）的人"钻到细枝末节里面"，而不愿意看到他自己会因为自己的偏好变得多么马虎。这样的观点不仅会限制客户的实际表现，还会让他们在同事眼中显得死板僵硬和充满偏见。这样的客户可能会过度使用了其偏好的长处，以至于让这些长处反而变成了短板。有时，即使是非常资深的人士也会在这种情况下陷入困境，以下案例中的情况就属于过度依赖主导偏好——感性（F）。

 布伦南（广告公司的创意总监，ENFJ）

在广告和媒体的世界里，人们需要并鼓励创新，而且很看重从业者的共情能力。布伦南过去在事业上取得了成功，但他并没有意识到：自己经常得到提拔的原因其实是其他人避免向他发起挑战，想要躲开他无意中造成的混乱。布伦南与客户建立了密切而积极的关系。他了解客户品牌的核心，在企业文化是如何创造出了品牌价值这一点上，他是真的很明白的。布伦南是个热情而富有同情心的人；他谈论着他手下的"男孩和女孩"，却没有注意到这种说法在一个"千禧一代"越来越多的团队中会让人产生反感，而这个团队的成员也觉得这些标签已经过时，而且显得很不礼貌。他组织团队外出团建时，其目的似乎是让每个人都同意他的观点；他的所谓团建，用他的一个直接下属的话来说，就是"老式的篝火民俗活动"。当人们把数据摆到他面前，质疑他对于公司前景的乐观看法时，他拒绝了，他说"无法忍受别人否定他"。同事们学会了操纵、利用他想要得到他人喜爱的强烈需求。也就是说，人们很快就发现，他从来就没有做到过"一锤定音"，因为他最终会做出什么决定取决于谁是最后一个和他说话，并对其施加影响的人。布伦南之所以来寻求教练，是因为他所在的公司被一家更强硬、更成功的竞争对手收购了，新上任的总经理立即意识到，布伦南的领导方式会给公司带来商业风险。在我们的教练中，布伦南必须首先认识到，他不切实际的乐观主义和"想当然"的行事作风会带来严重的后果，他对于理性逻辑的排斥态度，迟早会使他的职业生涯毁于一旦。

我喜欢这样的观点：在人生的后期，我们甚至可以有意识地发展我们的最次功能。而这正是以下这个客户和我讨论的事情。

↻ 约兰达（INTJ，中小学校长，正在计划退休）

约兰达对于她的工作游刃有余，经常被征召来帮助"失败的"学校。作为一个全面发展的 INTJ 的完美典范，在她自己的教学中，以及与她的员工互动时，她有耐心，有洞察力，能够鼓舞人心。她总是被有关教学和学习的新思想所吸引，是一个天生的领导者。她已经学会了通过与他人合作来调整自己的创新步伐，这些人的主导功能是感觉（S）①，他们的实用主义可以平衡她的高瞻远瞩。当她即将从教学岗位上退下来的时候，她收到了很多涉及咨询工作的聘用邀约函，但是在她接受教练的过程中，我发现她开始被"良性类型发展"的概念迷住了，并评论说她已经在尝试使用她最不常使用的两种功能：感性（F）和感觉（S）。她计划进一步发展感性偏好，方法是每周花两天时间照顾年幼的孙子孙女，其余时间则计划做园艺、徒步健行和学习弗拉明戈舞，这三项完全属于感觉性质的活动。她说："我得脚踏实地了。在我的一生中，有那么多时间已经花在无形的东西上了。我知道我永远也无法精通弗拉明戈舞，但什么也阻挡不了我去努力尝试！"

应激状态下的客户

我们倾向于把"压力"这个词说得好像它是一种真正的疾病一样，其实不然。"她因压力过大而离开了"是人们谈论那些因为无法承受工作或生活带来的负担

---

① INTJ 类型的主导功能是运用于内心世界的直觉。——译者注

而请假的人的一种常见说法，这些负担会导致生理或心理健康问题。其实，压力（pressure）和应激（stress）是有区别的。压力甚至可以是令人愉快的；如果没有压力，工作就会变得乏味。但是太多的压力会很快发展成令人难以承受的外在要求。工作级别越高，长时间工作就越有可能成为一种常态，因为许多高层次的、棘手的问题是没有显而易见的解决办法的。那种认为"只要我们能更努力、更长久地工作，我们就能以某种方式解决这些问题"的幻想流毒甚广，促使人们更加卖力地工作，但实际成果却越来越少，对身心健康的损害也越来越严重。

无论我们具有哪种类型偏好，我们对压力的反应本质上是相同的。首先，我们会采取在通常情况下行之有效的那些策略，不管具体是什么策略。也就是说，我们会根据自己的类型偏好，更加努力地尝试，从而使自己变得更有效率、更能干、更讨人喜欢或更有独创性。在极端的压力下，这可能根本不起作用，所以我们会恐慌。然后我们就失去了眼界视野，变得目光狭隘：我们不可能退后一步，甚至不可能问问自己这个问题在一周后会是什么样子，更不用说一年后会是什么样子了。我们变得没有幽默感，我们不能忍受他人的取笑，也没有人可以用笑话来将我们从痛苦中解救出来。我们的思考方式收窄到了非此即彼的地步，非常机械化，只有对错之分。随着思维中灰色地带的消失，我们感觉自己也失控了。

你会形成一套属于自己的、行之有效的方法来帮助客户缓解应激反应。在我自己的工作中，我经常要帮助客户实现以下几个目标：学习如何委派授权（很多老板从未尝试过学习如何委派授权，这让人无比惊讶）；学习如何审视自己的思维过程，从而使自己的眼光不再那么狭隘；了解应激体验背后的神经科学和生物学，并知道如何利用控制呼吸、正念和冥想等技巧来让大脑做它该做的事情。

"个性类型"的概念有助于我们对任意一种类型可能会产生的应激模式进行了解。该理论认为，在四种心理功能（感觉、直觉、理性、感性）中，最次功能最有可能在应激状态下爆发。该理论认为，在应激状态下会有一个两步走的反应过程。首先，我们将加倍地依赖通常对我们很有效的东西——我们的主导功能。如果应激状态继续恶化超过了临界点，我们的心理功能模式就可能会瞬间切换到我们的最次功能。正是因为它被"名正言顺"地标记为最次功能，最接近于无意识，所以我们才会以一种孩子气的、不受控制的方式来使用它。小说中经常会出现这一类现象，最著名的例子是罗伯特·路易斯·史蒂文森（Robert Louis Stevenson）于 1886 年首次出版的中篇小说《化身博士》（*The Strange Case of Dr Jekyll and Mr. Hyde*）。

处于"受支配状态"

有些人在体验到低级功能的爆发后会失去控制，在 MBTI 理论中，这种现象被称为"处于受支配状态"。就目前人们对于神经心理学的理解而言，这意味着人类大脑的边缘系统，即大脑的情感中心，已经取代了管理理性的区域（前额叶皮层）来接管大脑的运作。这意味着我们的行为方式将会完全不同，我们甚至会不认识那种状态下的自己。

我对于细枝末节非常纠结，我变得丢三落四，我变成了一个疑病症患者，我大喊大叫。那个冷静的、有能力的人到哪儿去了？（INTJ）

理性是我的标志。但是在我的工作期间，我曾经有一段时间要为一个全面失败的 IT 系统负起责任，那段时间里我基本上算是疯掉了——我将每个人视作敌人。现在回想起来觉得不可思议。我完全失去了方向，头脑一片混乱，我觉得自己的行为就像个五岁的孩子。（INTP）

在我被告知自己将被解雇后，我就只是简单地离开了，然后基本上算是躲起来了，这样的情况足足持续了三天。35 年的经历，点点滴滴，一下子就全没了！我真的觉得"快要疯了"。那个人好像不是我。我说不出来话，然后我没日没夜地纵酒狂欢，这在我的人生中是第一次，也是唯一一次。（ESTJ）

我的丈夫离开了，婚姻结束了。我想：现在好了，没有婚姻，没有社会地位，孤独、年老、被忽视，我就是个彻头彻尾的失败者。我没有未来，任何地方的任何事情都变得越来越糟，气候在变坏，可怕的政客。幸运的是，我有两个好朋友，她们不愿让我独处，只是默默倾听我的心声。但以上那种完全不合逻辑的悲观想法劈头盖脸而来，将我整个淹没。（ESFJ）

我和老板进行了一次令人不快的评估面谈。我觉得自己被捅了一刀，没有任何别的词可以形容这种感受，这太不公平了。我以为我们是朋友，而不仅仅是同事而已。大哭了一场之后，我幻想着通过暴力来报复——是真的，你眼前这个善良、快乐的人，也就是我，当时正在思考着如果把老板杀了该有多好。这可不是件好事。（ENFP）

大多数类型侧写都提供了有关这方面的信息和提示，其中一种思路是去阅读你的反面类型的侧写，但是要想象你具备了报告中所说的所有缺点，而且以最生硬、最直接的方式做出它所描述的一切行为。

另一种提醒自己应激状态将如何发挥影响的简单方法，就是考虑应激反应将如何影响具有不同气质的人（如表 6-1 所示）。

表 6-1　　　　　　　应激反应如何影响具有不同的气质类型的人

气质类型	什么"触发器"会使其行为处于"受支配状态"	他们的应激反应首先表现为……	如果左栏中的那些应对策略无效，则会进而表现为……
卫士 感觉＋判断 （SJ）	• 控制手段失灵 • 太短时间内发生了太多的变化 • 违反了传统价值观 • 系统没能正常运作 • 高度模糊，不知道正在发生些什么 • 空谈"愿景" • 被排斥而未能参与规划未来	• 加倍努力想要去控制 • 无法授权委派 • 对周围的人严厉 • 生气，易怒 • 变得迟钝，催逼他人，忽视人们的感受 • 似乎没有注意到重要的人际关系正处于危险之中 • 固执	• 只看到前方的厄运和黑暗，忽略了事实 • 为灾难性场景规划准备的强迫症 • 小题大做 • 忍不住哭泣或其他情绪爆发，无法停止 • 冒险，行为鲁莽而冲动
工匠 感觉＋感知 （SP）	• 严格的控制，个人自主权严重受限 • 太严肃，缺乏乐趣 • 太多的理论，太抽象 • 严格的目标，对计划的强调 • 长时间的单调乏味、可预见性和程序化	• 袖手旁观，消极对抗 • 开不恰当的玩笑 • 制造一场危机，看看会发生什么 • 不合时宜地乱搞恶作剧 • 不明智地挑战上级	• 逃跑，抽身事外 • 被宗教、政治极端主义、神秘体验所迷惑 • 让一个强有力的人物控制你 • 让自己陷入危险的关系 • 情绪失控，崩溃

续前表

气质类型	什么"触发器"会使其行为处于"受支配状态"	他们的应激反应首先表现为……	如果左栏中的那些应对策略无效，则会进而表现为……
理想主义者 直觉＋感性 （NF）	• 复杂的道德困境 • 工作或家庭中的激烈冲突 • 失去了一段友谊 • 在无法干预的情况下目睹残酷之事或其他类型的痛苦 • 被批评，尤指因某件违背了重要的个人价值观而受到批评 • 和不快乐的人一起工作 • 感觉与周围其他人的价值观不一致	• 过多地介入别人的问题 • 做出毫无意义的牺牲 • 承担所有的责任 • 在已经无望的事业上努力投入 • 心里拒绝，嘴上却答应 • 过度工作 • 变得喜欢说教和情绪化	• 苦闷不安，愁怀难遣 • 把所有的批评意见（即使是最小的批评）都看作是针对自己的 • 声称自己被孤立、没有人爱 • 变得歇斯底里 • 怨天尤人，甚至责备那些完全没有错的人 • 怨恨别人，试图伤害最爱你的人 • 变得冷漠、愤世嫉俗
理性主义者 直觉＋理性 （NT）	• 不具备完成任务所需要的技能或能力 • 和官僚、机构打交道 • 单调乏味地例行公事和处理细枝末节的问题 • 被自己尊敬的人指责为不称职 • 与不称职的人打交道 • 没有发挥创造力的机会 • 坚持等级制度 • 伤春悲秋的情绪和过于情绪化的人	• 变得过于理性，不近人情 • 梦想能够实现更为宏伟的计划和愿景 • 变得小气和迂腐 • 因为小小的失败而严厉地批评别人 • 为了证明"别人是错的"这个特定目的而付出过多的时间和精力 • 甚至在极小的事情上都变得咄咄逼人，极具侵略性	• 过度纠结身体上的"小瑕疵" • 丢失重要的个人物品（钥匙、钱、护照等） • 搞不清日期和时间 • 错过最后期限 • 犯新手才会犯的错误 • 暴饮暴食 • 幼稚的反叛，死板地照章行事，绝不变通 • 退却，撤离

　　这种针对应激状态的应对方法有其实用价值，对于那些令人费解和不安的事情，它为客户提供了一些合理的解释。它使人们的反应正常化，并以此来帮助他们复原。从长远来看，我们也可以从这些最次功能的"爆发"中学到很多东西，因为它们就是我们自身的一个组成部分。如果你想对这些资料加以利用，可以把它展示给客户，聊一聊看他们是否能从中辨认出属于自己的典型"触发器"和反应。这会让客户对自己能够有更加深入的认识。

为了帮助他们在未来能够避免类似的情况发生或对其进行控制，你也许可以提出以下问题来和他们进行探讨。

- 你如何识别出"受支配状态"的早期迹象？
- 过去有哪些行得通的方法有助于你避免"受支配状态"，缩短它持续的时长，缓和它的强度？大多数人会提到有意识地去改变他们的身体状态，诸如出门散步、冥想、做一些正念练习；或者找一个可靠的朋友来倾诉，这个朋友会仔细地聆听，而不是提供一些老生常谈的建议。
- 哪些资源（比如人员、具体策略，等等）在下次"受支配状态"发生时能帮得上忙？

关于这一点可能还有两本书能有所帮助。其中之一是内奥米·昆克（Naomi Quenk）的《那真的是我吗？》（*Was That Really Me?*），于 2002 年出版。此书对最次功能如何运作进行了详细的探讨，并描述了它是如何影响某一特定类型的。卡罗尔·彭伯顿（Carole Pemberton）于 2015 年出版的《复原力：教练实践指南》（*Resilience: A Practical Guide for coach*），则描述了作为一名教练你可以用来帮助那些暂时丧失了复原力的客户的无数种方式。

教练的另外发力点：在相反的偏好上做得更好

客户一旦理解了类型偏好的微妙之处，他们中的许多人都会表示有兴趣学习如何更轻松、更熟练地调用相反的偏好。要向他们解释清楚，这样的学习绝不是要在相反的偏好上变得同样熟练，而只是要变得"足够好"而已。比方说，应该人在闲暇时间里，或者在工作中需要用到某些相反偏好的时候，能够享受到相反的偏好所带来的好处。表 6–2 提供了一些建议。毋庸讳言，这些建议不仅适用于你的客户，也适用于身为教练的你自己。

表 6-2 练习使用相反的偏好

你的偏好	想开发的相反偏好	可以尝试的方法
外向（E）	内向（I）	• 限制你在会议上的发言数量，既包括发言次数，也包括发言时间 • 通过学习如何总结对方的话而不提供自己的观点来提高自己在聆听方面的能力 • 学习简单的冥想技巧 • 将某些行动提案的利弊写下来，而不是拿来和朋友讨论商量
内向（I）	外向（E）	• 多些打电话或面对面交谈，而不是发电子邮件或短信 • 主动开始对话，而不是等着别人先开口 • 增加你在社交方面的技能和信心 • 挑战自我，在会议上更频繁地发言，每次说更长的时间 • 通过解释你是如何一步步得出结论的，来让你的思路更加清晰可见
感觉（S）	直觉（N）	• 使用一本书的目录来识别书中最有趣的部分，而不要按顺序阅读 • 与某位偏好直觉的同事一起研究策略，并有意识地观察其思维是如何运作的 • 尝试运用创造性的技巧，别太过担心你的成果谈不谈得上"好" • 通过阅读评论家的评论来为一场艺术活动（如歌剧、戏剧或展览）做准备
直觉（N）	感觉（S）	• 在分析业务案例或进行辩论时，首先从确定已知的事实开始 • 在运动中，提高你对身体各个部位的觉察 • 把你的思想集中在享受当下，而不是关注未来 • 运用你的五种感官来扩展你对细节的感知（所见、所听、所嗅、所尝、所触）
理性（T）	感性（F）	• 在做任何决定时都要先问问自己"这里包含了哪些与人有关的层面？" • 在重要的讨论中，要辨识、确定并明确说出自己的感受，尤其是那些涉及冲突的讨论 • 通过问"如果我就是那个人，我现在会有什么感受？"这样的问题来提高自己的共情能力 • 首先要赞美，而且尽量多说一些，少批评
感性（F）	理性（T）	• 当你不得不告诉别人一些会让人不舒服的事情时，要直截了当，开门见山 • 在做一个困难的决定时，问问自己：客观和符合逻辑的解决方案会是怎样的 • 权衡一下：对某个人的友善是否可能会招致组织更大的不友善或不公平 • 不要立刻就假定任何负面的反馈（无论多么温和）都是人身攻击

续前表

你的偏好	想开发的相反偏好	可以尝试的方法
判断（J）	感知（P）	• 不要制作那么多清单列表 • 问问自己"我真的必须现在就做决定吗" • 少给别人建议，让他们自己解决问题 • 通过业余爱好来练习让自己学会随遇而安，而不是总感觉自己必须计划好一切事情
感知（P）	判断（J）	• 做任何项目时，都要在头脑中给自己设定一个收集更多与项目相关的信息的最后期限，并严格坚持，不要逾期 • 实施一个为期一天的尝试性实验：这一天中你要不时地向自己承诺，你将拒绝所有诱人的干扰，只处理你手头上的待办事项 • 为日常工作制订一个严格的计划；先把这些事情做完，这样在当天剩余的时间里你就可以随着性子灵活安排了 • 克服那种"到了最后时刻才赶工做事"的心理惯性 • 有意识地在日程计划中安排进一些"应急时间"（以备不时之需），而且不要让其他事情占据这段时间

本章小结 ◯——————————————————

在实践中，"良性类型发展"意味着我们每个人都有潜力发展成为我们所能成为的那个最好的人。教练有助于我们识别出自己真正的偏好是什么，从而更清楚地认识到这些偏好，以及察觉到我们是如何使用它们的。理论认为，在人生早期，我们会开发自己偏好的心智功能（感觉 vs 直觉，理性 vs 感性），而忽略了相反的偏好。到了中年，我们开始发展一些与自然偏好相反的禀赋。荣格式思维框架帮助教练和客户确定在这条道路上走了多远，并创造出一个安全的空间来让双方对此进行探讨——无论讨论的主题是领导力，还是如何管理企业生活中的应激 / 压力。教练还可以为客户提供一些机会，让客户可以去探索和练习那些被忽视的或相反的偏好。

Coaching with Personality Type:
What Works

————

第 7 章

为领导者做教练

我的大多数教练客户都担任着领导角色。其中有些人之前就已经对人格类型的有关概念非常熟悉，另外的一些人则不是很熟悉。人格类型在领导力教练中大有用武之地，在本章中，我将探讨具体的做法。

当你以顾问或导师的身份开展工作时，客户需要确认你在技术层面上对他们的工作是否熟悉、了解。高管教练则不同。因此，零售行业的客户并不指望我具备供应链或客户细分方面的专业知识，尽管他们可能有理由期望我能够了解这些概念。银行业的客户并不指望我了解 LIBOR[①] 是如何运作的。身为建筑师的客户们也知道，我对一幢建筑物建造过程中的结构工程方面的知识一无所知。不过所有客户都的的确确希望我能理解组织行为，知道领导者如何增加自己的价值，以及领导者的心理压力是什么。

何为"理想"领导者

关于领导力的观点会随着领导者生活的年代而改变。在战争时期，我们相信关于"伟人"的幻想，当一切似乎都将毁于一旦时，他能只手擎天，拯救我们。当经济繁荣时，我们希望一个乐观的人来告诉我们，美好的时光会持续下去。当经济陷入困境时，我们可能成为某些领导者的牺牲品，他们可能会告诉我们，所有的问题

---

① LIBOR 是 London Interbank Offered Rate 的简写，意为伦敦银行同业拆借利率，是指作为国际金融中心的伦敦，其一流银行之间短期资金借贷的利率，是国际金融市场中大多数浮动利率的基础利率。——译者注

都是某一群体（如移民、外国势力等）的错。在面临道德困境、进退两难的时期，我们需要一个善于思考、思虑精深的人。

尽管关于领导力的书籍和论述早已成千上万、汗牛充栋，但有时我们还是很难达成共识。然而，到了今天，在我看来，我们需要的领导者应是一些善于对人类（及其行为）进行观察解读的专业人士。他们不仅要对他人进行理解和观察，他们也同样需要充分而专业地了解自己。此外，每位领导者都必须平衡两项同样紧迫的职责——既要让人们对未来充满乐观，又要对当前的自满情绪进行批判。这就是人格类型的思想价值所在。

没有哪一种性格类型可以造就理想的领导者。尽管如此，在对经理人群体进行的抽样调查中，某些类型似乎在这一岗位上占据了主导地位。在我撰写《组织内工作中的 16 种人格类型》（*Sixteen Personality Types at Work in Organisations*）一书时，非营利性组织 ASK Europe 帮我收集了数千名经理人样本的样本信息（还在不断更新），数据显示，ISTJ 和 ESTJ 明显占主导地位，其次是 ENTJ 和 ENTP。感性偏好的类型占比要少得多，例如 ISFP 就仅占样本的 1.8%，而 ESTJ 占了 18.7%。

没有数据表明这些经理人在他们的角色上的效能有多少。CPP 也曾实施过类似的抽样调查，搜集了将近 123 000 名领导者的数据，其结果收录在莎伦·莱博维茨·里士满（Sharon Lebovitz Richmond）所著的《类型与领导力导论》（*Introduction to Type and Leadership*）一书中。ESTJ 和 ISTJ 再次占据了主导地位，ENTJ 和 ENTP 紧随其后。感觉（S）和感性（F）偏好的领导者在其中只占很少的一部分，关于这一样本的调查结果与我们在类型偏好方面对于美国人的整体认知大相径庭。我们可以猜测，其中的原因可能包括组织偏爱由那些用数据说话、决策果断、讲究逻辑的人占据其高级职位，而这些人接下来可能会招募与自己类似的人；除此之外，一些感性类型的人可能对他们眼中的"强硬派"感到厌恶，认为这种人会破坏和谐。在我自己的教练实践中，我见过这样一些行为模式：偏好感性的经理人往往退出大型组织，创办自己的企业；或者接受组织的安排，常集中到人力资源、培训或平等机会（Equal Opportunities）等部门工作，因为在那里他们感觉更自如。

某些类型在组织高层占比过高可能是个值得关心的问题。偏好理性（T）的领导者占据主导地位通常会导致组织对于人员因素置若罔闻；如果没有妥善处理好人员因素，任何重大战略都将无法成功实施。在最基本的层面上，这就意味着，在许多组织中，领导者所管理的员工群体因其类型偏好更有可能反映出总体人口的分布比例，所以会和领导者自己的类型偏好截然不同，从而造成很多误解，也使得变革的尝试屡屡折戟沉沙。

发生在我的客户凯莉身上的故事正是如此。她领导着一个团队，其中有六个偏好直觉（N）的人，而偏好感觉（S）的人只有一个，就是财务总监（他的类型是ISTJ）。在他们七人中，除一人之外其余的人都偏好理性（T）。凯莉所任职的慈善机构最近和另一家机构合并了，因此这家慈善机构首次出现了人员冗余的情况，需要裁员。此外，预算也出现了赤字，这意味着凯莉的工作单位需要迅速改变组织文化。

C **凯莉（慈善机构的首席执行官，ENTP；所领导团队中 ENTJ 和 INTJ 分别有两人，另有一人是 INFP，还有一人是 ISTJ）**

作为一个高管团队，我们内部的意见是完全一致的，那就是变革一定要迅速。我们没费多大周折就提出了一个新的愿景：一切的改变都是为了响应监管要求，简化流程，让客户和我们机构打交道的流程变得更快捷、更容易。这种变革看起来非常简单明了，然而我们从未料到它会遭到如此强烈的抵制。人们对与自己长期共事的同事被解雇这件事感到不满；他们认为这样做"很残酷"，但就是看不到精简机构的紧迫性；他们认为自己已经在客户面前做得很好了，根本没有看到变革的必要性，只会问"为什么事情不能像以前一样继续下去呢"。当我们进行文化审计时，我们发现了如下的问题：作为一个主要由直觉（N）偏好的人组成的团队，我们完全忽视了这样一个事实，即我们所领导的许多人其实都是偏好感觉（S）的。当我们进行了一系列我们称之为"聆听呼声"的活动时，我们意识到自己做错了。他们提出的都是一些很现实的问题，他们非常担心我们的变革会影响弱势客户的福祉，以及明天会发生什么，而不是五年后会发生什么！

真相就是，所有类型的人身为领导者时都各自有着潜在的缺点。表 7-1 对人们身上可能存在的缺点做了总结。

表 7-1　16 种类型各自可能面对的领导力挑战

ISTJ 可能会	ISFJ 可能会	INFJ 可能会	INTJ 可能会
管得太多太细;似乎"痴迷于"数据,忽略了情感性的维度;自动地拒绝新想法和改变;表情严肃,不易接近,杞人忧天;讲话沉闷乏味,不能打动人;缺乏愿景,发现自己很难从系统的角度看待问题;过分依赖正式流程,忽视人际因素;对老板过于恭敬	过于看重表达成共识并将其作为自己的决策风格,因此显得决策缓慢或举棋不定;对组织的运作体系和流程期望过高;对制定策略和计划这一类大事得太轻易,扼杀自己的观点,事后又怀疑;可能会过于谦逊;期望根本心;如果老板不这样做,又会变得顾影自怜和强得到老板的赏识,期望在管理团队内得到足够的赞赏,不会轻易给予其他人批评性的反馈或就拒绝他人	看起来忧愁而神秘;在每件事物中都努力寻找其潜在的心理意义;对于未来的愿景,觉得自己私下的思考就已经足够了,无须和他人商讨;身为老板的时候,会觉得要做到'客观和超然'相当困难,尤其是在要给予他人挑战性反馈的时候;当团队成员需要"方向/思路"的时候,却要向他们提供"帮助";避开会议,不参与公司事务,社交活动参与的太少	把每件事都看作一个亟待改进的项目,即使情况本来就已经很好了;看上去拒人于千里之外,提出过高的要求;对实际的实施环节没有兴趣,缺乏领导的关系网络;没有建立足够的关系网络;有可能忽略老板,低估数据的重要性;不关注别人的感受,尤其是这些感受看起来"不合理"的时候;对常规和规则表现出不安和不耐烦;对自己和他人的能力过分关注

ISTP 可能会	ISFP 可能会	INFP 可能会	INTP 可能会
过度即兴发挥;看不到长远的未来;所制订计划不断变化,使追随者困惑不已;除非有紧急事态发生,否则会表现得心不在焉,冷漠疏离;和老板要么心任务,对完成对比务表示反感/欣赏;没有为团队建设付出足够的精力;过于看重实用主义和权宜之计,使得别人对他们的个人价值观心存疑虑	貌似根本不愿意当领导;似乎会被别人的观点过度影响;不愿意去正视问题的根本原因;过分专注于有实用性的方面,以致忽视了理论,尤其是关于未来的理论;过于谦虚,缺乏存在感;当危机爆发时,容易从公众视野中消失,容易偏离目标;可能会逃避责任,或免除他人的责任	极度不喜欢必要的组织联盟和谈判协商;过分强调团队领导力中人际关系方面的因素;缺乏社会临场感,把最轻微的批评看作针对自己的人身攻击;逃避最后期限,对不负责的人太宽容,对自己太苛刻;看到太多关于未来的可能性而犹豫不决;在涉及自己的价值观的事情上陷入完美主义	拒绝担当领导和给予指导,认为自己只是在管理一个彼此平等的团队;对能力较弱的人缺乏耐心;过分关注理想、逻辑和分析,视情绪为多愁善感;过多地谈论自己感兴趣的特定领域,而在其他领域都没有充分发言;站在场边,不承担个人责任;无休止地拖延计划的实施;与板发发生争吵

续前表

ESTP 可能会	ESFP 可能会	ENFP 可能会	ENTP 可能会
过分关注现在，没有充分重视长远的愿景和目的；对分析离奇和幽默求知欲和理论谈乏耐心；过度追求上司的幽默，缺乏管理那些敢于提出挑战的人的技巧，只是把他们视作"牢骚者"；过于匆忙地做出决定，给出直率和不加考虑的反馈；即兴发挥太多；忽略了要建立一个支持你的同伴群体的需要	对"享受快乐时光""打气加油"给予了太多关注；避免制订战略规划，把挑战者看作是令人讨厌的"末世论者"；看上去油嘴滑舌，肤浅庸俗；对安静不语的同事生气，会受到新潮和外表光鲜事物的诱惑；有可能看起来比较拜金、比较物质，对必要的流程缺乏耐心，喜欢投机取巧；认为最后期限并不重要而不予理会；逃避自我反省，不公允，过于强烈偏袒（某些人）；渴望被人喜欢而过于重视别人的需求	很容易被不同的想法分散注意力，然后又因为试图同时完成太多的事情而筋疲力尽；因为对什么都关注，可能会眼花缭乱；将私人关系与工作关系相混淆，对给予必要的反馈感到犹豫不决，对包括上司在内的其他人做出草率或极端的判断；太执迷于要达成共识；忽视自己计划的可行性，或过分纠缠于一些细节	容易冲动，注意力不集中，被自己太多的想法所分散；工作没有条理；未完成战略愿景和使命的头脑风暴阶段；喜欢辩论风格会使别人与自己疏远；批评太随意；对培养较差员工的职责感到厌烦；在自己的团队成员、老板和同行看来，竞争性过强，咄咄逼人；精力和幽默感都有些过剩；不够重视细节、等级层次和责任担当
ESTJ 可能会	ESFJ 可能会	ENFJ 可能会	ENTJ 可能会
态度僵硬，对不同意见或异议的人的观点缺乏兴趣；以牺牲人们的感受为代价，执着于对"效率"的追求；过度关注数据和系统，以此作为人际间解决方案，难以向他人传达自己的长期愿景；授权委派有困难；可能会虚张声势，对绩效要求过高；将"告知"而不是"教练"的方式作为自己的默认行事风格；过于关注不重要的细节、常规和层级	说的太多，在工作中投入过多热情在社会社交性上；过分紧张；模糊了私人关系和工作之间的界限；对于设定轻重缓急感到棘手；承诺过多，投入也过多；弄得自己精疲力竭，然后又顾影自怜；逃避寻求别人对于自己的反馈，如果得到批判性的反馈，又会过度不安；避免给予别人严厉的反馈，通常了又会霉莽笨拙地脱口而出，一吐为快；不喜欢改变，太固守传统；忽视逻辑分析技能	过分执着于狭隘的理想主义视野，无法听进去合理的批评，也不太去考虑实际情况和事实；容易过于乐观；话太多，没注意到别人对自己谈论的事情感到无聊；将不赞同自己愿景的分歧解读为背叛；太轻易地对一个人下"是好还是坏"的判断；就着的价值观才是"正确的"这一类话题，与他人陷入争论；试着要去"拯救""失败"的团队成员，而不是去教练或面质他们	外表流露出不可动摇的信心，从而使人们与自己疏远；没有意识到自己资历可能会让他人对"权威"敬而远之；被视为信奉"权力至上"的人，不关心他人的情感；用大声说话的方式来让别人受；对团队成员不感兴趣或上有困难；授权委派和教练些似乎不符合自己标准的人缺乏耐心；做决定太快，忽略了实际情况和别人的情绪

情商的重要性

正如丹尼尔·戈尔曼（Daniel Goleman）于 1996 年出版的《情商：为什么它比智商更重要》（*Emotional Intelligence: Why It Can Matter More than IQ*）一书中所阐明的（他的观点现在已经被广泛接受）：仅仅在你的领域成为令人印象深刻的技术专家是不够的，因为你的同事会将此视为理所当然，决定你是否会成功的是情商（EQ）。领导力的构成因素当然包括智力（IQ），没有了它，任何一名领导者都会泥足深陷。然而，最近关于"什么因素造就了优秀领导者"的研究毫无疑问地表明，优秀领导者通常也拥有高水平的情商，但这并不是说专门技能和智力无关紧要，例如，能够从大局的角度进行战略思考、能够流畅地运用数据，以及具有长远的眼光，这些都是特别重要的。但越来越明显的是，高智商只是一张成为优秀领导者的"入门券"。当你越接近一家公司的最高领导层时，这一点体现得越发明显。一项研究将平均水平的高级经理和"明星员工"做了比较，两者之间接近 90% 的差异是由情商因素造成的。这些并非所谓的"软性因素"。如果把净利润和股价等数据当作衡量指标，那么高情商与好业绩是有关联的。

缺失了情商，任何人都不可能成为优秀的领导者。所有教练应该都曾经服务过那些在事业上突然急速下滑的客户；几乎无一例外，肇始的祸源往往是他们缺乏情商。这些领导者对于他们的行为给他人造成的影响所知甚少，他们也许会为自己缺乏自我管理寻找借口，因为他们几乎完全不知道自己的做法究竟是如何妨碍了自己取得成功的。而他们的同事将会竭尽所能，只求能够避开与他们共事。

情商有四个组成因素。在教练中，它们都和人格类型有关联。

自我觉察

要学会"认识你自己"。这意味着你要深刻了解自己的优缺点、（受支配状态的）"触发器"和"痛点"。所有的类型侧写都会对 16 种人格类型中的每种类型可能存在的弱点进行描述。阅读时切记不要跳过这些关于弱点的描述，要敦促客户举例说明他们自己在多大程度上认识到了自己身上可能存在的缺陷。说出自己身上可能都有哪些缺陷，这样一来就可以针对它们采取相应的措施，特别是当你询问表现出这种行为可能会带来什么后果的时候：

- 我有可能看起来比较傲慢和冷漠，我确实知道这一点。人们可能会因此不向我表达他们的担忧。（INTJ）
- 人们告诉我，他们喜欢我的活力四射和积极快乐，但我知道，如果我做得太过，可能会让人觉得我有点肤浅和轻浮。（ESFP）

自我管理

了解自己再多，也就只是了解而已。如果你不断地为自己开脱，并说"哦，我也没办法，我这个人就是这样的"，那你其实就是在让自己一点一点地"陷入深渊"，因为其他人也不会无止境地忍耐你的缺点，如爱发脾气、操纵他人、故作深沉、冷漠离群，等等。要想让自己得到发展，往往要对自己的弱点进行管理。在最初的汇报中，要询问客户他们使用什么策略来管理已知的弱点，并准备好随时将如何应对这些弱点的议题加入商定的教练议程：

- 我太容易哭了，我知道这是一种弱点。在我看来，只是我的（负面）情绪比较容易上脸而已，但这对我的工作不会有任何好处。（ESFJ）
- 我看起来太被动了，倾向于做旁观者而不是参与者。人们认为我缺乏勇气。其实并不然，但是我怎么才能应对别人对我的这种看法呢？（ISFP）
- 我总是皱着眉头，一副爱答不理的样子。我尝试着改变它，但是很难。（INTJ）

了解他人

情商低的领导者会把他们与同事之间的所有困难都归咎于"性格冲突"。如果每一位客户所臆想出的问题或实际遇到的问题都能用"人格冲突"（personality clash）来解释，并且我还能向他们每个人收取 100 英镑的报酬，我早就发家致富了。人格类型这套理念能快速地传递信息，让你明白其他人有着与自己不同的思维方式和行为方式，他们不是故意去做那些让你觉得非常讨厌的事情的。此处，我们需要再次提醒你"类型不是借口"，你自己的类型和别人的类型永远也无法证明你在处理冲突时所遇到的困难就是合理的，就应该发生。想一想，从他人的角度看世界会如何？向你的客户提出以下问题：鉴于你现在对类型的了解，你会猜测（或甚至知道）那个据说很难相处的同事的偏好是什么？如果你说得没错，那么这又意味着你需要采取什么样的方式来和他打交道呢？

管理他人

此处的"管理"意味着领导者要巧妙地处理自己与组织内其他所有人之间的关系，包括与上级、平级和直接下属之间的关系。管理他人绝不是说要改变他人（事实上也根本做不到），你唯一能改变的那个人就是你自己。如果你在上述三个方面有所欠缺，那么你太不可能管理好他人。要管理他人，你需要了解自己，管理自己，接受并悦纳他人的不同，并能够相应地调整自己的风格，同时在关乎个人价值观的原则问题上绝对不能让步。

约哈里之窗

自我觉察无疑是情商这一概念的根基。我经常与担任领导角色的客户讨论图7-1中这个非常有用的模型——约哈里之窗（johari window）。这个名字的来源不是某种神秘的东方宗教，而是由其两位创始人美国心理学教授约瑟夫·卢夫特（Joseph Luft）和哈林顿·英格拉姆（Harry Ingram）的名字拼凑而成。他们两人在1955年创造的这个模型有两条轴，分别是：我对自己的了解、别人对我的了解。

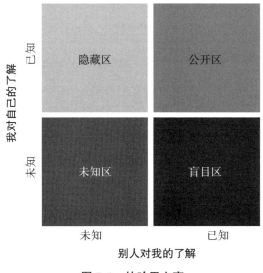

图7-1　约哈里之窗

这个四框矩阵看起来就像一个有四个窗格的窗口，因此而得名。它假定我们每个人都分别拥有：一个未知的自我，其中的信息对于他人和自己目前都是未被理解的；一个隐藏的自我，其中的信息我们自己知道，但别人不知道；一个公开的自我，这里的信息我们和其他人一样都知道；一个盲目区或称盲点，指的就是那些与我们有关、其他人知道而我们自己却不知道的信息。约哈里之窗的设想是要扩大公开区的范围，缩小盲目区和未知区。你可以认为教练是做这件事情最有效的方式之一：作为一名教练，你会鼓励你的客户向他人寻求反馈，你自己也会提供反馈。人格类型的使用也是实现相同目标的另一种方式。

我自己有一个理论：在我们所有人的盲点中都有一个特殊的类别，即对自己产生错觉，这种"自欺"行为有可能使我们自己被击倒。像 MBTI 问卷，也许可以让那些迄今为止都藏得很深的想法清晰地显露出来。

↻ 罗布（零售公司营销总监，ENTJ）

罗布对自己的看法是：他是一个随和的实用主义者，很受员工的欢迎。当我做了一个深入的 360 度反馈后，反馈结果让他意识到：那些在他看来只是短暂的、偶尔闪现的、可以原谅的小脾气（而且发作的原因主要是他对自己没有耐心），在其他人看来却是频繁的、漫长的、可怕的愤怒，而且就是冲着他们来的。当他意识到这是 ENTJ，类型领导者经常会遇到的一个问题时，罗布既感到震惊，又有些安慰。令他震惊的是，他根本不知道原来其他人的看法是这样的；令他安慰的是，他的行为变得可理解了，成为一种可识别的模式，这就使他的行为变得可控了。正如罗布后来评论的那样："现在我终于明白为什么我不能总是得到我想要的结果了。原来我一直把其他人吓得要死。"

↻ 蕾切尔（电信公司副总裁，ISTP）

蕾切尔来找我做教练的时候告诉我，她认为自己的性格类型肯定是 ENTJ 或 ENTP，就像她所在的高管团队中的其他人一样。当她发现自己的报告类型居然是 ISTP 的时候，她大吃了一惊，而且用她的原话说，那份类型侧写对她的描述"准确得令人毛骨悚然"。经过讨论之后，我们清楚地发现，她之所以在同事面前表现得鲁莽、争强好胜，是因为她在潜意识里试图掩盖自己筋疲力尽的状态，其他人可能早就已经识破了她。

对于客户来说，戳破这些"自我欺骗的气球"可能是一种打击，但到了最后他会得到一种解脱。就像一位属于这种情况的客户对我所说的那样，"我感觉我自己回家了，回到了自我的身边。做回我自己其实一点问题也没有，只是现在我必须全力以赴，成为最好的自己。"

对领导者的要求

现在对领导者的要求太多了。如果你透过荣格式理论去探究领导者被告知他们都需要做到些什么，你就会发现对他们的期望其实就是样样精通、无所不能。因此，他们需要成为专注的倾听者（I）和有说服力的谈话者（E）；天才的战略学家（N），但又知道所有的细节（S）；既强悍（T）同时又敏感（F）；既能够做计划（J）又能保持随机应变（P）。难怪有那么多人在这些无法实现的期望所带来的压力下崩溃了。你要先了解你自己的个性、怪癖、优点和缺点，这是了解他人和领导他人的基础。当你为自己的行为承担责任时，你就会敞开心扉接受反馈，并极大地提高你管理他人行为的能力。

当了这么多年的教练，服务过各行各业的领导者，我常常为他们肩上所挑的重担感到敬畏，也为他们孜孜不倦地培养自己的技能感到敬佩。领导权不等于特权：最优秀的领导者总能找到方法将谦逊与自信结合起来；他们不会将领导力与滥用权力混为一谈，他们明白个人发展是一个贯穿一生的过程。这些人会发现，荣格式的方法能够源源不断地给予我们动力和启发。他们明白，他们不太可能在所有八项偏好上都变得同样优秀。因此，他们应该明白，他们的首要任务是将自己偏好的领导风格提升到卓越的境界。

丹尼尔（战士、律师，ISTJ）

如今，我们对于军人的观感已经与过去那种只会厉声下达命令、期待部属即刻服从的军官形象相去甚远了。丹尼尔经历过战争，知道如何才能使他的ISTJ 偏好成为一种优势。在紧急情况下，他知道纪律、服从和清晰的思路是至关重要的；但在我们的教练期间，他也理解到他自己对于改变的本能抗拒可能会使他停滞不前。他基于自己对于理性的强烈偏好（他的主导偏好），来对这个问题和他每天面对的其他问题进行逻辑分析，这使得他那种公平和客观性的态度变得更加突出。丹尼尔对他军旅生涯的不满（虽然这种感觉很模糊）成为我们教练的重点，我们努力寻找可以解释这种不满情绪的原因。丹尼尔决定重新考取法律从业资格证，并为此重新接受培训。他留在了军队里，成了一名军事法庭的法官，他吸收大量细节信息的能力，以及在压力状态下保持稳定的能力在军队里是一个相当大的优势。与此同时，他还在有意识地寻求发展自己的共情能力，用以平衡他自己对于理性和大局观思维（直觉）的偏好，以此来使自己认识到这样一个事实，即许多军事法庭上的问题其实都有着系统性的起源。

在 21 世纪的组织中，那些控制欲强、懒惰或傲慢的人不适合成为领导。这样的人进入领导层可能会给组织带来风险。

 李（零售商，ENFP）

在一个不愉快的管理团队中，作为唯一一个感性（F）偏好的人，李发现自己经常被同事们利用，充当他们之间彼此攻讦的"搭桥人"。她之所以在领导自己的团队时能够取得成功，完全是因为她能够对直接下属抱有强烈的共情，而且他们对她个人非常忠诚。在教练中，我们发现，当她把团队领导者的角色置于她对企业的责任之上时，她的优点很可能会变为她的一个弱点。她是一个很好的倾听者，但缺乏自己的判断。这意味着她有时会放过那些本应受到质疑的行为。李说："学会发展理性偏好就像一直在悬崖边沿行走；我必须学会相信自己有能力培养出客观和强硬的一面；并且要认识到，为了企业的利益，有时必须要铁面无私。"

我很幸运能够拥有一些合作多年的客户。虽然我们并不总是持续不断地合作，但是当他们再一次得到提拔，或者是加入一家新公司时，他们就会联系我。因为这些客户知道，得到一份新工作看似令人容光焕发，但在这种表象的背后，其实潜藏着诸多挑战。MBTI 一直是这类客户中许多人的试金石。他们力图在所有八种偏好上都至少开发出一些技能。

 苏珊娜（医疗卫生行业的首席执行官，ENTJ）

当我第一次见到苏珊娜时，她正在经营一家小医院，这是她第一次担任首席执行官。她是个聪明、穿着得体、生气勃勃的人。假设我迁就她的话，她可能会很乐意在我们的教练会谈中与我探讨领导力理论，但我没有。她在这个新岗位上起步不错，面谈了工作人员，参观了病房，观察了病人的治疗情况。她对所看到的情况评价不高。然后，她突然就宣布要对岗位配置、工作流程和体制结构进行全面改革。但这导致员工士气急剧下降，这使她感到困惑。其实，出现这种情况是因为她就像许多 ENTJ 类型的人那样，将自己定位为一个"挽狂澜于既倒，扶大厦之将倾"的救世主，寻求变革时急于求成，忽略了老员工的感受，所以那些员工觉得她对于他们的专业技能和资历不够尊重。她的老板对她进行了严厉的斥责，媒体也得到了一些泄露出来的消息，这造成了一场危机。我们一起研究了一些可能会引发问题出现的原因：过度使用她的偏好，说的太多，听的不够；对问题都太过肯定，却没有仔细研究数据；忽视了自己决策中的人际因素，因为她相信自己的身边只需要那些最有能力的人，就像她经常说的那样——"他们需要为自己考虑，我可不是他们的妈妈"！

如今，苏珊娜在英国的卫生保健领域的地位很高，非常有影响力。她仍然是一个无所畏惧和令人敬畏的人，但如果观察她在工作中的表现，你将很难看出她的偏好是什么。她已经学会了如何成为一位非凡的倾听者。她有意识地任命具有高超的数据技能（感觉偏好）的人加入她的团队，并知道如何听取他们的见解。她仍然能够准确地看到一个组织应该如何改进，以及为什么要改进，但她对变革进行掌控的能力已经有了指数级的增长，因为她知道如何通过"既拨动人们的心弦，又说服人们的头脑"来赢得追随者。对她来说，培养自己对感性（F）的意识是一项挑战，她曾一度告诉我，她"害怕"感性，因为她害怕自己可能会不知所措，然后无法正常思考。在我们的教练过程中的某个时刻，她意识到她自己在体验到强烈情感的同时，仍能保持清晰的思考和分析，而且她并不会为了追求理性而压抑自己的感受，这对她而言是一个转折点。

所有这一切都需要时间、勇气、自我意识和刻意练习。在我们的会谈中，她曾有几次对我说："本质上我还是一个 ENTJ，但如果我发现自己失控的行为，我就会问自己这个问题，'一个老练的 ISFP（她的反面类型）在这种情况下会怎么做？'通常这就已经足以使我停下来！"

领导力教练是一个比心理人格类型更广泛的话题。但我发现，作为一种辅助手段，心理人格类型的确是无价之宝。请特别留意心理人格类型如何能够帮助你处理涉及以下所有话题的问题。

- **影响同事**。与相同和不同类型的人一起工作时，你的教练客户以及他们同事的偏好将会如何对彼此产生影响？
- **结对工作**。在最初的签订教练合同阶段，与老板和团队成员共同制定教练的目标；但如果随后出现了看上去无法调和的冲突，该怎么办呢？

↻ 西蒙（ESTJ）和首席执行官特洛伊（ENTJ），连锁酒店

西蒙的公司刚刚被收购，特洛伊是他的新老板。特洛伊急于做出改变，他认为自己管理的是一个死气沉沉的组织，过于满足现状，而股东们也失去了耐心。他为西蒙设定了目标。西蒙把这些要求看作"命令"而不是建议，这让他很生气——特洛伊，这个新来的人，才刚刚进入组织三周，怎么就敢认为他对这个组织有足够的了解了呢？两人之间发生了一次不愉快的谈话，之后西蒙冷静下来，意识到向教练寻求一些帮助可能会对自己有帮助，之后，就问他的教练是否愿意实施一次双客户的会谈。在这次会议上，ESTJ 对自己地位的敏感和想要逐步改变的愿望与 ENTJ 想要把一切都纳入一个宏大变革方案的愿望是不一致的。尽管教练注意到了类型差异是如何在交流中展现的，但是她并没有从这些关于类型的理念开始着手，而是引导了一场对话，谈论的是来自竞争对手的市场压力。关于这一点，西蒙和特洛伊都是赞同的。讨论进行了大约一个小时后，她问二人是否愿意谈谈他们如何看待自己在压力下的反应，以及

类型的观念如何能够促进他们对于自己的应激反应进行理解。西蒙毫不犹豫地表示，如果他觉得自己的工作效率受到质疑，他很容易突然变得愤怒起来。他说："我就像一头闯进了瓷器店的公牛。"特洛伊承认自己似乎傲慢自大、看起来无所不知。教练提醒他们，ESTJ 和 ENTJ 很有可能对于变革抱持着不同的态度，类型差异是具有互补性的，而且他们必须要做到互补。二人最终达成了协议，会议在友好的气氛中结束：特洛伊需要花更多的时间来了解他已经加入的组织，西蒙可以在这件事上帮助他；而西蒙需要敞开胸怀拥抱变革。

1. **信心问题**。这个问题往往和那些可能与每种类型相关的技能存在联系，要重点关注来自同事的反馈。要注意，人们对于坦率反馈的处理方式差异很大，而人格类型可能是重要的影响因素。举例来说，偏好直觉和理性（NT）的领导者一贯在自己的能力发展上投入甚多心力，一旦来自同事的反馈意见表明其别人认为他们不够完美，他们可能会受到沉重的打击。

2. **从专家到通才的转变**。这种转变的困难程度常常被人低估。看看有什么其他工具可以帮到我们，如本书所介绍的"职业锚"可以和荣格式问卷结合起来使用，从而为客户提供帮助。关于类型发展的思想（见第6章）在这种情况下可以派上大用场。客户将他们所偏好的心智功能开发和有效利用到了多高的程度？在有效地运用他们的第三和最次功能的同时，客户又在多大程度上能够使这两者与主要功能和辅助功能达到一种平衡的状态？当领导者从一个高级专家（可能管理着由其他专家组成的一个小团队）转变为一个更全面的管理角色（常常意味着必须首先忠于组织利益而不是从专业的角度进行考量）时，以上所说的开发、利用和平衡可能就是这名管理者所需要做到的事情。这种岗位变动涉及一类与专业技能截然不同的技能，例如：对那些你不能凭借职位等级对其加以控制的人们施加影响；在公共场合与人进行交流时要富有激情和洞察力；为一个需要你走出自己的舒适区的企业项目奉献出自己的时间；培养和指导更多资质较浅的员工；领导一个涉及其他专业（你可能知之甚少）的团队。

3. **面对职业危机（如裁员或解雇）**。此处类型的思想观念可以有多种用途。类型偏好可能有助于解释他们为什么会遭遇裁员或被解雇，通常的解释是：客户对优势的使用不足或过度使用，以及缺乏自我洞察力。关于类型发展的想法可能会帮助到那些想要在职业生涯中做出重大转变的客户，或者那些手头有两份具有同样吸引力的工作邀约却在犹豫该选择哪个的客户。在下一章中有更多关于这个主题的内容。

本章小结 ○────────────────────────

在 21 世纪要想成为一名优秀的领导者是非常不容易的，因为在理论上领导者必须有能力调动出这八种偏好中的每一种偏好。关于人格类型的思想可以培养出客户敏锐、迅捷的洞察力，特别是那种能够洞悉个人行为模式（与情商有关）的能力。

────────────────────────○

Coaching with Personality Type:

What Works

———

第 8 章

人格类型和职业生涯

当教练与客户就职业问题进行合作时，类型的观念是很有价值的。虽然类型观念完全不等同于简单地将人们匹配到"合适的"职业上，但常常可以帮助客户了解为什么一种职业和工作环境可能比另一种（对自己）更有吸引力。尤其是当 MBTI 工具与那些特别关注于职业的问卷如职业锚（Career Anchors）或斯特朗兴趣调查（Strong Interest Inventory）结合在一起时，情况更是如此（见第 10 章）。

职业教练的流程

在我自己的教练客户中，有许多人都是带着关于他们职业生涯的困境和难题来寻求帮助的。他们可能因为一次结构重组而被裁员；他们可能因为被指控做出了不当行为而遭到突然被解雇，正在苦苦挣扎；他们可能收到了一份严厉的声明（pronouncement），声明中称新老板认为他们在公司没有前途；他们可能换了份工作，干了六个月之后发现这份工作比自己原来以为的要困难得多，并且怀疑自己接受这份工作是否犯了个大错误。此外，还有一些程度较低的困境：害怕周一，觉得每个工作日都是一场消耗精力的斗争，盯着时钟，渴望着下班时间的到来。有些客户之所以来寻求帮助是因为他们在竞争一个新职位，为此要做些准备，需要得到帮助。有些人已经不工作好些年了，因为他们担负着照顾别人的责任；许多客户都在寻找一个明确的职业发展方向；有些人面对两个具有同样吸引力的工作机会时难以抉择。

职业教练有一个自然的流程。它通常会先对你现在的状态进行评估：你对目前或对最近的工作有什么喜欢和不喜欢的地方？你目前的情况是怎样的，比如工作状况或是财务状况？你的工作和你的生活有什么样的联系？没有职业决策是凭空做出的，所以在这一阶段，教练要了解客户还有哪些其他的需求必须得到满足。个人"品牌"的概念，以及如何将其在简历中体现出来，通常是值得关注的。对求职策略进行讨论也是很有价值的，因为大部分的工作似乎是通过非正式的就业市场找到的，而不是通过广告或网站找到的。哪些方法是有效的，哪些方法是纯属浪费时间？接下来的两个问题其实是一体两面：你在面试中如何表现自己？你的个人形象如何支撑你的个人"品牌"？最后，当客户在面试中获得成功时，关于签订雇佣合同和入职开始新工作的问题就应运而生了。

在职业生涯中期是否要做出改变

上述的流程适用于那些已经对自己今后要走的职业道路心里有数的人。对于那些不清楚自己将何去何从的人来说，事情就没那么简单了。在人到中年或步入老年的时候，有些人会质疑自己是否想要继续走原来那条线性的发展路径，即在同一部门或同一领域从一份工作调换到另一份工作。我与许多想让自己发生改变的客户合作过：客户 A 放弃了广播界的高薪工作，开办了一家慈善机构；客户 B 原来是一名医务工作者，转行做了一名自由撰稿记者；客户 C 离开了他在伦敦金融城的一个高管职位，进入了政坛；而客户 D 原本马上就要升入一家保险公司的高层，但他放弃了这次机会，重新接受培训，以求成为一名独立教练。

这些转变通常是缓慢的。旧的人设不会轻易消失，而新的身份会在一个磕磕碰碰的过程中逐渐浮现，通常会是在一段时间的实验以后。在这段时间里，新的技能和兴趣与旧的技能和兴趣同时并行。在这些实验中，有一些实验会通向死胡同。例如，一位热衷于烘焙的客户想要创办一家专业蛋糕公司。她在市场上摆摊，很轻松地就把蛋糕卖掉了。但她意识到，烘焙所涉及的繁重体力劳动虽然在周末看起来很有趣，但如果将其作为一份全职工作，就不那么有吸引力了。而且，经营蛋糕店估计只能赚取到微薄的利润，根本无法养活她的家庭。

除非你足够幸运，有客户愿意长时间地雇用你（对于绝大多数教练而言，这样的客户都只占很少数），否则你的工作重心很可能只会集中在职业转变周期的早期阶段，而处于此阶段的客户，应该是正在探寻他们对自己目前的角色感到如此焦躁不安、无法满足的原因。对于人们如何做出重大的职业生涯转变这一话题，如果你想了解更多，请阅读埃米尼娅·伊巴拉（Herminia Ibarra）的著作《工作身份：重塑职业的非常规策略》（*Working Identity: Unconventional Strategies for Reinventing Your Career*）。她认为，这些根本性的改变从来都不是按照设计严密的、线性的"计划然后实施"模型来做成的，而是根据"尝试然后学习"这种模式做出的；这种改变本质上是一个多次迭代的过程，会时而停息，时而开启。我也同意她的观点。

如果你是在这个过程中初次遇见你的客户，要有耐心，不要想当然地认为一定会有一个简单、容易的答案。从心理上讲，这些客户处于作家威廉·布里奇斯（William Bridges）所说的"中性地带"（neutral zone）。在他 2004 年出版的《过渡：理解生活的变化》（*Transitions: Making Sense of Life's Changes*）一书中，他区分了变化和过渡的三个阶段，分别是：结束、中性地带、开始，并指出这些阶段是混乱和相互重叠的。"中性地带"指的是一种过去的生活已经完全或即将结束，但新生活尚未开始的处境。虽然它令人不安和困惑，但它同样也是令人振奋的，在这一段时间内，客户可以不断学习、充实自己。要鼓励客户进行尝试，接受低风险的培训或再培训，以及借调、休假、志愿服务，等等。这些做法都会使客户有所裨益。

↻ **加博尔（ISTP）**

加博尔正在为当地政府管理一个心理健康团队。显然，他马上就要得到晋升了，但他不喜欢长时间工作，也担心不断缩减的预算可能会对他的工作产生影响。他对服务用户的脆弱性感到疲惫和沮丧。通过与上级协商他获得了六个月的无薪假期。他一直以来就对木工很感兴趣，并尝试将这种兴趣转变为自己的新职业。

索尼亚（ENTP）

　　索尼亚说服了她的雇主为她支付一半的全日制 MBA 课程费用。学业结束后她又回到雇主那里工作了两年，同时计划着要创办一家软件公司，为她现在的雇主和其他类似的公司提供服务。

玛蒂娜（INTJ）

　　12 年前玛蒂娜放弃了药剂师的职位，成为一名全职的家庭主妇。现在她年近 50，对于重新进入职场，她越来越感到非常不自信。她花了一年的时间，与自己关系网中的人进行非正式的"研究访谈"，同时还参加了两次慈善活动，她对此很感兴趣，她把自己戏称为"老年实习生"。

到目前为止的职业生涯

　　大多数的职业教练都是从询问客户的职业生涯履历开始的，对于客户的每份工作都要进行了解——为什么接受这份工作，为什么离开？之后，将其回答与人格类型之间的联系记在头脑中，留存后用。以下是一些值得探索的领域：

- 你的第一份工作需要哪些技能？
- 使用和发展这些技能时你的感受如何？
- 你离开第一份工作的原因是什么？
- 你在以后的工作中使用了哪些技能？
- 现在呢？你现在的工作所需技能和你引以为豪的技能之间的契合度是多少？
- 你的业余爱好是什么？

评估现在的角色

　　我会要求客户和我一起制作一份两栏的清单，分别将当前工作的优点和缺点列入相对应的栏中。有时，优点那一栏往往短得可怜，而缺点那一栏则是一连串的失望和压力。和客户探讨一下：在多大程度上客户将之视作仅仅是最近才发生的现象

（这种情况很少），又在多大程度上将之视为他们工作的固有属性（通常都是这样）。

问问客户："需要发生什么你的工作才能改善？"也许答案会是掌握新技能，或者是做出一种不同的心理调整，在这种情况下，你可以围绕着"怎样做才能让这事成为现实"来开展教练。但在大多数情况下，你碰到的回答都会是"没有任何事！"

你最快乐和发挥得最好的时刻是什么时候

很多来寻求职业教练的客户脑子里都有一个压倒一切的问题："谁会聘用我？"他们的职业道路中断得越突然，这个问题就越紧迫，但这其实是一个错误的问题。正确的问题是"我真正想要的是什么？"我要求客户找出三四个他们职业生涯和生活中的"巅峰时刻"，也就是他们处于"心流"状态的时候，此时他们感到自己得到了充分发挥的机会，是快乐且自信的，并意识到必须充分利用自己的所有技能和品质才能做好。我听他们述说这些故事时，脑子里会想着他们的类型偏好。

> ## ↻ 艾尔（前职业运动员，ESTP）
>
> 艾尔年轻时曾是一名得过奖牌的职业运动员，但他的职业生涯因受伤而突然结束。艾尔出身优越，他的父亲很快就让他在家族企业中担任高级管理职务。到了 36 岁时，艾尔却痛苦而消沉，心中充满内疚，因为他对自己能有一份工作并没有感到更多的感激。他意识到同事们可能对他的出现感到不满，并将之归咎于裙带关系。他努力掌握他所担任的营销角色需要的技能，并经常与父亲发生口角。我和艾尔一起做了"巅峰时刻"的练习，他描述了那些让他能够感受到"心流"的时刻，此时他的愁容消失了。这个练习揭示出了艾尔的以下特征：
>
> - 要有一种有趣的感觉：开开玩笑，高高兴兴；
> - 具有明确目标的即时挑战，自发性强；
> - 户外体育活动；
> - 参加团体竞技运动；

- 来自景观——尤其是树木——的视觉愉悦；

- 素描和绘画；

- 丰富多彩，每天都有新鲜事；

- 具备检修故障和解决问题的能力；

- 对机械敲敲打打，修理机器，为机械类问题创造出巧妙的解决方案；

- 和一群志趣相仿的人平等地工作。

艾尔当时的生活或多或少都与这些情况相反，很明显，他无法继续像现在这样生活下去。大多数 ESTP 都不太可能喜欢艾尔所描述的那种工作——被困在办公室里，要撰写冗长的、呈交给董事会的文件，必须遵循规定的日常程序，要实现的是一些长期的、无形的目标，而且基本上是独自工作。先是小小地"畅想"了一下要做健身教练或普拉提①老师，然后艾尔最终决定重新接受培训以成为一名庭园美化师，并说服他患了病的父亲投资创办了一家小公司。艾尔带领着由三位同事组成的一个小团队来运营这家公司，专注于高端的城镇花园业务。这份工作与艾尔的需求之间的完美匹配几乎是立竿见影地带来了成功，他的业务扩展得很顺利。在此过程中，我与艾尔合作过两次，一次就是开始那阵子，当他的沮丧情绪达到临界点的时候；另一次是在三年后，艾尔的业务即将大幅扩张的时候，因此他觉得自己需要一些领导力教练。

评估技能状况

当客户走上高层职位时，大体上已经处于职业生涯的中后期，此时他们很可能已经拥有范围甚广的技能。问题往往不是缺乏技能，而是如何缩小范围。举例来说，在他们的职业生涯早期，他们可能当过教师、会计师、律师、食品工艺师、记者，等等。如果有必要的话，他们可能还能够再用到这些技能，但他们真的想这么做吗？同样，为了获得或做好一份新工作，他们可能需要或是想要某些技能。我会

---

① 普拉提（Pilates）是西方国家比较流行的一种美体塑身运动。——译者注

使用一个由"喜欢与否"和"擅长与否"组成的表格，请客户填写它，以确定他们想要弱化、保留、抛弃或发展哪些技能（如表 8–1 所示）。他们喜欢使用哪些技能，不喜欢使用哪些技能，哪些事情做得好，哪些又做得不好？

表 8–1   **"喜欢与否"和"擅长与否"**

	你不喜欢使用的技能	你喜欢使用的技能
擅长	这些技能客户可以使用，但可能需要付出更多努力，很可能与他们人格中非偏好的那方面有关；也有可能是与早期的职业选择或被放弃的职业道路有关	在找工作时，这些技能应该是名列前茅的考虑因素，因为它们很可能与优势和类型偏好有关
不擅长	应避免使用这些技巧，因为它们可能与被迫要使用个性中非偏好的部分有关，或与最次功能有关	发展领域：这些技能可能与被抑制的偏好有关，也可能与一种可以在以后的职业生涯中着力开发的偏好有关，开发这种偏好的目的是为了平衡他们实际的类型偏好

正如此前艾尔的经历所阐明的那样，类型的透镜通常可以解释一份工作对某人而言为何以及如何不匹配，通常这是因为工作所需要的技能和所提供的乐趣与客户的偏好正好相反。因此，一个内向（I）的人可能会被大型开放式空间的噪声和缺乏隐私弄得发疯；而一个外向（E）的人则可能会因为独自一人被困在格子间里工作而无聊得要死。以战略为重点的工作可能会让一个感觉（S）偏好的人感觉自己泥足深陷；而充斥着细节和例行公事的工作则会让一个直觉（N）偏好的人极度厌烦。一个理性（T）偏好的人如果整天都要安抚愤怒的客户，可能会觉得都要被工作榨干了，因为他/她所做的事情看起来都像是在作假；而一个感性（F）偏好的人假如在一个高度冲突的团队中做事，或者做着一份对于强硬和韧性要求很高的工作，可能会感到自己被折磨得死去活来。一个完全以计划和截止日期为其工作重心的偏好感知（P）的专业人士可能会觉得自己被困住了，而一个在模糊不清的环境中工作的偏好判断（J）的人则会因为环境缺乏闭合和收尾而感到筋疲力尽。这些心理上的不适感越多，再根据工作所需的技能和资质，岗位适配性就可能越糟糕，而确定客户"需要些什么才能茁壮成长"也就变得越容易。

没有两个完全相同的客户，也不会有两个完全相同的教练情景。但是你的教练仍需探索所有的选项，包括：默认选项，即保持现状，并期待最好的结果；保持现状，并在工作中寻求一些重大的改变；寻找一份新工作；或甚至是寻找一份全新的职业。在此过程中，记住要将那些最有可能与客户的类型偏好相关的需求包括进来。

对于下面这位客户来说，她的目标并不是换工作，而是从现在的工作中获得更多的满足感和商业上的成功。

> ⟳ **朱迪思（小企业主，ESTJ）**
>
> 　　朱迪思经营着自己的会计师事务所。她声音洪亮、自信，喜欢大胆的服装选择，对自己的外向偏好乐在其中。她告诉我，对于做出艰难的决定（T），以及向客户解释迷宫般错综复杂的税收法规或埋头于他们的纳税申报表（S），她都能驾轻就熟。然而，她的客户正在逐步流失到竞争对手那边。她收集到的零星反馈表明，聆听（I）和同理心（F）不是她的强项，她并不总能考虑到她所给出的建议的长期影响（N），而且可能会过早地得出结论（J，而且她的主导功能 T 本身属于判断功能）。根据类型动力学理论，如果某人的主导功能是用于外部世界（E）的理性（T），辅助功能是感觉（S），第三功能是直觉（N），而最次功能是感性（F），那么预期的行为模式的确和她的行为表现非常符合。但是仅仅知道这符合理论预测其实没有太大用处，实际上更有用的是，这样一来，我们之间就可以开展一场谈话，谈一谈如何才能从她喜欢的偏好中获取最大收益，此外也可以聊一聊大体上需要怎样做才能显现出更善解人意的聆听方式。比起在绝望中放弃，卖掉自己的事务所，而她自己则四处寻找其他事情来做，我们所探讨的可能会是一个更好的选择，而且后来的事实也证明了这一点。

与之类似的，当客户在心理上似乎与组织中的其他人"不同"时，尝试模仿对其他同事而言行之有效的工作风格并不总是最佳的解决方案。

乔恩（外交官，INFP）

乔恩从他的老板那里得到的反馈是，他聪明、有洞察力、忠诚，在一对一的工作中很有说服力，但在大型会议和公共场合却"风度不足"。这个缺点很致命，因为它可能会阻碍乔恩在一个新职务——管理一个小型大使馆上做出成绩，这可是他首次独当一面。乔恩疑虑自己是否应该辞掉公职，转而去干点别的。当我在教练乔恩的时候，会把类型动力学理论隐约地留在脑海中的某处，让它起一个提醒作用。我对乔恩在公共场合的表现很感兴趣，我想知道他自己是怎么看待这种情况的。结果乔恩告诉我，他的确有时对官方政策的"内容"会有私下的保留意见或游移不定，但他最不喜欢的其实是那种公众演讲的"方式"，因为他认为自己以代表的身份所发表的演讲无一不是干巴巴的、理性的、偏重政策的言辞。类型动力学理论确实帮他认识到思考是他的第四或最次功能，但这恰恰又是他认为自己必须在公共场合使用的一个功能——因为在这种情形下，他有那么多的外向型、主导功能为理性（T）偏好的同事都采用了这种风格。对乔恩来说，这种做法让他感到既不真实又不舒服。显而易见的补救方法是尝试更轻松地运用理性偏好，但是我们没有这样做。实际上我们所做的是：去参考一下内向型的"直觉－感性偏好者"（NF）如何能够发展出一种安静却又引人注目的、以个人为基础的、以价值观为导向的公众演讲方式。我们一起看了很多来自 TED 演讲的例子，这些例子清楚且极具吸引力地展示了如何做到这一点。

我的标准做法是与客户一起探讨童年，包括父母和老师对其职业选择的影响。这有时会揭示出一种深刻的不匹配，而审视这种不匹配所产生的影响，对客户来说会是一种解脱。

 苏妮塔（医生，ISTJ）

在 20 世纪 70 年代发生的驱逐印度人离开乌干达的运动中，苏妮塔的父母也深受其害。历经多年的不孕不育，最后苏妮塔出生了，成了他们视若珍宝的独生女。父母双方都是杰出的学者。苏妮塔告诉我，从她早年起，父母就立志要让她成为一名医生。这个过程很艰辛，涉及好几次考试的补考。现在，苏妮塔仍然在为完成行医所要求的长期培训而忙碌奔波，而她的父母又对她施压，要求她接受培训以成为一名神经学方向的咨询医师。苏妮塔当时正在接受抑郁症治疗，并且已经暂停工作几个月了。当我们讨论到 MBTI 时，她告诉我，她一直渴望成为一个直觉型的人（N），因为她家里所有的关注重点都是各种思想和理论。尽管"苏妮塔的兴趣和技能都集中在感觉（S）偏好上"这一点已经变得越来越明显，但是"做个有感觉偏好的人没有任何问题"这一想法仍然使她坐立难安。她喜欢物理上的细节，并且可以容忍可能会让别人感到厌烦的日常规程。她不喜欢与患者打交道。最终她透露说，她真正的抱负是要成为一名实验室病理学家。我们的教练工作包括了讨论她如何实现这个理想（她的确做到了），以及如何说服她的父母相信这才是正确的、适合她走的道路（实际上这比她预想的要容易得多）。

苏妮塔的经历提醒我们，在讨论多样性时，通常我们被敦促要去注意的分类可能会包括性别、年龄、宗教、性取向、残疾和种族。心理多样性被提上议程并给予关注是很罕见的，但这一点的重要性完全不遑多让。如果不去觉察的话，我们每个人都可能会无意识地产生类型偏见。毫无疑问，苏妮塔的父母认为他们的行动完全是为了苏妮塔的最佳利益考虑，因为他们相信自己身上那种与直觉偏好相关的思维方式是正常而且正确的。

我合作过的客户中有许多人的父母也曾表达过类似的脱口而出的偏见。举例来说，一位偏好感性（F）的母亲不赞同偏好理性（T）的女儿的做事方式，认为这是"冷漠无情"；一个偏好理性（T）的父亲认为自己那偏好感性（F）、有艺术天赋的儿子"有点女人气，需要捶打一下，使他变得坚强一些"；抑或偏好感觉（S）的父母无意中使直觉（N）偏好型的孩子在无形的思想世界中追求自己兴趣的道路变得更为艰难。我最近教练的一位客户，其父母都是蓝领工人，当年他的父母就曾强烈建议他去做砌砖的学徒。由于他现在成了一名成功的建筑师，所以他终于能够向父母保证，父母建议他做的事情可能是对的，只不过不是以他们原来所想象的那种方式来实现的而已。

类型影响职业和求职的其他方面

类型偏好在大多数职业教练工作中都发挥着或多或少的作用。除了个人品牌、天赋和技能等关键问题外，偏好还可能会影响到找一份新工作的方方面面。

外向或内向可能会影响对服装和风格的选择。一个内向偏好的客户可能会对"放弃她那些不吸引人的全黑穿搭"的想法感到犹豫，因为她潜意识里的愿望就是不想引人注目。一个外向偏好的客户可能会想要在面试时穿颜色大胆的衣服，即使她申请的是一家以低调的深色衣服为着装规范的公司。如果你看到了这样的情况，要做好提供反馈和接受挑战的准备。

外向和内向也会影响人们找工作的方式。内向的人可能不得不克服他们不喜欢直接给别人打电话或亲自去见面的方式，而不能成天坐在电脑前面。外向的人很可能会发现他们的搜索焦点容易变得散乱，同时可能会有一张更广泛的网络可以借用。话虽如此，内向的人可能会发现，他们为人处事的风格更适合于在那种"基于调查的面试"（research-based interviews）中扮演倾听者的角色，而这往往又会导致他们会收到邀请去投递简历或竞争某份工作。

求职过程本身的结构和规划是有助于那些被裁员且仍处于失业状态的客户的，但某些"直觉＋感知"（NP）和"感觉＋感知"（SP）类型的客户可能会认为这样做太折磨人了。在得到某位 ISTJ 客户的允许后，我向这些 NP 和 SP 类型的客户展示了由这位客户起草的一份典型的电子表格，其中包含了他的关系网络中的每一个人的姓名，他联系这些人的日期，以及需要做些什么后续行动，他的电脑也提前设置好了，等到这些后续行动到期时就会发出提醒。许多感知（P）偏好的人本能地喜欢随遇而安的方式，但这种方式可能对他们找工作并没有什么帮助，所以，和他们讨论一下如何可以调整并适应那些他们本来认为绝不可能的限制，可能对他们是有用的。同样，判断（J）偏好的客户可能需要警惕自己变得过于僵化的可能性，并在出乎预料的机会出现时保持更开放的心态。

求职面试的技巧

有些类型的人更可能比较自谦（如 ISFP、INFP、ISFJ、INFJ），他们可能会将面试中的做法看作"吹嘘"，从而产生一种发自内心的厌恶。此时，你的作用是向他们保证：以一种巧妙的方式来做一些得到了许可的自我夸耀，这正是人们对于面试的期望。你还要教练他们如何以他们感觉真诚的方式来做到这一点，而不要去承担因为没能直言自己的天赋和经验而导致失去工作的风险。

当你针对求职面试的其他方面来服务客户时，也要在头脑中记住类型偏好的作用。内向的人可能缺乏猎头所说的"面试风度"——说话太安静、太简短，没有意识到在某种程度上面试是一个角色扮演的机会——所扮演的是自己最好、最大胆的一面。

当我问人们他们从以前的面试中得到了什么反馈时，有些人会说他们被告知没有"恰当地"回答问题，或者回答不够简明扼要。这些客户几乎无一例外地都属于"外向＋感觉（ES）"偏好的人：他们把自己的思考过程大声地说出来，并沉浸在自己答案的细节中。首先，我会问他们一个样本问题，然后在我的手机上设置秒表，这样我们就可以看到他们花了多长时间来回答（理想情况下应是 2～3 分钟）。然后，我会教他们如何使用更流畅的讲故事技巧，以使他们的回答效果最大化。直觉（N）偏好的人可能会觉得这些技巧学起来更容易一些。

早期职业生涯的影响

当父母的压力与教育和社会的影响同时加诸于身时，你可能会选择事后看来是一条错误道路的早期职业。因此，我曾服务过许多客户，他们在学校成绩最好的科目是数学，出身小门小户，父母敦促他们不要瞎搞大学里面的那些无聊事，而是要在 18 岁的年龄就出来工作，成为一名会计师，因为这似乎是一份有稳定保证的职业。同样，那些看起来认真和有礼貌的女孩可能会被他们的父母敦促去做护理或秘书工作。通常，这样的客户会发现，他们需要付出很大努力才能摆脱第一份工作给他们带来的"紧身衣"般的束缚。人格类型有助于理解这种情况是如何发生的，以及为什么会发生。

帕梅拉（人力资源总监，ENTP）

帕梅拉曾在一家咨询公司担任人力资源总监，她喜欢这个职位所提供的同事之间的友爱和工作的灵活性。她不喜欢的是落到她头上的所谓"薪资和给养"工作（比如日常的工资管理、薪酬发放、入职和离职的文书工作等）。父母的压力、家庭的拮据和糟糕的职业建议让帕梅拉在17岁时离开了学校，并接受了秘书培训，这是一种典型的感觉（S）型人才乐意去寻求的职业方向。她不喜欢秘书工作的枯燥乏味，觉得自己再如何努力也很难在其中表现得比他人更出色，所以就把接受人力资源方面的再培训视为一种出路，但当时这种"出路"只是将她导向了更多的感觉性质的工作。通过MBTI和其他一些心理测试，她立刻意识到自己所需要的是一个完全不同的角色。待在你已经身处其中的行业和职位上，总是比寻求彻底的改变要来得容易些，帕梅拉也遵循了一条明智的路线，即寻找到一个她的"外向＋直觉＋理性（ENT）"偏好能派上用场，也能受到重视的人力资源职位。在她的例子中，是一家更大的公司中另一份人力资源总监的工作，不过这次的职责有着明显的不同。在这里，她成了首席执行官的左膀右臂，致力于有关员工队伍的长期规划，负责企业文化和变革，所有这些都与业务需求紧密相关，并直接利用她的ENTP类型中的兴趣和技能。她很快就把那些发放工资和定量配给的工作外包出去了。她说，看到这样的工作由那些在性格、气质上适合它的人来做是令人满意的，正如她所说的，"我自己就从来都不适合！"

教育的影响

教育本身也会施加压力。在小学阶段，大体上侧重于使用一种倾向于感知（P）的学习方法，必须学习并掌握那些有关阅读、写作和数学的基本技能，而这些技能又主要是通过感觉的风格来传授的：循序渐进，经常会运用惯例和策略来辅助。由于这个原因，早期教育可能会吸引有感觉（S）偏好的教师。当政客们攻击教育时，他们的批评通常是基于以下这种假设，即教育太过于空灵，只是建立在一些猜测臆断，还有20世纪七八十年代那些被认为是宽松和嬉皮的方法（直觉）上。那些政客们认为，应该强迫教师们退回到对乘法表、语音和拼写测试等内容死记硬背的方法上去，而这些都属于感觉型的学习方法。事实上，你可以把整个英国的国家课程体系看作一种将感觉型的价值观强加于教育的尝试，还有就是"应试教学"（另一种感觉型的方法），"卫道士（感觉 + 判断，即 SJ）"类型的人一直在施加压力，旨在用一套越来越狭窄的基准来对学生进行评分和排序。在初中 / 高中教育阶段，直觉（N），尤其是"内向 + 直觉（IN）"，甚至是"内向 + 直觉 + 理性（INT）"，逐渐占据了主导地位（尽管不同科目会有所不同）。在高等教育阶段，这种现象更进一步成为规范，尤其是在人文学科中，重视诸如问题式学习这样的学习方法，强调自我教学、发现和项目式工作。根据每个人的自然偏好不同，以上现象可能会给客户造成长期的困扰。

 伊莉斯（媒体高管，ISFJ）

　　伊莉斯十几岁时就热爱几乎所有的表演艺术，但她认为自己在一所精英大学里攻读戏剧和文学专业学位的那段经历只能称得上是"刚刚勉强过关"。她说，当讲师们鼓励学生要有"独特"或"不寻常"的想法时，她无法理解他们想要的究竟是什么。正如她对我说的，她当时真的没有什么"独特"或"不寻常"的想法，她所能依赖的只有课本，以及其他学生同伴私下里给她的辅导。那种自觉是个骗子的感受，直到她从事媒体行业时仍然一直存在。她的职业生涯表现还算不错，但到了 35 岁时却陷入了困境，在那些据说"更有创造力"的同事面前，她一直感觉抬不起头。MBTI 对她来说是一个启示，证实了她对感觉（S）和感性（F）的偏好，解释了为什么她发现高等教育如此棘手，以及为什么她不喜欢所就职公司那种过于竞争性的文化（外向 + 直觉 + 理性，即 ENT）。在她看来，这意味着她马上应该更换工作，找一份能让她的感觉和感性技能既能派上用场又能得到认可的工作。伊莉斯意识到钱对她来说并不重要，于是她找了一份薪水少得多但是自己却真心热爱的工作——管理一家非营利机构，该机构致力于儿童的表演艺术。

本章小结 ○

当客户针对职业问题来寻求教练时，类型偏好可能是一个源头，能提供丰富的数据和想法。他们对当前角色的不满通常与其心理类型有着明显的联系，他们寻找新工作的标准也是如此——他们想找一份有乐趣的工作，这些乐趣源于能够充分利用他们的偏好和技能。教育、早期职业选择和来自父母的压力都有可能成为导致他们走上错误道路的原因。对于你和你的客户来说，有关类型偏好如何与搜索新工作的过程相关联的知识，也可以是有价值的数据来源。

第 9 章

教练对自身类型与客户类型的自我意识

任何工具到了最后——无论这个工具是某种心理测量评估还是其他方法——其效用都要受到使用它的教练的制约。在教练会谈中，真正的影响来自教练和客户之间共同的生成关系中信任所能达到的深度。作为一个实践者，你手边就已经拥有了一些现成的高质量信息：你自己和客户各自的类型偏好。

你是否能避开你自己的类型偏好

我自己的类型偏好是 INTJ。我喜欢理论。在我的整个职业生涯中，我一直被框架和模型所吸引，尤其是那些化繁为简却又不失完整性的框架和模型。MBTI 就做到了这一点，这也是我欣赏它的原因之一。我喜欢担当发展他人的角色，经常在别人身上看到他们自己要么视作理所当然，要么就直接忽略的优势，其中一个原因是我自己对于"胜任力"这件事有着强烈的兴趣和需求。我喜欢关注未来可能会是什么样子，享受当下反而要困难得多。对我来说，处理细节是很揪心的事情：它会使我分心，而且我处理得也很糟糕。我的内向偏好可能意味着：除非我付出一些刻意的努力，否则在他人眼中的我起初看起来会显得冷淡、严肃、游离于外和高深莫测。人们必须对我了解得深入一些，才能明白善良、幽默、慷慨这些品质才是我的核心价值观——虽然我自己并非总能实现这种崇高的抱负。我与客户的关系很融洽，而且往往持续很长时间。我能做到心无旁骛、仔细认真地聆听他人。就如许多 INTJ 那样，我对自己的观点有可能会表现得非常确定，以至于看起来傲慢自大、固执己见，但在实践中，其实我总是愿重新做出评估的。我已经不再对周围的人做出狭隘的道德评判——当我在南威尔士一座小城的郊外度过我的整个童年时，这样的道德评判在我身边比比皆是。作为老板，我不得不学会了一个道理：人们渴望被赏识，而这一点必须得到表达。我知道自己那种想要改善一切的冲动必须被拉回来，特别是当它涉及说一些负面言辞的时候，但如果我相信挑战才是最符合客户利益的做法，那我就不怕发起挑战。我从客户那里得到的反馈是，他们欣赏我的直率和诚实，也理解我的行动来自一个积极的意图，即我对他们的关心。尽管我偏好内向，但我自己就是一个很好的例子，说明了假设内向就意味着害羞有可能是大错特错的。因为在社交方面，我很大胆，也喜欢在教学和演讲陈述时成为全场焦点的那种感觉。

我希望能够切实认清自己个性中的这一切会对我的教练工作有什么影响，而并不会产生什么幻想。但我知道，正如所有其他教练一样，随着我向自己默认的思维方式和存在方式靠拢，我的自我觉察会逐渐下滑，尤其是在压力状态下。我的偏好在执业实践中发挥作用的方式，可能意味着对于某些客户而言，找我做教练绝对是个错误。举例来说，那些想要持续的感情外露、吵吵闹闹、开开心心的客户，可能会觉得安然静坐非常难受；或者那些要通过一步一步谨慎审视每个主题才能学习的客户，还有那些需要沐浴在源源不断的、热情外向的同理心当中的客户，抑或那些出于他们自身的合理原因而想要对他们的过去做很多回顾的客户，都可能会发现我和他们之间是完全不匹配的。不过奇怪的是，这样的客户很少或从来没有找到过我的门上。

以上说的这些都不应该被理解为我只能和有限范围内的人一起工作。我自己认为，我已经成功地与所有 16 种类型的人一起工作过。我也鼓励你们相信，你们自己同样也能做到这一点。

了解你自己的类型偏好如何影响你的教练行为

首先，正视你自己不可避免会有的类型偏见。当我说这句话的时候，我是认真的。为自己是这种类型的人而感到高兴和自豪是一回事，但如果这实际上意味着对其他类型的人有所蔑视，那就要小心了。你的内心深处在多大程度上相信所有 NF 类型偏好的人（ST、SJ、NT、SP，无论你自己的类型偏好是什么组合）实际上在心理方面优于其他所有人？在绝对保密的情况下，以下是一些接受过 MBTI 培训的教练对这件事的诚实说法：

一开始我几乎不敢相信，有那么多的 SJ 在我看来是如此迂腐和刻板。例如，我曾经按捺不住想要告诉一位客户，守时现在不是、将来也永远不会是奖励同事的一个令人信服的理由。（一名 INFP 类型的教练）

我无法和那些主要动机就是挣钱的人一起开展工作，他们中的很多人似乎都是 STJ。（一名 ENFJ 类型的教练）

我最糟糕的客户体验是服务一个 INTP 类型的人，他在一家大型咨询公司担任高级策略师。我真想告诉他别自以为是，他为什么要说那么多话，还要那么聪明得令人恼火？那次的教练计划进展得一点都不顺利。（一名 ISFJ 类型的教练）

我仍然要竭尽全力才能制止自己去告诉政府部门里那些悲观的 NT 类型的人说，他们已经取得了巨大的成就。否则我就有可能脱口而出说：“伙计们，放松一点，享受一下！”（一名 ESFP 类型的教练）

我有一个属于 ENFP 类型的客户，在我看来，她被她生活中的每个人——也包括她的丈夫——所恶意利用。我发现她的消极被动令人产生了难以置信的讨厌情绪，她对冲突的恐惧是显而易见的。一旦我意识到了此时此地在我自己身上正在发生着什么事情，我就能和她一起工作了，但这对我而言是一个警示。（一名 ENTP 类型的教练）

即使到了现在，如果我和 SF 类型的客户一起工作，我也会有意识地提醒自己，这个世界需要他们这样的人，而且他们非常擅长做某些我极其不擅长做的事情。但我仍然发现，他们寻找安慰的需求可能会让我愤怒，他们当中的许多人似乎会把时间花在不断地道歉和说“对不起”上。（一名 ISTJ 类型的教练）

预测教练与客户各自的需求

对于各种类型的教练或客户可能偏爱的教练风格，以及与之相关的危险，我们可以做出一些宽泛的、一般性的、有根据的猜测（如表 9–1 和表 9–2 所示）。

表 9–1　　　　　　　　　由类型而生发的教练和客户的需求表 1

感觉＋理性的 ST 类型	感觉＋感性的 SF 类型
会想要： • 集中关注事实；一步一步地从已知走向未知；不要将时间浪费在琐事或会使人分心的事上面；确保教练能产生切合实际的、可实施的行动 • 尊重效率、传统和秩序。目标和行动计划要清晰、明确。着装有可能很重要，双方都不应该穿得太随便，因为这是一种商务关系。 • 直截了当的语言，避开所有可能被视为"心理学呓语"的东西 • 提议的任何方法都应该具备有形的、客观的证据，证明这方法曾对其他客户有效 • 清晰的发票收费和会议安排，准时，关于后续行动的承诺要说到做到 • 希望与教练或客户以平等的关系一起工作	**会想要：** • 友好和公开表达温情；对独特个性的认可；愿意稍微改变一下教练的规则，偶尔说些轻松的闲话；以令人信服的故事方式来讲述其他客户如何通过教练受益的证据 • 细致入微的讨论，详细地描绘如何实现想法，同时要明白实用性以及对人们的影响可能会是最重要的判别标准 • 避免任何看起来过于学术化或可能显得虚无缥缈的东西 • 专注于此时此地 • 如果使用类似于针对具有直接挑战性的情况做角色扮演排练的教练技巧，或者是任何涉及身体活动的教练技巧，通常都能受益匪浅
其风险是： • 忽视了在教练和客户之间，以及在客户呈交的议题当中所蕴藏的情感的重要性 • 抵制那些有助于阐明组织行为和人类行为的、有用的理论概念；过于轻率地把任何心理上的东西都看成"空洞无物的" • 被过多的事实细节所困扰，例如绘制组织结构图，或者独自埋头于商业计划书和财务报表；或者目光短浅，只关注短期；或者对于必要的改变过于胆怯，只看到了不利的一面	**其风险是：** • 害怕当面质疑和挑战；陷入被动对抗；混淆了同情慰问和同理心 • 出于要让这段关系变得特殊的需要而使自己分心；过于个人化，使界限变得模糊 • 花太多时间关注一件事（而且是带着问题导向的），尤其是当这件事涉及不在场的人时 • 当有需要时，仍然未能看到进行战略思考和长期思考的必要性，也看不到组织问题的系统方面；抗拒有用的理论思想，除非它们能带来一些立竿见影的效果；太容易让对方起带头作用，随后又对此心怀怨恨

表 9–2　　　　　　　　由类型而生发的教练和客户的需求表 2

直觉 + 理性的 NT 类型	直觉 + 感性的 NF 类型
会想要： • 智力上的严谨性，在阅读、大创意以及有关整体系统的思考这些方面提供建议 • 对个人所具备的能力及其重要性的认可 • 教练会谈要有节奏变化，有惊喜，有创造力，但不要有什么太古怪的东西，也不要有什么能够在表面上使人联想到通常对于"治疗"所持有的刻板印象 • 欣赏挑战，能够给予和接受严厉的反馈，只要这些反馈是出于善意的 • 对于独立自主的需求必须得到他人的即时认可。 • 喜欢大幅度的改变；不害怕尴尬的问题 • 重视理性和逻辑胜过重视情感 • 喜欢那些鼓励长期思考，使用模型或理论，将过去、现在和未来的联系打通的教练技巧；而且如果能够在两次会谈之间详细阅读或思考某事，可能会从中受益 • 可能会抵制任何使人们过早变得过于亲密的东西，或者那些令人"多愁善感"的事物	**会想要：** • 快速理解个人价值观的关键重要性，并将其融入教练谈话的每一部分 • 希望在紧密共享的价值观和相互尊重的基础上，打造一种温暖的教练—客户关系；言行必须完全一致 • 双方都保持真诚是至关重要的，任何对这一点的违背都会使得教练关系很快走到尽头 • 对任何教练议题开始探讨的方式，都是先去看看它对人际关系的影响，但也从不会忘记其对社会造成的更广泛影响 • 可以自如地讨论私生活，也可以将其与工作生活联系起来 • 对那些涉及发展和成长价值观的愿景和信念会发自内心地响应 • 期望有——也需要有——高水平的、用文字表达情感的能力 • 不会因为在教练谈话中表现出强烈的情绪而惊慌失措 • 讨厌任何看起来死板，或者过度包装，或者经过预先处理的东西，而想要一些独特和个性化的事物 • 排斥细节，更喜欢着眼于大局上的可能性。 • 可能会喜欢那些明显地"有创造性"的教练技巧，如画画、使用音乐等
其风险是： • 陷入教练和客户两人之间"谁更聪明"的竞争 • 公然质疑这个教练或这个客户是否配得上你 • 努力想要控制进程（尤其是 NTJ 类型的人） • 讨论任何问题时都有可能忽略情感层面，无论是教练会谈室内正在流动的情感，还是虽属外界但牵涉到此议题中的情感 • 忽略细节、事实和数据，假定它们"并不重要" • 制订过于宏大以致无法实现的计划 • 把建议看作是对自主权和能力的冒犯，因此拒斥建议，即使它可能有道理 • 忘记身体活动的重要性，在精神生活上投入太多的时间和精力 • 太具有挑战性，比如说，对反馈不够敏感 • 不理解在此时此地开展工作的重要性，比如说，在教练活动当中其实就可以开展工作	**其风险是：** • 忽视事实的重要性；制订的行动计划不切实际，因为它们过于雄心勃勃、过于模糊或设定得过于遥远 • 在办公室政治这类问题上花了太多的教练时间，无法打开视野以获得正确的观点 • 过分看重教练与客户关系的和谐性，不愿意去探究和面对一些事情 • 太容易认为问题出在别人身上，过分安慰；回避对教练活动提供反馈，可能会抵制类似 360 度深度反馈这样的方法 • 被那些没有经受过挑战的"洞见"冲昏头脑

教练与客户在一起是会冲突还是会合作

教练与客户在一起搭配出来的可能性是无穷无尽的，此处仅举几例。

- **你和你的客户在类型偏好上完全相反，所以你们各自想要的和需要的也完全不一致。** 一个没有意识到情况的"直觉＋理性（NT）"类型的教练在与"感觉＋感性（SF）"类型客户一起工作时，可能很快就会发现教练过程中遇到了困惑或公开表达的阻力。SF 的客户需要感受到公开的热情和看到立竿见影的实用性，而 NT 的教练则渴望分享他们最近从《哈佛商业评论》上读到的文章。

- **你们俩一人是内向（I），另一人是外向（E）。** 在我重听那些正在谋求教练专业资格认证的教练所录制的会谈录音时，这是我最常听出来的问题之一。有可能是教练保持着缓慢、安静和深思熟虑的姿态，而客户则生机勃勃、声音嘹亮，也有可能是正好反过来的。这种不匹配很快就会影响到关系的融洽程度，限制在会谈中本可以实现的工作质量。一位内向偏好、懂得如何利用沉默的教练其实具有宝贵的力量，但如果做得过火，可能会让客户觉得你漠不关心。一个对生动活泼的谈话有偏好的教练可以在交谈中产生能量，但如果做得太多，就会剥夺客户思考的空间。在极端的情况下，一个内向偏好的客户甚至可能会感到这样的教练是一种烦扰，致使其充耳不闻，分心走神。

- **你们俩一人是判断（J），另一人是感知（P）。** 这个问题表现为对于目标和行动计划的不同态度。偏好感知的那一位——无论是教练还是客户——都不希望讨论结束得太快，或者感到太受拘束，他们也有可能会讨厌"行动计划"这个概念本身。而偏好判断的人则会被太多的灵活性和模糊性所困扰。P 型的人甚至可能会主动提出他们不喜欢如"目标、计划、结果"这样的词语。

- **你们两人具有相同的心智功能（所属类型中间的两个字母）或类型偏好。** 这里的危险是可能会发生串谋。两个"理想主义者（直觉＋感性，即 NF）"会心照不宣地达成共识：对冲突视而不见是一件好事，并着手设计复杂的、完全不可能实现的策略来让每个人都满意。两个"感觉＋理性（ST）"过于深入探究细节和事实，继而忽略任何重大变革项目中都会涉及的情感因素。两个"直觉＋理性＋判断（NTJ）"相互竞争，都想要拿到对于教练过程的控制权，或者过度卷入那些令人目眩神迷的理论探讨，从而偏离教练的主要目标。两个 ESFP 可能会在教练会谈中占用太多时间来交流愉快的花边新闻；两个 ESTJ 在授权委派方面有着相同的盲点，因此从来都不会去处理那些深藏的假设，而正是这些假设阻止了客户去信任他人、交付工作，并放手不去管得太多、太细。

133

对差异做出回应

新手教练经常问我："如果你不喜欢某个客户，你会怎么做？"我总是这样回答：这种事现在很少发生了。但更重要的是，我会问自己："我的反应告诉了我关于自己的什么信息？"很有可能是我把自己身上一些不喜欢或是害怕的东西投射到了客户身上。当你把责任往外推时，无论是推给某个大型机构的所谓过失，还是推给某个客户表面上的性格缺陷，你都可以逃避所有的个人责任。要接受一条真理，即：在教练活动中，正如在我们生活的其他所有方面一样，并不存在所谓的"客观现实"。每件事都只是你自己的一种解释而已，你唯一有把握可以改变的就是你自己的行为。

与教练客户的相处总是有可能会使人不舒服的，在这一点上，使用 MBTI 测评和任何其他客户体验并没有什么不同。我个人喜欢拜伦·凯蒂（Byron Katie）在她简单而深刻的使人改变的方法中所提出的四个问题，她将这种方法称为"工作"（The Work）"。

- 这是真的吗？
- 你能够确定无疑地知道它是真的吗？
- 你如何反应，也就是说，当你相信这个想法为真的时候，将会发生什么事？
- 没有了那个想法，你会成为什么样的人？

所以说，你能绝对确定你的客户仅仅是为了钱吗？还是说你能确定他们永远无法应对冲突？人类的动机是难以捉摸的——如果我们能够理解自己的动机，那就已经是天大的幸运了，更不用说理解别人的动机了。动机很少会是一条单一的链条，它通常都是许多股链条绞合在一起 。例如，一个不喜欢在公众面前演示的客户，其动机可能出自以下因素的任意组合：对失败的恐惧，对成功的恐惧，不想被太多人关注，想要避免某种感受，比如认为演讲是一种炫耀，因此是"错误的"。如果你觉得自己即将忍不住想要对客户的动机做出诊断，我的建议是放松自己，直到这种欲望减退或消失。

MBTI 的优点在于它可能会让我们快速了解他人，同时其缺点也在于它可能会让我们快速陷入潜在的偏见。只有当你承认以上这两条快速路线都存在着缺陷时，你才能真正以一名教练的身份成功地运用 MBTI。你的面前只有这个独一无二的客户个体，还有独一无二的教练本人。

Z 字模型的价值

为了防备不可避免的类型偏见，我发现在与客户探讨任何教练议题时，在头脑中记住简单的 Z 字模型这套概念是很有帮助的（如图 9–1 所示）。这个模型会鼓励我和客户一起，按照感觉（S）、直觉（N）、理性（T）、感性（F）这个顺序去调用这四种心智功能。通常我会为客户先画出这个图形，解释说我们的自然本能是先被自己的主导功能所吸引，进而在它身上投入更多的精力。然后，我将和客户讨论：当客户为其被带到教练中的任何问题思考解决方案时，以上说法在多大程度上是正确的。这种方法可以作为一个有条理的提醒，以确保任何值得在教练中加以探讨的问题都能调动这四种功能。

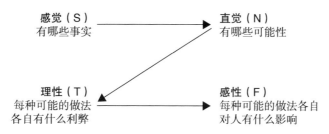

图 9–1　解决问题时用的 Z 字模型

杰出的心理治疗师米尔顿·埃里克森（Milton Erikson）曾评论说，没有所谓的"难相处"的客户，只有不灵活的治疗师。我深信教练也遵循着同样的道理。如果你发现自己变得愤怒和自我防卫，问问这种反应揭示了关于你自己的什么信息，而不要认为这揭示了你的客户是多么顽固、充满防备和令人讨厌。为你的专业知识——包括你的心理测量学知识感到自豪，同时也要做好两手准备：如果客户不如你那般热情，你要表现得热情和蔼，愿意通融；当他们和你一样热情时，则要全情投入，挥斥方遒。

本章小结 ◯─────────────────────────

　　在教练过程中，我们并非针对客户开展工作，而是陪伴客户开展工作，这是一种人与人之间的互动。这就使得我们不可能以任何方式做到所谓的"客观"，因为我们自己的类型偏好总是会以这样或那样的方式介入其中。但是，正如教练中的其他事情一样，自我意识是管理这种互动的关键。无论是与类型相反、相同或不同的人一起工作，都会存在一些偏见和偏好需要我们牢记并做出相应的调整。

Coaching with Personality Type:

What Works

———

第 10 章

使用心理测量的"组合拳"

无论你多么喜欢 MBTI 或其他的荣格式测评工具，单独使用它通常都是不明智的做法。它们既不能预测职业和个人的兴趣，也不能预测我们在必要时能将那些相反的偏好运用到什么程度。它们既不能测量情商和调适能力，也不能测量语言和数字推理能力。要进入这些领域，你需要添加其他工具。就像 MBTI 一样，其他心理测量工具即使是最好的，也自有其优缺点。实际上，通过使用多个这样的评估，你将为客户带来不同的视角，而每个视角都能添加一些独到的东西。

挑选的标准

可用的心理测量工具数以千计，其中有许多的有效性是存疑的。在选择要把哪些工具添加到你的工具箱之中时，请参考第 3 章的问题清单，我在其中讨论了替代 MBTI 的其他荣格式测评工具。同样地，那些问题也适用于任何心理测量问卷。

我还建议你考虑以下这些类别，从每个类别中找一种工具来与 MBTI 配合使用，这样做是会有帮助的。

- **某种测量人际交往需要的工具**。这类工具中最好的那些，能够让你与客户共同确定其信仰、价值观和行为如何源于其童年时期，哪些信仰、价值观和行动最有可能对他们当前的行为产生深远的影响。这一类的例子是 FIRO-B™ 和九型人格（Enneagram）。
- **某种测量动机、价值观和驱动因素的问卷**。因为我自己的大部分教练工作都聚焦于职业，所以我个人喜欢职业锚，但大多数心理测量问卷的主要供应商都能提供类似的服务。优势配置清单（Strength Deployment Inventory，SDI®）就可以做到这一点，同时还有其他好处，比如说可以在团队中使用。

- **某种一般性人格问卷**。这些通常都是基于特质的问卷。其想法是，如果你能够确定正确的行为组——这种做法叫作因素分析（factor analysis），这些因素就会将你导向内在的人格。雷蒙德·卡特尔（Raymond Catell）开发的卡特尔 16 人格因素问卷（The Sixteen Personality Factor Questionnaire™，一般简称为 16PF™）仍然代表着这个类别里的黄金标准，尽管有些人会认为它已经被诸如 NEO 这样所谓的 "大五" 问卷（Big Five Questionnaire）所取代。在英国，职业人格问卷（Occupational Personality Questionnaire，OPQ）和 "波浪测评套件"（the Wave Suite）仍然很受欢迎。霍根（Hogan）的心理测量套件也有很大的用处，因为它有可能帮助我们看到 "阴暗面"，也就是那些当我们过度使用时同样会使得我们脱轨的优势。

我自己最喜爱的五个工具

在实践中，你的选择会受到时间、兴趣和预算的制约。因为我经常被问到除了 MBTI 之外最常使用的问卷是什么，所以我就列出了下面这五项，按照使用频率从高到低排列，再附上我选择使用该问卷的理由。

FIRO®[1] 或者 FIRO-B™

这种工具最早是由研究型心理学者威尔·舒尔茨（Will Schutz）在 20 世纪 50 年代开发的，它会给出 6 个落在 0 ~ 9 范围内的基本得分（如表 10-1 所示）。FIRO-B 代表的是 "基本人际关系取向 – 行为"，它衡量的是人际需求，其假设是所有人都需要有归属感和感觉到自己是重要的（包容）、拥有权力和影响力（控制）以及爱和被爱（关爱）的。这些维度中的每一个都有两个变体：我们向他人发起的（表达的）和我们想从他们那里得到的（想要的）。FIRO-B 假设，如果你不喜欢自己的得分，或者觉得测评暴露了你的某些缺点，那么你是有可能改变的，因为所有的行为都是一种选择，即使这些选择往往是在无意识的水平上做出的。

---

[1] FIRO 是 Fundamental Interpersonal Relations Orientation 的首字母缩写，中文可译作基本人际关系取向，如果加上后面的 Behavior 即行为一词，就会成为 FIRO-B。FIRO 和 FIRO-B 是基于同一套理论开发的两份相类似的问卷，只是后者更加偏重于行为上的取向。——译者注

表 10-1 FIRO-B 工具表

	包容： 在里面还是在外面	控制： 在下面还是在上面	关爱： 亲近还是疏离
表达的	接纳，让他人参与到我们的生活中	影响，掌管事态，发号施令	爱
你的得分			
想要的	被他人接纳和认可	依靠他人	被爱
你的得分			
每项小计			
所有项合共得分			

　　FIRO-B 提供九次机会来回答六个相同的问题，这些问题是关于我们在以上这些需要中处在什么位置上的。评分方式很微妙，最后会为六个需求领域中的每一个领域产生一个 10 分制（0 ~ 9 分）的评分。分数越高，我们越有可能做出与该需求相关的行为。反之，低分数通常意味着我们会更有选择性地和更少地做出那种行为。

FIRO-B 是 MBTI 的好伴侣

　　FIRO-B 是 MBTI 的绝佳伴侣。我很喜欢一个教练同行分享给我的说法，即 MBTI 是大脑的硬件，而 FIRO 就是软件。这个说法意味着：你的 MBTI 偏好很可能在出生时或出生后不久就已确定（不过对于这一点，科学观点存在分歧，所以要对该观点持保留态度），而 FIRO-B 则是你对环境的反应，尤其是你被父母抚养的经历。因此，一个理性（T）偏好的客户可能会充满渴望地告诉你，"我真的是一个软心肠的人"，而他的这个说法很可能体现在他的 FIRO "关爱"评分中，比如说表达的关爱只有 1 分，但是想要的关爱却有 5 分。在这种情况下，世人看到的是一个冷漠的人，从不轻易表露自己的情感，但在那副冷漠的外表下，却蕴藏着极度渴望被关爱的灵魂。而只要他继续做目前所表现出来的行为，这种渴望就不太可能得到满足。

↻ 卡罗（餐厅经理，ISFP）

卡罗当时快 30 岁了，是她那忧心忡忡的母亲把她介绍给了我。她母亲是一位成功的出版商，她认为卡罗不能再混日子了，而应该如她所说的"总要有些进步"。卡罗在一家连锁餐厅工作，薪水很低，也没有什么改变的野心。卡罗是否也有和她母亲同样的担心呢？说到底，她真的准备好要接受教练了吗？是的，她的确准备好了。在我们的第二次会谈中，我向卡罗汇报了她在 MBTI、FIRO-B 和职业锚上的测评结果，如下表所示。

	包容： 在里面还是在外面	控制： 在下面还是在上面	关爱： 亲近还是疏离
表达的	接纳，让他人参与到我们的生活中	影响，掌管事态，发号施令	爱
你的得分	3	2	6
想要的	被他人接纳和认可	依靠他人	被爱
你的得分	3	3	6
每项小计	6	5	12
所有项合共得分	23		

在职业锚（下文会再谈到）测评中，卡罗的第一选择是"生活方式"，而最末位的选择则是"综合管理"。她的主要爱好是照料她的那块小菜圃、烹饪和马拉松。她参加过伦敦、纽约和巴黎的马拉松比赛。她说自己对金钱并不感兴趣。FIRO-B 对她启发很大。报告说卡罗在"被包容"方面需求较低，这点说得很准确，她的评论是："我不愿意为了成为群体中的一员就去付出我看见那么多人都在付出的高昂代价，那会令我窒息。我喜欢我自己的一小群朋友。"她在"控制"方面的低得分让她明白了为什么她在工作中经常扮演"观察者"的角色，有时可能会显得冷漠。她解释说，她唯一想要掌控的人就是她自己，这就彻底排除了她母亲希望她能从事的职业，即成为一名高级经理。她最高的单项得分和单列得分都属于"关爱"这一栏，这与她的 MBTI 测评结果中的感性（F）偏好相吻合，按照卡罗自己的说法，她知道她有时可能会表达和期望太多的亲密感，有可能会使她的朋友们喘不过气来，但她随后也评论说，也许是她自己的内向（I）偏好起到了控制作用，让这个问题没有变得很糟糕。卡

> 罗很快就明确了自己的职业方向。她认为在餐馆工作并不适合她，但与她移居到农村地区的决定相配合，她可以开发一份有趣的职业组合，再从中做出选择。和许多其他客户一样，通过 FIRO-B、MBTI 再加上职业锚这样的测评"组合拳"，加快了她做出原来就已经呼之欲出的选择，也使这样的决定有了依据，且更为合理。

与 MBTI 一样，FIRO-B 也从不假定存在"好的"或"坏的"分数，所有分数都只是测评的一种结果而已，而且 FIRO-B 认为行为是可以学习的，这就能克服任何一种分数有可能会意味着的潜在缺陷。有一些关于 FIRO-B 与 MBTI 相关性的研究，但大多数研究所揭示的相关性都很弱。

FIRO-B 可能会是一份做起来让人厌烦的问卷，因为题项的措辞有些奇怪，而且似乎是重复的——事实的确如此。然而，它只需要 10 分钟就可以完成，所以即便有些不舒服，那也只是短暂的。想要"作弊"是很难的，因为每个题项都会以独特的方式被计分。许多教练发现 FIRO-B 的测评结果不容易解释，因为每个分数对所有其他的分数都会产生微妙的影响，要看清楚这些相互影响是一门艺术，需要持之以恒，有愿意配合的"小白鼠"供你不断练手，也许还需要一名更有经验的实践者的帮助，才能从完整的侧写报告中获取其真正的价值。

有关 FIRO-B 的小结	
是否必须接受认证和培训	是的
结果解读的难度高吗	中到高
有其他资料可供参考吗	是的，但数量相对稀少。现有资料包括由沃特曼和罗杰斯合著的解释性小册子（Waterman and Rogers, 1997），以及由牛津心理学家出版社在英国和咨询心理学家出版社在美国分别出版发行的其他资料

续前表

有关 FIRO-B 的小结	
优点	表面的简单掩盖了其复杂性。能够快速切入客户行为的本质。在提升客户的洞察力方面有巨大的潜力，包括帮助客户下定决心去改变那些不正常的行为；是 MBTI 优秀的合作伙伴
缺点	填起来令人恼火。得分不高也不低的客户可能会有"那又如何"的反应。教练需要大量练习才能自信而熟练地解释整份报告

360 度反馈

教练中有一项风险就是，你和客户私下里坐在一起，由于受到隐私权的保护，因此你听到的只有客户对事件的说法。根据客户的气质和情商水平，你所听到的内容有可能是全面的、有自我觉察的、精明敏锐的观察；但也完全有可能并非如此。让其他人的观察也能进入画面总是至关重要的，而做到这一点的最好方法之一就是通过所谓的 360 度反馈，通过这种做法，别人对你的客户的看法也成为画面的一部分。通常情况下，你需要至少八名受访者才能给出一份有效的图景，他们必须包括直接下属、同事和上司。有些时候，询问客户或顾客的反馈也会有用处。作为这个过程的一部分，客户也会给出他或她对自己的看法。

360 度反馈一度很罕见，现在多数大型组织都会为他们的中层和高层员工实施360 度反馈。最常见的做法是：由报告的焦点人物提名一批人员，再通过互联网将问卷发放给这些人。报告本身会以柱状图的方式来展示自我评价与老板、同事和直接下属的评价之间的异同。

360 度反馈的问题

以问卷方式实施的反馈成本低廉，容易执行，而且当然比完全没有反馈要好，但它的范围是有限的。不同的人可能会以截然不同的方式使用等级量表（通常是1 ~ 5），因此 360 度反馈那种科学客观的样子可能并不真实。人们也许会对填写冗长的调查问卷感到厌烦，等他们做到第 70 题的时候，可能仅仅只是看到哪个选项眼熟就点击哪个，尤其是当他们要为许多同事填写问卷的时候。真正的价值其实在于叙述性评论，但我的经验是，这些叙述性评论实际上几乎总是含糊其词，只传达一条类似于标题的声明，使报告的接收者对其含义感到困惑，有时甚至是感到愤怒，从而很容易回避掉要传达的信息。

作为替代手段的 360 度访谈

相反，我建议你考虑使用基于访谈的 360 度反馈方法。访谈的做法与问卷调查遵循相同的原则：客户提名 8 ～ 12 个给出反馈者，承诺对信息做保密处理并且不可归因到具体个人，聚焦于发展。标准的领导力分类因素当然会包括在你的主题列表中，此外，你还可以向客户询问他们有哪些领域是特别希望你能加以探索的。你用电话的方式来进行访谈，每次最少需要 20 分钟，访谈对象会被要求提供例子，以说明反馈对象的行为、优点和缺点。我并不是说这种方法就是完美的。它的效果要取决于面试官能否保持开放的心态，能否有技巧地进行调查，并且能否以客户能听进去和理解的方式来撰写报告。这种方式不可避免地会带有"印象派"的色彩，所以需要客户能够相信你对此所做的判断。而且，对于客户来说，它比网络发放的问卷要昂贵得多。然而，我相信，相对于这种方法在交付价值上的巨大提升，额外的成本其实是非常合理的。

与一个看不见的、中立的聆听者/采访者交谈，会鼓励我们表现出坦诚的行为举止，而对于我们大多数人来说，这种坦诚在面对面地向同事传达时是很难实现的。我们可以通过追问受访者，要求他们提供行为事例，来了解他们的说法具体是什么意思。报告很少会包含对客户而言耳目一新的材料，但客户会被其他人所持观点的激烈程度吓一跳倒是很常见的事情。有时客户也会感到惊喜，因为他们的同事对他们身上的一些元素表示钦佩和赞美，而这其中有许多连客户自己都早已熟视无睹。

如何操作这种基于访谈的反馈已经超出了本书的讨论范围，因为它比表面上看起来要求更高、更复杂，而且大多数教练假如能接受一些相关培训的话，其实都会从中受益。

360 度反馈与 MBTI 的关联

360 度反馈是一种非常直接的方式，可以将客户在 MBTI 测评中找到的偏好与其他人眼中他们的实际行为联系起来。通过 360 度反馈，客户的偏好、优势、盲点，再加上对相反偏好的利用不足，都能够与他人对客户的看法产生关联。它使你有条件可以来一场类型发展对话（见第 6 章），而且这次对话的实用程度和聚焦程度都要好得多。

↻ 罗伯塔（咨询顾问，ISTP）

罗伯塔最近从一名专业人士转变为一家大型咨询公司的管理人员，管理着 30 名员工。很快，她就成为抱怨的焦点。员工们抱怨她的"冷漠"；说她行事风格无礼唐突；指责她把自己关在办公室里而且不接电话的癖好；因为她经常改变主意，所以在别人眼中就显得前后矛盾；同事们还说她"诡计多端"，但是她似乎很享受这一点。ISTP 的类型偏好可以解释这些行为中的一部分，但并非全部。可惜罗伯塔的本能是自我保护，既不承认她自己展现出了任何 ISTP 可能会具有的缺点，同时还反过来抱怨她目前的工作在任何情况下都找不到她之前作为问题解决者所能感受到的那种激情。

听取罗伯塔的 360 度反馈结果对她和对我来说都是一个挑战，但这让她明白，如果对内向（I）和理性（T）的偏好失控，而没有通过发展一些外向（E）和感性（F）的技能来平衡的话，她的行为确实有可能被他人理解为"冷漠"。感知（P）偏好的好处是灵活性，但这也需要加以控制，要明白何时必须做出决策。从 360 度访谈中得到的明显证据是罗伯塔在这一点上犯了很多错误。在职业锚测评中，她得分最高的"锚"是技术专长，而最低的则是综合管理（见下文）。这样的结果，再结合 MBTI 测评和 360 度反馈的结果，已经足以让罗伯塔相信，她的雇主向她提供一个管理职位其实是犯了一个错误，而她本来也不应该接受邀请。剩下的教练时间我们用在如何更有技巧地管理她对内向和感知的偏好上，以及如何重新回到她的职业发展正轨上。

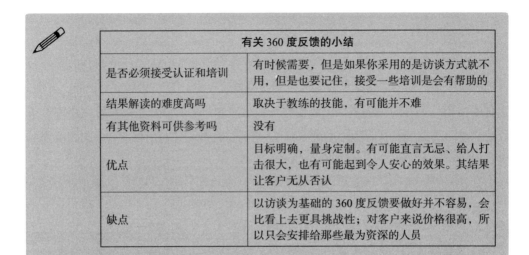

有关 360 度反馈的小结	
是否必须接受认证和培训	有时候需要，但是如果你采用的是访谈方式就不用，但是也要记住，接受一些培训是会有帮助的
结果解读的难度高吗	取决于教练的技能，有可能并不难
有其他资料可供参考吗	没有
优点	目标明确，量身定制。有可能直言无忌、给人打击很大，也有可能能起到令人安心的效果。其结果让客户无从否认
缺点	以访谈为基础的 360 度反馈要做好并不容易，会比看上去更具挑战性；对客户来说价格很高，所以只会安排给那些最为资深的人员

职业锚

有一些很好的聚焦于职业和动机的测评工具。举例来说，我自己有时就会使用斯特朗兴趣量表（Strong Interest Inventory）。这是一份经过广泛研究并不断更新的经典问卷，其历史可以追溯到几十年前。然而，我个人更偏爱基于埃德加·沙因（Edgar Schein）的工作而开发的"职业锚"（Career Anchors），因为它施测方便，成本低廉，所给的反馈也简单清晰。沙因认为，在任何职业和生活中，都有一个压倒一切的激励因素，或者称之为驱动力。这种驱动力由核心技能支撑，并建立在根深蒂固的价值观的基础之上。这些价值观与我们的生活目的联系在一起，不管我们是否意识到了这种联系。因此，发现你的核心驱动力 / 激励因素是至关重要的。它可以在三个方面对客户有所帮助。首先，它可以帮助确定客户在因裁员或解雇而被迫跳槽后应该采取的方向；其次，当客户对现在的生活和职业越来越感到不满的时候，它可以帮助明确他们应该将目光投向哪个方向；最后，当客户面临看起来吸引力相当大的多个选择时，它可以帮助他们决定应该选择哪条道路。

沙因把这些核心激励因素称为"职业锚"，他确定了其中的八个（如表 10–2 所示）。通过问卷调查，你可以排列出这八个因素在你心目中的先后顺序。

表 10-2　　　　　　　　　　　　　　　职业锚的名称及含义

名称	含义
技术专长	重视自己领域内的专业知识,想要成为一名专家,得到同行的认可
综合管理	认为管理与组织是快乐的事情,重视职位提升,享受复杂的组织生活并乐此不疲地处理其中的事务
自主独立	工作和生活不要受到任何束缚,获得自我的认可才是唯一重要的事情;天生的自由职业者
安全稳定	即使以缺乏激情为代价,也要追求长期的可预见性
创业创新	开创一项新业务,承担风险,保留自己对所提供产品和服务的控制权
服务奉献	想要通过献身于一份 "为善" 的事业来改善这个世界
纯粹挑战	征服所谓 "不可能" 的事情,无论它是身体上的还是精神上的挑战;在赢面极小的情况下仍然取胜
生活方式	把你的事业和你的整个生活结合起来,平衡好每一件事,但要把生活质量放在第一位,重视个人时间的灵活性

　　这些 "锚" 有助于区分沙因所说的 "外在职业" 和 "内在职业"。所谓外在职业,是指那些实际的工作职位和资格认证,它们构成了从他人角度来看可以分辨出的一份职业的不同阶段。而内在职业则是由我们每个人都具有的价值观、才能和激励因素所驱动的。沙因认为,总会有一个核心驱动力,它构成了 "我是什么人" 这个问题的答案的基石,而这是一些我们永远都不愿意放弃的东西。

　　我发现职业锚如果和 MBTI 配合使用,会有非常大的价值。MBTI 确实有职业方面的应用,但这不是它的主要关注点。因此将 MBTI 与某份职业导向的测评工具相结合,可以使两者的价值都得以增加。

↻ 乔希(企业家,ENTJ)

　　乔希和他的妻子都在家族拥有的咨询公司上班,他讨厌这份工作。他感到自己被目标所束缚,即使这些目标是他自己设定的。MBTI 让他明白,他渴望获得自主权,重视长期思考、领导力和胜任力,但却是职业锚给乔希带来了真正的启迪之光。他的首选职业锚是创业创新,而最末位的则是技术专长,可是后者恰恰是他当时的工作所要求的动力。他离开了公司，并以自己的名义创办了一些成功的企业，出售了其中的一些，又收购了另外的一些，10 年后成为一名千万富翁。

 ## 麦琪（律师，INFP）

汇报 MBTI 测评结果时，麦琪立刻就能确认自己是一名 INFP。但作为一名刑事法律实务领域的高级诉讼律师，她总是对自己的工作感到不安，并且觉得自己的非正式角色——在那么多显然彼此对立的"直觉＋理性（NT）"偏好的同事之间充当调解人——让她深感束缚。MBTI 让她明白：为一个她能信仰的组织工作对她而言是重要的，她对内向有着强烈的偏好，也喜欢和谐的氛围。当她接受职业锚测评时，她的首选是服务奉献，这个激励因素与她当前被要求扮演的职业角色是不一致的。她接受了培训，成为一名调解人，并转到了一家专门承接移民和人权案子的公司。她马上就有一种"到家了"的感觉，这不仅仅是由于她所从事的新一类法律实践本身的目的，还因为这份新工作提供了机会，让她能够和个人客户一对一地深度合作，充分地利用了她对于内向的偏好。

你可以买到书籍形式的职业锚测评，其中有一册是针对教练和辅导者的，或者可以在网上进行问卷调查。问卷很短，只有 40 个题项。书中包含了对各种职业锚的完整描述，所以你不需要经过特殊培训或认证才能使用它。

有关职业锚的小结	
是否必须接受认证和培训	不需要
结果解读的难度高吗	容易
有其他资料可供参考吗	有三本大开本的小册子
优点	简单、快速、低成本
缺点	可能会让一些客户觉得过于简单；教练需要确保客户明白，在表面的简单背后隐藏着精妙的微言大义

托马斯 – 基尔曼冲突模式诊断工具

　　这样或那样的冲突是不可避免的，无论冲突是与你十几岁的女儿在裙子长短的问题上的小分歧，还是对组织控制权的全面争夺。如何处理冲突，以及与它相伴相生的问题——如何有效地对他人施加影响，是管理生活中永恒的挑战之一。你能向我展示多少个拥有范围甚广、手段精妙、行之有效的影响风格的经理，我就能向你展示多少个在这方面出类拔萃的老板。在我看来，正是影响他人和处理冲突的技巧，将那些闪闪发光的卓越领导者与足够好的领导者区分开来。根据我的观察，我们大多数人的影响力技能"百宝箱"都非常有限，扩大它可以带来巨大好处。我发现，将托马斯 – 基尔曼冲突模式诊断工具（Thomas–Kilmann Conflict Mode Instrument，TKI）和 MBTI 结合使用，是一种简单而有效的方法。

　　肯尼思·托马斯和拉尔夫·基尔曼两人共同开发了 TKI，把它的两个轴称为"直言不讳"（为了自己的利益你能做多少）和"与人合作"（在多大程度上你能够把别人的利益放在第一位）。问卷由 30 对语句组成，采用迫选的格式。完成后，它将向你展示你将以下五种风格中的每一种运用到了什么程度（参见下文和图 10–1），并将你的结果与由许多其他人组成的一个大型常模组进行比较。

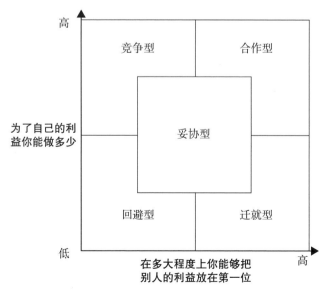

图 10–1　托马斯 – 基尔曼冲突模式诊断工具（TKI）

这份问卷有很多吸引人的地方：问卷本身简短；这个框架合乎情理，它公开承认了我们每个人每天都会遇到几十次的一个困境，即我们在多大程度上照顾自己，又在多大程度上满足别人的需求；它也能直接联系到例如以下的一些管理困境。

- 什么时候我需要坚持必须按照我的方式来做事？
- 什么时候我应该授权？
- 我重视合作，但另一个人似乎不重视，所以现在我该怎么办？
- 在正式的谈判，比如关于薪水或工作条件的谈判中，为了那些我认为代表了我自己的合理利益的东西，我应该坚持多长时间不退让？
- 什么时候最好完全远离冲突？

五种冲突处理风格

风格的名称	含义
竞争	忽略别人的需要而按照自己的方式来行事，因为你认为这是正确的做法。有利的一面是，有时候方向是至关重要的，例如在紧急情况下，或者面临道德困境时，坚持似乎才是正确的事情。负面因素是可能会伤害他人，并产生阻力
合作	作为高度的"直言不讳"和高度的"与人合作"的结合产物，这种风格意味着要努力满足所有相关方（也包括你自己）的需求。缺点是，对方可能不像你一样重视合作，因此你可能是在浪费时间
妥协	是一种"给予一些，换来一些"的风格。当需要一个务实的解决方案来为所有相关各方挽回面子时，它能发挥作用。风险在于放弃得太多、太快
迁就	意味着把他人的需求放在首位，这可能会是发展他人的一种有效方式。缺点是看起来缺乏影响力和权威
回避	意味着从冲突中完全抽身离开。当斗争毫无意义时，这种风格是好的。当情况需要果断或更大程度上达成一致时，这种风格就有问题了

TKI 的价值在于：它假定所有五种风格都有各自适合的时势和场合，而且我们大多数人倾向于过度使用五种可能风格中的一种或两种，而对其他的风格没有加以

充分利用。对于某些传统形式的"管理方格"模型来说，TKI 带来了令人耳目一新的变化。传统的管理方格模型倾向于假设右上象限是理想的位置，在 TKI 中这个象限的名称是合作型。

TKI 与 MBTI 的关联

高管教练的客户经常会描述一些围绕着影响他人和管理冲突来展开的难题。关于这些客户用来影响他人的典型方法，还有他们自己喜欢接受什么方式的影响，他们的 MBTI 类型侧写都可以揭示出很多有关的信息。举例来说，偏好感觉（S）的人就希望听到事实和数字，提交给他们的提案需要一步一步地详细说明。我们可以预计到的是，一个偏好感性（F）的客户比一个偏好理性（T）的客户更容易迁就他人。但这无助于准确指出任何一个人的冲突处理风格会是什么样子的。TKI 理论的重点是所有五种冲突处理风格都是可接受的，这与 MBTI 理论的重点，即所有 16 种类型各自有其优势是一个很好的匹配。作为一名教练，你可以向客户询问关于他们如何过度使用了某种风格的例子，也可以针对他们如何开发和更好地使用他们最少使用的风格这一点来实施教练。

↻ **拉杰（高级医生，ISTJ）**

拉杰最近被他所在的医院提升为临床主任。他的最终目标是成为一名急救医学教授。他把临床主任的角色看作通向那个目标的一个台阶，但是他此前从来没有为临床主任角色中属于管理的那部分做过任何准备，因此现在他在新职位上苦苦挣扎。拉杰看 ISTJ 的类型侧写时笑了，同意他自己在有关准确性、做记录和传统的汇报程序这些事情上的确有可能很较真。起初，当他发现"直觉＋理性（NT）"类型的人（他的大多数医生同事很可能就是这种人）对这些过程不大可能如他那般重视的时候，简直难以置信。拉杰给我的印象是迷人、严肃、安静但有力。他浑身散发出一种沉郁的能量，以及一种确信不疑的态度——坚信自己对世界的看法是正确的。他睡眠有困难，而且据说"许多时候压力都很大"。他对同事们的看法似乎趋向于两个极端，他们要么是他口中所说的"很棒的家伙，好人"，要么就是"完全没有希望的废人"。这可以算得上是 ISTJ 倾向于"0 或 1"的两极化思维的一个很好的例子。我很快就形成了一

个印象：拉杰也许过分依赖指令风格了。于是我暗示他情况是否如此。存在着多种风格的想法对拉杰而言很陌生，他欣然同意参加 TKI 测评，因为他说自己一直都很"困惑"，不明白他的同事们为何不按照被告知的指令去做，而指令的内容对拉杰来说是如此地显而易见、明智合理。

拉杰的 TKI 测评结果如下。

模式	低频率（25%）	中频率（75%）	高频率（100%）
竞争	—	—	87
妥协	—	49	—
合作	—	42	—
迁就	22	—	—
回避	6	—	—

以上这些结果表明，拉杰过度依赖"竞争"风格，其他四种风格都使用得太少。他作为急诊医学顾问医生的工作经验可能助长了他对"竞争"风格的天生偏好，因为在急救室里，给出干脆而清晰的命令并期望其他人服从通常是一种有效的处事方式。一个 ISTJ 类型的人可能会认为等级分明的制度挺好的，尤其是当他们自己处于高级职位的时候。"感觉＋理性＋判断"（STJ）的偏好有时意味着他们没有大局观，或者压根儿就对大局缺乏兴趣。ISTJ 类型的人经常会发现授权委派做起来很难，拉杰也认为这对他来说很有挑战性。我邀请拉杰描述他自己的典型的一天，从他的话语中可以很明显地听出来，对于拉杰而言，所谓的"授权委派"实际上就意味着让某人做一项任务，然后在他们做的过程中一直站在旁边进行观察。仅仅使用 MBTI 测评报告也能使我们的谈话进展到这一点，但是 TKI 测评报告能够使速度加快许多，后者表明了他对于"迁就"风格的运用是多么地不足。我们还讨论了其他三种风格的使用，包括了他最不常用的风格（即"回避"）可能会在哪些时候比较合适——例如，有一些论辩仅仅依靠常识就知道他根本没机会赢，但是拉杰过去可能还会为此纠缠许久，陷入毫无意义的争论之中。

有关 TKI 的小结	
是否必须接受认证和培训	不需要
结果解读的难度高吗	容易
有其他资料可供参考吗	一本提供给引导者和培训师的使用指南
优点	简单、快速、成本低。问卷的纸质版就已经包含所有你要用到的解释资料，此外也可以在互联网上做
缺点	迫选的问卷回答方式可能会惹恼某些客户

一般的基于特质的测评工具

这个范畴中包含各种各样的优秀测评工具。备选对象诸如萨维尔咨询公司（Saville Consulting）的波浪测评套件（Wave®）、职业人格问卷（OPQ）、卡特尔 16 人格因素问卷（16PF）、大五人格的 NEO 问卷、霍根（Hogan）咨询公司的测评套件，还有许多其他优秀工具等。

特质说和类型说的差异

基于特质说（trait thory）的测评工具，其建构原理与 MBTI 不同。他们的工作建立在这样的基础上——识别出一些因素，这些因素被认为是普遍的指针，能够指向人类性格的基本特征。OPQ 和 16PF 是这类问卷的好例子。这些是标准化了的工具，原始的分数转化后产生权重。分数（通常是赋值范围从 1 到 10 的标准 10 分分数，见本书术语表）来自和一个常模组的对比。

这些基于特质说的测评工具虽然不同于荣格式工具，但也是一种观察人类人格的方法，自有其价值所在。例如，它们可以作为遴选过程的一部分，合理地用来评估人们是否合适某份工作。

MBTI 等类型说工具和基于特质说的测评工具之间的主要区别如表 10–3 所示。

表 10-3 特质说和类型说的区别

特质说	类型说
基于这样的假设，即人的个性所具有的特征可以用不同的数量来表示，例如有多强的说服力，对细节的关注有多少，等等	基于偏好这样的概念，每种偏好都可以表现为一个标尺上相对的两端之一，并且是先天的
衡量一个人具有多少的某种特质	基于思考方式将人进行分类
很低或很高的分数都属于要解读的信息	比较极端的分数只是表示了该受测者有多么清楚他/她自己的偏好而已
假定行为是由特质引起的	假定行为是潜在偏好的结果，但是理论关注重点更多在于思维过程，而不是行为
对受测者的心理健康、能力等做出评判	类型和能力与心理健康无关，病理不是类型说的检测对象
经常假设存在着"中庸之道"，所以测评得分处于中间会是一种优势	假设处于中间位置是件有意思的事情，但不一定意味着力量，有可能会是一个缺点
假设人们如果有意识地致力于某种或某组特质，改变是有可能发生的	假设改变是涉及"良性类型发展"的一段终生旅程
假设在每件事情上都擅长是有可能的	假设力争样样全能还不如首先接受和发展自己的优势领域（很可能与特定的偏好相关联），然后在这些特定偏好的对立面再开发出一些技能
常常用于遴选和评估	永远不应该用于评估，只能用于发展目的

大五人格

几十年来对人类性格的持续研究已经足以在"如何测量性格特质"的问题上达成一个宽泛的共识。使用"元分析"（meta-analysis）方法产生了五个主要因素，有时被称为"大五"因素。它们是：

- 开放性（Openness）；
- 尽责性（Conscientiousness）；
- 外向性（Extraversion，也作 extroversion）；
- 宜人性（Agreeableness）；
- 神经质（Neuroticism）。

这五个因素的英文原词的首字母合在一起是 OCEAN①，所以很好记。大五人格因素模型是多个心理测量学家的工作成果结合在一起的产出，但正如大多数其他心理测量一样，它仍然是基于自我报告式的问卷，所以它的结果也与其他方法得出的结果一样，可能会被有意识地扭曲、篡改。

开放性。开放性意味着对新的经验和想法持开放态度，欣赏想象力，重视艺术和有创造性的表达。

开放性得分高的人喜欢新鲜事物。他们往往重视自主性和独特性，并被艺术所吸引。他们一般有较强的同理心，乐于接受别人的怪癖和特性。太多的开放性可能会显得只是为了打破常规而打破常规，而开放性得分低的人可能更喜欢传统的、经过尝试和考验的事物。在许多职业中，开放性得分较低会是一种优势，例如，这样的人愿意遵守规则，而违反这些规则有可能会危及生命。在某些情况下，这样的人似乎固执己见，不愿接受改变，狭隘保守。

尽责性。尽责性是一种倾向性，它能使你履行自己的职责，遵守规则，努力工作，努力制订并完成计划，看重成就。

尽责性得分高的人把工作放在娱乐之前。他们看起来可靠、行事周密、坚持不懈。他们性情平和，即使受到挑衅也能保持冷静，只专注于自己或他人之前已经设定的任务。高分可能意味着即使规则需要变通也仍然会循规蹈矩，也有可能被他人视为枯燥乏味。尽责性得分低的人可能更容易屈服于自己的冲动，更重视自发性和乐趣，并愿意找到绕过规则的巧妙方法。如果在这一点上过了头，他们会显得古怪、不可靠和不可预测。

外向性。外向性是指喜欢交谈、寻求刺激、喜欢活动、喜欢与他人交往。如果做得太过，他们可能会不停地说话，或者吵闹不安，让别人感到厌烦。内向的人更看重隐私，希望得到独处的时间以及在说话前有思考的机会。在极端的内向情况下，这些人可能缺乏自信，或者他们的沉默会被其他人解读为没有表达的批评。

---

① 意思是 "海洋"。——译者注

宜人性。宜人性是指宽容、接纳与合作，而不是戒备和对抗他人。

在宜人性方面得分高的人很可能会对人性持正面看法，并重视和谐。在宜人性方面得分最高的那些人可能会对生活过于乐观，或者为了得到他人的喜爱而过于努力。而另一方面，如果宜人性的得分较低，则表明这些人认为别人不可信并有意伤害自己。他们可能会小心翼翼，脾气暴躁，容易陷入嫉妒和猜疑。

神经质。神经质是一种情绪不稳定的倾向，很快就会屈服于不愉快的感觉，容易陷入焦虑和抑郁，把批评当作对自己个人的轻视。

高度神经质的人可能会任由自己的情绪支配。他们可能会感到焦虑，被细小的挑战所困扰，而其他人则能从容应对。每件事都可能会让他们感觉到"出大事了"，情绪容易走极端，而且这样的感受可能会持续很长时间。与此相反的是神经质得分低的人，他们情绪稳定、遇事冷静、能够承担个人责任。然而，他们的平静并不一定就意味着他们体验到了快乐，事实上，太多的平静会显得不自然。

大五与 MBTI 的关联

研究表明，五大人格因素与 MBTI 之间存在着中等水平的相关性：开放性与感觉－直觉（S-N）维度相关；尽责性与判断－感知（J-P）维度相关；外向性与外向－内向（E-I）维度相关；而宜人性则与理性－感性（T-F）维度相关。MBTI 测评的第二步也可能与神经质有关，但这超出了 MBTI 工具本身在最初所宣称的意图。

特质说测评工具可以在何处带来增值

由于 MBTI 无法告诉受测者其对某种偏好的使用程度，而且设计 MBTI 时就特意要让它不能用于测量行为，因此，增加能做到以上所说的这些工具，可能是会有帮助的。没有人是百分之百完美的，事实上很明显的是，即使是最资深和最杰出的领导者都有明显的缺陷，这是对他们所拥有的诸多才能的一种平衡。基于特质的测评工具让客户有机会以他人为标杆来评估自己：我的某种特质是太多了还是太少了？还是说恰恰处于平均水准？以下是我发现特质说测评工具能够派上用场的一些情形。

• 客户收到了令他们困惑或不安的反馈。他们可能还在要接受多少反馈和要否认多少反馈之间举棋不定，但是他们已经有了疑问，"这些反馈说出了有关'真实的我'的什么信息？"

- 当客户否认对某些不利事件负有个人责任并指责他人时，基于特质的测评方法可能会帮助他们认识到自己身上的哪些特点——有可能是在不知不觉中——造成了问题。

- 接收到了一些这样的反馈以后，客户向你提出的下一个问题是"我还能改吗？"

- 客户关注的是表现中的负面部分，无法将某些事件的具体细节与潜在的问题区分开来，更不用说能认识到表面上的负面成分其实有可能以被他们认为理所当然或一直低估其价值的优点所抵消。

- 存在一种危险，即客户有可能过度使用了某种优势，且已经到了这种优势反过来成为障碍和潜在的职业脱轨因素的程度。

大多数主要的特质说心理测评问卷都会提供一份由计算机生成的陈述式报告。这对客户和教练本身都是很有帮助的。然而，这些报告的质量却是参差不齐的。我发现，这些报告中的某一些，无论其个别段落的质量如何，都提供了太多的信息。有时，这些文件冗长乏味，附有复杂的使用说明、无穷无尽的条形图和长达几十页的"发展建议"。当客户给我带来他们过去的测评报告时——比如他们曾经参加过的评鉴中心的报告，他们经常会承认自己从来没有真正阅读过这些材料，因为它们所承载的信息实在是太过于密集了。我记得有一份这样的报告，让我们假设这份报告来自一个虚构的工具，叫作"领导力洞察动机优化器"（Leadership Insights Motivational Optimizer，LIMO）的虚拟工具。它有 250 个题项，至少需要 55 分钟才能完成。这位客户吃力地把这份报告从包里拿出来，说："它的名字叫 LIMO，但依我看来它的确需要一辆大型豪华轿车①才能装得下。我只看了一眼，就决定等到课程结束后在回家的飞机上再看，但它实在是太沉重了，所以我把它塞进了行李箱以后，就再也没有费神多看它一眼。"

虽然如此，但基于特质的测评工具往往可以为客户的困境增加细节和清晰度，帮助我们看清楚情况。

---

① LIMO 来自英文单词 limousine 的前两个音节，意为大型豪华轿车。在英文口语中，常直接用 limo 来指代豪华轿车，反而很少会说完整的单词。故此那名客户在此是开了一个一词多义的玩笑。——译者注

黛博拉（慈善机构的首席执行官，ESFJ）

　　黛博拉对她的组织非常忠诚，以高标准和对慈善机构的用户 / 客户的实际关心而闻名，换句话说，她是个非常典型的 ESFJ 领导人。她以严谨的方式引入了一项创新的融资计划，因此备受推崇。她来寻求教练，是因为她说自己的压力越来越大。来之前她已经尝试过所有她称之为"显而易见"的方法——在她的例子中，这就意味着告诉自己不要"傻里傻气"。以下是我对她所使用的基于特质的问卷结果的节选。

期望值（平均）区间											
因素：支配欲											
标准分	1	2	3	4	5	6	7	8	9	10	
恭敬顺从， 迁就他人											直言不讳， 求胜欲强
因素：独立自主											
追随群体， 人云亦云											极度自负， 利己主义
因素：屈服于压力的倾向											
放松，有耐心											紧张，神经质

　　（译者注：标准分区域中 4 ~ 7 格子中的阴影表示这个范围内的得分被认为处于"正常"区域，而 1 ~ 3 则视为过低，8 ~ 10 视为过高。下方各个因素的得分均以深色阴影的条形图表示，与标准分区域的浅色阴影结合在一起以追求直观、方便理解的视觉效果。）

　　黛博拉的测评结果显示了一个常见的难题。如果你看看她的结果中的前两个因素，你会发现她在"直言不讳"方面的得分是 8 分，所以这是一个喜欢按照自己的方式行事的人。但与此同时，她在独立自主方面的得分表明，她是高度群体导向的人，喜欢做一个追随者。乍一看，这似乎是个很好的结果，而且在某些方面也的确如此，因为她既喜欢达成共识，但也喜欢制定政策和给人们指明方向。然而，这种做法也有可能会给别人留下自相矛盾的印象：一方面，她有很强的求胜心，很有主见，但另一方面，她似乎很依赖别人的看法。像这样的客户有时可能会挖空心思，过度依赖于各种说服他人的方法，导致自己看上去似乎是在操纵他人。黛博拉描述了她自己总是处在愤怒和沮丧的情绪之中，不过她相信自己的"善良"面具能够很好地隐藏自己的愤怒，尽管面具实际上远没有她自己想象的那么有效。节选结果中的第三个因素衡量的是一个人汇报自己处在多大的压力之下，而得分表明她是一个紧张的、被情绪所支配的人，是一个很难放松的完美主义者。在教练会谈中讨论以上这些信息将使黛博拉明白，如果她想在团队中取得好成绩，她需要更有效地管理自己的情绪状态。由特质说测评工具所揭示出的这种有趣的矛盾，将黛博拉围绕着压力问题所面临的困境整齐地呈现在我们面前，也带着我们追溯至她的童年。那时，她从自己那过分保护但又专横的父母那里所接收到的信息是，一方面父母期望她能有很大的成就，但另一方面她也有责任乖乖地按照父母的指令行事，而她自己的需求则一点也不重要。黛博拉能够尽可能客观地看待这一切，是她找到了有效管理压力方法的开始。

霍根测评套件

你也可以考虑霍根测评套件，它包括三种测评工具：其一是经典的人格测评工具——霍根人格量表（the Hogan Personality Inventory）；其二是关于动机与价值观的问卷——动机与价值观偏好量表（the Motives and Values Preference Inventory）；其三则是在我看来具有独特性的霍根发展调查（the Hogan Development Survey，简称 HDS）。HDS 是对个人优势和霍根所说的 "阴暗面" 的评估。所谓 "阴暗面"，指的是我们都有可能过度使用自己的优势，从而使它们反过来变成弱点。弱点最好能被视为在管理他人方面的失败尝试。因此，本来合法的，由权力、影响力和关系共同构成的作用力杠杆，反而变成了恐吓、控制和引诱的企图心。这份报告包括了来自同事们的观察结果，这增加了它的效用。

↻ 法比安（电视制作人，INTP）

法比安最近刚刚通过了他所在的广播组织实施的一次发展中心项目。法比安在年仅 24 岁时就已成为一名资深制作人，制作的节目吸引了众多关注和争议。他的视觉天赋相当突出。30 岁时，他再次获得晋升，但雇主对他心存疑虑，因为有迹象表明，尽管他才华横溢，还有着古怪的幽默感，但其他制片人对于与他合作持谨慎态度。然后，节目中一个判断失误的恶作剧让他的雇主在广播监管机构面前陷入了尴尬，尽管法比安自己认为这一事件的重要性被荒谬地夸大了。他的老板建议他去接受教练。法比安对教练的期望值很低，他的评价里面包括"神秘的术语和一般的废话"这样的说法。我们之间做了一些坦诚的共同约定，我要求他对教练过程要投入，并向他承诺，我并不认为我交付给他的会是"神秘的术语和一般的废话"，最终我们同意携手合作。我邀请他接受 MBTI 和 FIRO-B 的测评。在我们预定要讨论测评结果的那次会谈中，他给我带来了他在那次发展中心项目中所收到的霍根测评报告。按照他的说法，从未有人就此报告向他提供过汇报反馈服务。他说："那家伙就只是把报告塞到我手里，我一眼看过去发现这份报告都是心理学的胡言乱语，所以我压根儿就没有读过。"他在 FIRO-B 测评中的总得分只有 16 分，"关爱"那一栏中无论是"表达的"还是"索取的"得分都是 0（见本章之前的介绍），这表明他是一个除非是按照他自己的条件，否则就不太需要亲密和互动的人。此外，他也同意 MBTI 测评所得出的 INTP 类型侧写完美地描述了他自己。

从法比安的霍根报告中跃然纸上的是他的"阴暗面"。与常模组相比，他在恶作剧方面的得分表明，他属于那种一心想要把事情搅乱，而目的只是为了看看会发生什么的人。这种人甚至会无视合理的规则，很可能是一个冲动的冒险者。在想象力这个尺度上，法比安又一次落入了潜在的危险地带，得分说明他是个很容易感到无聊的人，这种人不知道当想象力失去控制时会变得古怪和具有破坏性，他们对此表现出糟糕的判断力。尽管这些都与 INTP 的某些特征有关——例如，许多 INTP 可能具有的爱玩爱闹、对智力游戏和黑色幽默的喜爱——但我们仅靠 MBTI 测评本身绝无可能如此迅速地就得出这样的结论。

法比安之前将教练视为一场比赛，他的目标要么是用魅力和滑稽的幽默征服我，要么是用挑衅性的不当行为惹恼我。现在他的观点改变了。加入职业锚测评后，他发现自己的头号职业锚是独立自主。我们又花了三次会谈的时间来研究，如果他决定自己创业，在实践中将会意味着什么。几个月后，法比安离开了传统的受雇佣工作，现在他已经成为一名成功的独立电影制作人。我还和他保持着联系，时不时会收到一封他的电子邮件，其内容大同小异，大致上是说"我还在寻找那个不会使我感到无聊的执行制片人，这人能阻止我做出蠢事而让自己免于难堪，帮我控制住我自己的阴暗面！"

对基于特质的测评工具而言，认证培训通常是必不可少的，而且有些问卷施测成本也很高。你可以在网络上免费获取一些关于大五人格测评问卷的简单版本。如果你是新手，这将是一个很好的开始，你可以自己充当第一只实验小白鼠。

在这个领域，从如此之多的优秀工具中进行选择有可能是相当困难的。你可以听取其他教练的建议，看看他们认为什么东西能带来增值，但要记住，他们的方法和你的方法、他们的工作和你的工作，可能会有所不同。在做选择的时候，一定要自己首先接受该工具的测评，然后从有经验的执业者那里得到一次完整的反馈会谈。如果连你自己都没有从一种工具中获得任何价值，那你为什么要向客户推荐它呢？也要记住，这些工具中最好的那些——就像 MBTI 一样——能很好地揭示你自己的需求和你作为一名教练的风格，而所有这些都必须在教练过程中作为考虑因素。

有关基于特质的人格问卷的小结	
是否必须接受认证和培训	通常都需要，但是某些问卷在互联网上可以免费获取
结果解读的难度高吗	中到高
有其他资料可供参考吗	通常是一本技术手册，某些供应商会定期举办研讨会以作为补充
优点	复杂而精妙。许多问卷都聚焦于领导力，其中最好的一些工具在信度和效度上都得到了严谨的研究支持。能提供关于行为的详尽洞见，给客户带来很大的震撼，这是其他方法所无法比拟的
缺点	最好的那些问卷解释起来要求很高；很容易就会忽略微妙之处、因素之间的相互作用，以及那些超出预期相关性的结果，计算机生成的报告通常读起来会有些别扭，其培训可能收费高昂，所以你需要明确知道自己将会得到充分的使用机会，这样才能收回投资成本

关于九型人格的几句话

我通过一个热衷于九型人格的朋友第一次接触到这种了解人类性格的方法。起初我有点担心，因为这位朋友以其对东方多种宗教转瞬即逝的热情和痴迷而闻名，这些来自东方的宗教似乎常常会涉及斋戒、寺庙钟声、焚香以及在偏僻的地方搭帐篷暂住。然而，我报名参加的课程结果证明非常棒。它是由海伦·帕尔默讲授的，她是我们这个时代最杰出的九型人格教师之一。九型人格据说起源于苏菲派的人格观，它认为有九种基本的人格分类（英文单词"Enneagram"的意思就是有九个顶点的图形）。

海伦的整场授课完全依靠口头讲授，技巧娴熟，精细入微——甚至没有做问卷调查。九型人格对人们的弱点和错觉会带来很大的震撼。与 MBTI 一样，它假设每种性格类型都有优缺点。与 MBTI 不同的是，九型人格会从缺陷开始，但它会将缺陷追根溯源到童年时所体验到的无助感当中。它对我产生了巨大的影响。作为九型人格中所说的三号①，我认识到了我自己对绩效的要求，以及我从小时候就建立起的原始联系：有能力才能获得爱。对我这样没有宗教信仰的人来说，九型人格在明面上与宗教的关联（其分类与耶稣会有关）是非常令人不快的。而且我在课程中遇到的一些人身上发现了那种不经思考就狂热献身于此的症状。但我从未发现有任何其他方法能像九型人格这般有力地将两件事物联系在一起加以阐明：其一是我们在孩童时期的无力自保状态，以及当时我们为了让自己感到安全而采取的策略方法；其二则是同样的这些策略方法在我们长大成人后是如何有可能将我们击倒在地的。

时至今日，九型人格已经有了调查问卷，其中有些是免费的，完全可以自己施测。你可以尝试在搜索引擎中输入九型人格问卷并回车搜索，看看能跳出来哪些结果。然而，我自己从来没有向客户推荐过任何一份九型人格问卷。这是为什么呢？根本原因是，我认为要做好九型人格测评需要花更多的时间，而且要有更强烈的意愿去深入探索童年经历，而我自己的商业核心是高管教练，通常高管们既没有那么多时间，也没有探讨童年的意愿。反过来，我会私下里将九型人格用作一种基准。通过询问和探索客户的童年记忆，以及这些记忆在当前似乎产生了影响，我会对客户的九型人格分类做出自己的猜测，并对猜测结果进行不断的核实和修改。只是

---

① 即追求成就者。——译者注

偶尔——而且这种情况非常少见——我可能会给某些分享了足够多的童年记忆的客
户发送一个九型人格的类型侧写，供他们阅读和思考。如果你对此感兴趣并跃跃欲
试，我建议你接受一些培训，看看能否在你自己的工作中以与我同样或更具体的方
式来使用九型人格。

其他工具和方法

毫不夸张地说，各种调查问卷可谓成千上万。你可以花大量的时间和金钱来学
习它们并接受培训——但是你会不会用到它们呢？只有你自己才能决定这其中的轻
重缓急。举例来说，随着积极心理学的兴起，出现了一些颇具吸引力的问卷，它们
关注的是优点而不是缺点。这其中许多是免费或廉价的，不要求大量的培训或认证。
例如，你可以在网络上免费获取马丁·塞利格曼的"行为价值观 – 优势量表"(Values
in Action Inventory of Strengths，VIA-IS)。此外还有盖洛普公司的问卷调查，即克
利夫顿优势识别器（Clifton Strengthsfinder®)，以及英国的测评工具"实现 2 号"
(Realise2)。这些测评工具能够区分先天的禀赋和后天习得，因此可能需要花费更大
精力的技能来巧妙地利用其优势。虽然我有些同事非常喜欢这些问卷，但我自己并
不经常使用它们。"贝尔宾团队角色问卷"（Belbin® Team Roles)在英国得到了广泛
使用，因此客户可能会告诉你他们所偏重的团队角色是什么。它是一种识别团队中
非正式角色的有效方法，现在有了一个新版本，可以在客户自评以外同时提供其他
人对客户的看法。还有一些调查问卷宣称它们可以测量情商，其中最好的那些会让
同事给受测者打分，同样也会有自我评价。

本章小结 ◯────────────────────────────

除了人格类型问卷以外，你还有许多其他优秀的测评工具可以使用。它们涵盖
了各种各样的主题，如动机、技能、压力水平、情商等。使用不止一个工具，也就
意味着你获得了不止一个机会去影响客户。我发现了某些工具在教练过程中的价值，
所以我喜欢这些工具并一再使用它们。对于这些工具，我已经在本章中做了交代。

它们和 MBTI 配合使用的效果很好，每种工具都能加进来一些独特的、其他工具所不具备的东西。

　　每个客户都不一样，每次教练任务也各有不同。你可以将 MBTI 作为基础工具，但是争取将它与至少一种，也可能是两种、三种或更多的其他工具结合起来使用。这取决于客户的情况似乎需要什么样的工具，你有多少教练会谈的时间，以及你自己的专业水平。并不存在着唯一正确的做法，但在心理测量上至少增加一点点多样性，将会为你使用 MBTI 所做的教练带来力量和影响。

第 11 章

团体工作：荣格式问卷的增值之处

很少有教练只做一对一的工作。更常见的是，你会把个体工作和团体工作结合起来。本章将讨论在群体场合中使用如 MBTI 的人格类型指标的情况。

团体、董事会和团队

在过去几十年的大部分时间里，咨询顾问、教练和引导者一直在与群体开展合作，但用来描述我们所做事情的词汇却是五花八门、令人困惑。在组织咨询的早期，这被称为"团体干预"（group intervention）。然后，因为管理者们常常把他们的团队带离正常的工作场所，以鼓励从字面意思上理解的"全新的视角"，这些活动因此就被称为"离场活动"（off-sites），这种说法在美国尤为普遍。20 世纪 70 年代，英国曾有过一场著名的铁路广告宣传活动，其中一张便宜的往返火车票就被说成是"可以保证让人度过一个愉快的外出日"。因此直到现在，这样的活动仍然被普遍称为"外出日"（awaydays）。组织中那些玩世不恭的人会有意识地利用这句话的本意，假定这些活动是"享乐好时光"，意思是说这些人认为这类活动是一种合法的方式，使他们可以离开办公室，同时实际上什么工作也不干。最近，随着一对一教练在组织生活中站稳脚跟，"团队发展"（team development）和"团队教练"（team coaching）这两个短语也得到了使用。在这种情况下，这两个短语被用来描述一个较长的过程，而不是有引导者参与的一次性事件。团队教练意味着该团队和它的老板承诺在一段时间内与一名教练共同工作，定期召开研讨会以扩展和回顾学习过程。董事会（boards of directors）或信托管理委员会（boards of trustees）将"董事会／信托委员会发展"（board development）或"董事会／信托委员会评估"（board evaluation）这一类过程委任给他人也是常见的做法，这些做法与团队教练会有一些相同的地方。

"团队" 是什么

一个团体可能会质疑 "他们实际上是一个团队（team）" 的想法，而且他们有可能是对的。这并不是说你应该拒绝和他们一起工作，而是说你所做的工作和你做事的方式都会有很大的不同。因此，一个所谓的 "团队" 实际上可能只是一个由随机的部门组成的工作群体。只不过为了方便管理，这些部门碰巧向同一个老板报告而已。我自己也曾是某个这种工作团队中的一员，我的同事们之间，以及我们所领导的职能之间，几乎就没有什么共同点。然而，由于我们共同的老板手里掌握着最终的财务大权，我们这些人确实需要定期聚首，就资源如何使用做出艰难的集体决定，所以在我看来，这让我们成为一个团队。在几年的时间里，我们逐渐变得喜欢并尊重彼此，这要感谢我们的老板明智地确保了我们在 "离场活动" 中有着一起度过的时间。

看待这个问题的其中一种方法是询问团队，了解他们在如表 11-1 所示的表格中处于什么位置，该表以 1 ~ 10 的量尺，将团队环境中模糊性的程度与团队成员之间相互依赖的程度各自标示出来。模棱两可的程度越高，以及相互依赖的程度越高，团队就会越接近右上角，此时风险也就会越高，而团队也越有可能从团队教练中获益。

表 11-1　　　　团队环境的模糊性和团队成员之间相互的依赖性

		1	2	3	4	5	6	7	8	9	10
模糊性的程度	10										
	9										
	8										
	7										
	6										
	5										
	4										
	3										
	2										
	1										
		相互依赖性的程度									

企业高管压力重重的生活

企业生活充满压力。资深人士前所未有地暴露在公众面前：他们的薪水是众所周知的，他们最轻微的不检点行为都能被智能手机捕捉到，长时间工作是常态。国际旅行可以使人耗费大量的时间和精力。我的一位教练客户估计，他每个月都要在伦敦和加利福尼亚之间往返飞行 10 次，而且这样的状况已经持续了数月。另一位客户平均一个星期内要两次穿越欧洲，所以我并不奇怪她总是会把重要的东西——比如她的钱、钥匙、护照，甚至是她的随身行李箱——放错地方。那些雄心勃勃的人们可能会牺牲他们的个人生活，以换取更多的地位和更多的金钱所带来的那种难以捉摸的好处，但常常到了最后才发现他们的家人再也不能忍受他们在物理和心理上的双重缺席，所以他们对自己许下的"在未来的某个时间我将和家人一起放松享受生活"的承诺，其实只是脆弱的流沙城堡而已。他们和同事在一起的时间比在家的时间还要多，工作团队实际上可能已经成为他们的"家人"。然而，这些关系往往是有缺陷的：同事们会失望、背叛、离开，并不那么地真诚。

这就是为何与团队合作可能会有如此大的价值的原因，这里的重点是团队过程，而不是硬邦邦的数据。在这个地方，他们可以讨论那些绝少会公开和集体讨论的话题，比如：在这个团队中有什么感受，以及为了让团队的工作达到更高的标准，团队可能需要如何做才会有更好的感受。

为何要教练一个团体或团队

有充分的理由要做这项工作。一个团体可能充满了聪明、尽责的人，却不可思议地发现，它一直在给自己捣乱、拖后腿。原因就在于，我们对独立自主的内在需求与我们对领导力和方向的内在需求发生了直接冲突。毫不夸张地说，在每一个团体中，展现这种矛盾的戏码每天都在上演，尽管其中的大部分可能被隐藏得很好。当我们拥有一个我们喜欢和尊敬的领导者，或者有时是我们害怕的领导者时，我们会牺牲一些对自主权的需求，来换取与该领导者如影随形的表面上的安全感——这种安全感也是团队其他成员所要求的，尽管这样做通常会付出很高的心理代价。

我们那种避免孤立的需要也是可以压倒一切的。人类是一个群居的物种，无论是心理上还是生理上，都无法长时间地独自生存。这就解释了为什么如此多的群体成员能够忍受一种令人疲惫和功能失调的群体氛围。没有人愿意第一个站出来倾诉痛苦的情绪，以防他人都把矛头指向这个勇敢者，指责他们做出了错误的批评。孤立是可怕的惩罚。这就是为什么在群体中"每个人都在做一些其实没有人真正喜欢做的事情"的普遍原因。

冰山的比喻经常被用来解释这种现象。冰山在水面以下的部分要比水面上的部分大得多，而正是水面以下的那部分才有能力造成破坏（如图 11-1 所示）。在团队中，已知和公认的信息是，团队有一个任务要完成：可以说成是从 A 点到 B 点。在这个行进过程中，有一些角色需要有人承担，有一些里程碑事件需要加以管理，有一些预算需要花费在恰当的地方。

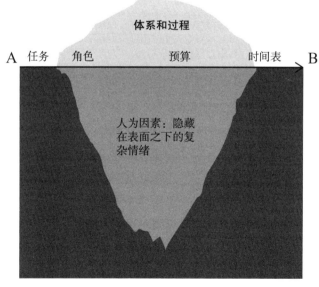

图 11-1 组织生活中的冰山模型

在表面之下隐藏着所有的人类情感：幸福、快乐、愤怒、失望、嫉妒、爱意、羞耻、忠诚，还有其他成百上千种情绪。许多客户非常真诚地告诉我，他们并没有受到情感的干扰。唉，他们要是真的能够做到，那就真是稀奇了！人类的情感往往被否认；而我们努力在做的事情则是用一个"体系"来解决情感所产生的问题。举例来说，如果有绩效方面的问题，那就让我们创建一个评估体系；如果有控制资金流动的问题，那就创立一个财务体系；如果有如何提拔员工的问题，那就创造一个人才管理体系。所有的组织都需要体系，但仅仅体系本身永远不能管理人类情感创造出来的所有混乱。如果不能处理这些问题，就会付出高昂的代价。大量研究表明，拥有积极氛围的团队也很可能是表现杰出的团队。

就是在这件事情上，如果一个精明的老板真正地明白了这里面的弯弯绕绕，他/她可能会委托一名教练或咨询顾问进行某种有技巧的干预。

问题的模式

问题可以被分为某些可识别的模式。

角色和责任。群体和团队会随着时间的推移而演变。曾经清楚而明确的事情可能已经变得含糊其词和混乱不堪。新得到任命的人所发挥的作用可能与那些早已存在的人所发挥的作用有重叠之处。另一种情况下，每个人都可能认为某项特定的职责是由另外的某个人来承担的，所以与己无关，但实际上却没有人肩负那一项职责。

> 罗布在一家电信企业工作，他所在的团队有六名成员。所有人都是从不同的部门调过来的，其中两人在"专业"事务上必须向另一位总监汇报，但"专业"的定义并不明确。沟通事务主管经常与战略主管就优先事项发生争执，财务主管认为她自己的主要作用是确保法律要求得到满足，而不是就团队所做的决策会带来什么财务影响提供建议。由于边界不清晰而造成的争端正在消耗这个团队的精力和善意。

目的。我们聚在一起是来干什么的？如果我们没有这样做，又会有什么事情被耽误呢？这些似乎都是很基础的问题，但当你深入到许多群体或团队的表面之下时，你就会发现，关于这些问题其实分歧和困惑占据着主导地位。

> 利用一间闲置的卧室，詹娜和桑蒂两人共同创办了一家基于互联网的经典风格服装公司。公司迅速成长，在两个地点雇用了 50 名员工。一场短期的现金流危机迫使两名创始人重新审视自己当初为什么要做这门生意。詹娜想在尽可能短的时间内赚到尽可能多的钱，以便卖掉公司，然后用这笔钱环游世界。桑蒂更感兴趣的是为自己打造高品质经典服装设计师的名望。她能接受慢得多的增长速度，并不想卖掉公司。

关系。如果其所有成员之间无法保持高度的彼此开放和信任，没有哪个团体或团队有可能获得成功。信任只能在一种环境下产生，在这种环境中，即便你很脆弱，你也是安全的。这是一种罕见的环境，因为出于多种原因，我们大多数人都成了保护自己和隐藏自己脆弱一面的专家。当这种情况发生时，就会产生怀疑、嫉妒和敌意。这些症状是开会时虚情假意、言笑晏晏，接下来就在走廊里与我们认为在同一条战壕内的朋友私下抱怨。人们非常害怕暴露自己的不满情绪，比如对领导素质的不满，对某些人的行为的不满，或者说出"房间里的大象"——指的是一种事物，由于其如此巨大且具有支配性，所以尽管每个人都知道它的存在，却永远不能公开谈论它（如图 11–2 所示）。

> 海伦娜是一家零售企业新任命的首席执行官。团队中的许多人私下都曾跟她说，他们相信该团队的一名成员曾与前任首席执行官发生过性关系。他们认为，这就解释了为什么这个女人拥有在他们看来过多的特权。人们普遍认为这个问题根本"不可能"被提出，因为它太微妙、太无法证明、太"危险"。这种信念造成的分心和暗藏的敌意妨碍了海伦娜建立领导地位，也妨碍了她集中精力关注该企业正面临的来自竞争对手的挑战。

图 11–2　房间里的大象

价值观和"基本规则"。有哪些显性规则和隐性规则在支配着团队共处时的行为？在我自己的工作中，我就经常能看到这样的团队，对于数量惊人的不正常行为仍然可以视若无睹，迁就容忍。仅举几例：团队会议上人们既迟到又早退，只需要敷衍了事地解释和道歉几句；几乎每个群体成员在开会时都低头不语或心不在焉，因为他们在公开地发短信或写电子邮件；参加完高管团队会议后回到自己管理的团队中时，某高管公然表示他们不尊重自己的高管同事甚至是大老板，也无意执行高管团队显然已经做出的任何决定。

> 尼尔的分析师团队非常不喜欢他们的每周例会。只要有可能，他们就会找遍各种借口不参加。决定已经做出，并就行动要点达成了一致，但能够在最后期限前完成任务只是绝无仅有的状况。当这个团体的成员与组织内其他部门的人见面时，他们会公开批评他们自己已经在会议中认可的决定。

团队教练如何发挥作用

任何体系或强加的"规则"都不能解决这些常见的场景。但是单凭一次干预——比如与团队教练的一次性会议——也不太可能立即改善这种深植的行为方式。因为在很多情况下，这些行为方式经过多年浸润早已根深蒂固，并被认为是不可改变的。

只有当每个人都看到继续下去的恶果，并且权衡过尝试某种不同做法的收益和风险时，团体中的人类行为才会改变。要规划这些改变并且使它们渗透到团体中真正发挥作用都需要时间、技巧和努力。人们有时会问，为什么这样的团队不能自己解决这些问题，而非要教练的参与？团队的确可以自己解决问题，但在大多数团队中，老板和团队中的其他所有成员一样，都是问题的一部分；而当我们自己成为问题的一部分时，我们就失去了观察视角。此时可以让一个与该团队既没有过往的长期纠葛，也不会在未来有长期义务的局外人来看看到底发生了什么，并冒着风险指出问题所在。

团队教练中应用人格类型问卷带来的好处

仅仅使用一次 MBTI 或任何其他荣格式心理测量的会议，永远无法提供完整的答案，因为没有任何一种一次性干预可以立即解决问题。大多数情况下，团队教练所做的是促进人们围绕那些对团队未来成功至关重要的主题开展讨论。

然而，作为这种促进对话过程其中的一部分，和团队与群体共同使用像 MBTI 的人格类型问卷能带来很大的好处。首先，也是最关键的一点，它是基于优势的方法使其成为探索差异的一种极其安全的方法。你以他们的引导者或教练的身份所做的那项坚定的声明，即"没有任何类型会比其他类型更好或更坏"，仅仅只是一个开端，让人们明白差异是有价值的，而且做自己完全没有问题。正如帕特里克·兰西奥尼在他于 2002 年所出版的优秀著作《团队协作的五大障碍》（*The Five Dysfunctions of a Team*）中所写的那样，正是所谓的"软技能"才是对绩效至关重要的：

> 只有当团队成员真正放心地把自己暴露在别人面前时，他们才能完全消除戒心，从而把全部精力集中到工作上，不用钩心斗角、尔虞我诈……如果一个团队的成员做不到相互信任，代价将是巨大的。他们将不得不把大量的时间和精力浪费在管理个人行为和促进相互沟通上。

自我觉察是所有团队都需要的情商的基础。荣格式方法的优点是，它让人们承认自己的弱点和优点，并通过承担责任——自己的行为可能引发他人的反应，而这种反应其实并非自己的本意——来选择改变。

许多团队中都存在着一种无意识的且没有明确说出口的假设，就是每个人都必须是一样的。发现人们在心理上存在差异其实有着巨大的好处，这是一种极大的解脱。此外，发现一个团体如何不平衡，也是一件很有挑战性的事情。

> 乔纳森为他所管理的 12 人团队的多样性感到自豪。其中有 5 名女性和 7 名男性，年龄从 30 岁出头到 60 岁出头。但当如下表所示的团队的类型表呈现

在面前时，无论是乔纳森自己还是整个团队都被震惊了：

			INTJ 正一
ISTJ	ISFJ	INFJ	
ISTP	ISFP	INFP	INTP
ESTP	ESFP	ENFP	ENTP
ESTJ	ESFJ	ENFJ	ENFJ 正一

（注：表中以画"正"字方式计算不同类型的人数。）

在许多方面，这个团队都以令人满意的方式实现了多样化，但心理上却并非如此。每个成员都偏好直觉（N）、理性（T）和判断（J）。这群人若有所思地盯着他们的类型表，直到其中一个人打破了沉默。"这说明了很多问题，不是吗？"她说，"这解释了为什么我们在设计策略方面很聪明，而在实施策略方面却糟糕透顶；也解释了为什么会有这么多的竞争，因为我们都想当老板！这或许还可以解释为什么我们的员工认为我们太挑剔、要求太高！"

类型理论认为，在一个成员有着许多共同个性偏好的团队中，最初相处起来会很容易。但是，就像乔纳森的团队一样，他们可能共同拥有某些优点，又共同具备某些盲点，也可能会不假思索地任命和自己相似的人。如果一个团队的成员在心理上存在差异，那么他们可能需要更长的时间才能相处融洽，但在不同成员各自可能带来的观点和技能的范围拓展方面，团队将会得到巨大的附加价值。

与基于特质的问卷不同，荣格式问卷适合于集体探索和讨论。提前封装好的 16 种标准的类型侧写读起来既轻松又快速；类型表本身可以显示在活动挂图上，也可以显示在幻灯片上，甚至可以显示在地板上。各种可能的练习和活动有很多，而基于特质的问卷却无法做到这点。

使用类型方法的最大优点之一就是它的那套语言会渗透到组织当中，变得根深蒂固。它为人们提供了管理差异的工具。下面这位 CEO 描述了他如何将类型概念引入他曾工作过的几个组织之中：

　　我首次接触到 MBTI 时还是一名年轻经理，当时我心存疑虑，但很快就意识到它是多么地实用。升职后，我鼓励自己定期与所领导的团队共同参与"外出日"活动，以此来审视我们的工作和人际关系。MBTI 总是会在"外出日"的议程上占据一个位置。慢慢地，它成为我们所使用的管理词汇的一部分，一种有用的代码。举例来说，虽然我们的确不能用 MBTI 来做招聘，但是，在考虑高级职位空缺时，人力资源总监和我将讨论在理想状况下我们需要什么类型的人，然后我们会修改工作要求和招聘广告的具体用词，使其对这种类型的人更有吸引力，这已经成了默认的做法。如果团队成员之间存在某种争论，要求他们从各自不同的荣格式个性偏好的角度来审视这种争论，在我们这里是完全正常的做法。

引入心理类型的合适时机

使用 MBTI 或其他心理测评从来都不是我身为团队教练时的第一选择。在很多情况下，我根本不使用心理测量学。它也很少会成为我进行首次干预的一部分，此外我还强烈建议不要让它成为唯一的干预。例外的情况可能会是，作为 MBTI 测评的专家解读者，你被另一位教练或咨询顾问邀请为客座引导者。

> 玛雅接受了杰德的邀请做一场为时半天的 MBTI 活动，后者是她长期信任的同事。杰德当时正在与一家公共事业公司在英国的高管团队共同进行一项大规模的团队教练计划。之前已经涉及过的主题包括战略方向、团队氛围和团队角色。现在，杰德觉得他们已经准备好就"关系"这个主题来做一些工作，而 MBTI 可以作为敲门砖，但他觉得自己对这种工具的了解相对比较肤浅。杰德向玛雅详细介绍了这些情况，并在活动期间作为她的助手出场。在活动的前一天晚上，玛雅和团队共进晚餐，活动结束后的当天下午也继续留了下来，以便她能补充一些观察结果，加深他们在上午的活动中所获得的见解。

同样，如果老板只想让 MBTI 成为交给团队的唯一一件工作，那么我会拒绝这一类邀请。相反，我会把 MBTI 看作一项偏长期工作可能的组成部分。

关于缔结合约的谈话

一个明智的教练会在接受某个一对一的客户之前先不和这位客户谈谈他 / 她想要什么和需要什么，并且以你作为教练觉得自己能提供些什么来进行一番匹配。遵循着同样的方式，与那些希望能就他们的团队或群体而委托一些工作的客户之间，也要有一场缔结合约的谈话。有些客户不愿意花费时间和金钱来解决严重的问题，而这些问题却是经过了多年的时间才恶化到了今天这个地步的。其中一个这样的客户曾经绝望地向我描述他的团队，然后又建议说，可以通过在一天之内上午安排 MBTI 而下午进行一些关于角色的简短讨论来解决团队的所有问题。就像对待个人客户一样，如果客户想要的和你所提供的相去甚远，你需要做好说"不"的准备。这必须是一场坦诚的谈话，其主题通常包括以下这些内容：

- 是什么问题引发了现在这种需求？
- 你认为根本原因是什么？
- 什么都不做的话会有什么代价？
- 你已经尝试过哪些做法？
- 如果事情进展顺利，会发生什么？
- 关于什么能有所帮助，你自己有什么想法？
- 你需要我做的是什么？
- 时间表是什么样子的？
- 预算是多少？
- 你准备在这个过程中投入多少时间？
- 你准备冒多大的风险？

访谈

永远不要同意将第一次研讨会作为与群体或团队进行首次会面的场合。相反，你应该遵循着不可归责的保密原则来对每个人进行单独访谈，并告诉他们，你的目标是写一份简短的报告以说明主要问题。访谈中要保持提问的简单性。我个人喜欢提以下这些问题：

- 你在这个团队中的正式角色是什么？

- 你的非正式角色又是什么（例如桥接者、创意者、风险评估者、丑角、挑战者等）？
- 进展顺利的有哪些事情？
- 不太顺利的又是什么？
- 这个团队面临着哪些大的挑战？
- 理想情况下，你希望看到发生些什么事情以使不太顺利的事情变好，或者使已经进展顺利的事情变得更好？
- 是什么阻碍了你所希望的事情真正发生？
- 如果你可以挥舞魔棒以做到一件事情，最能改善你的工作的那件事情会是什么？

你所制作的报告应该以这样一种方式来写：你所访谈的每一个人都能读到它，但是又不会泄露任何人所提供的私密信息。向把这项工作委托给你的那位客户做汇报是一个理想的时机，可以和他 / 她讨论 MBTI 或其他荣格式测评工具能在哪里发挥作用，也许还包括其他的一些心理测量工具，如 FIRO-B 或 TKI（见第 10 章），这取决于你的访谈所揭示出的内容。正如以下这些教练的描述所指出的那样，每一种情况都各有其不同之处。

> 在这个团队中，人际关系处于历史最低点。我建议我们用整个第一天的时间来讨论我的报告，以把所有问题都暴露出来，然后做一些工作，看看一个运作良好的团队应该看上去、听起来、感觉上各自会是什么样子。那是一次为期两天、需要安排住宿的研讨会。我们度过了一个出乎意料的欢乐的夜晚，也许是因为这么长时间都没有说出来的如此之多的东西现在终于被表达出来了。第二天早上，我实施了一个关于人格类型的研讨会，在研讨会上，人们探讨了他们的偏好会意味着什么，并各自确认了他们的"最适类型"。然后到了下午，我们在此基础上利用类型的观念做了一些关于影响和冲突的工作。

> （服务于快餐行业的某个团队的一名教练）

> 首先要解决的最重要的问题是他们在目的和战略上的巨大差异。由于数字革命，他们的行业处于混乱的变革状态之中。关于目的和战略工作揭示了一些无法消除的差异，该团队的两名成员在数月内就已决定离开。在此之后是关于角色方面的工作，但随后关系问题就完全占据了焦点。就是在这个时候，我建议花一整天时间在 MBTI 和 FIRO-B 上。这样做的好处是，到了这个阶段，我

和这个群体之间已经有了高度的喜爱和信任，而且我也观察到了很多他们的行为。我假设这些行为反映了类型差异，而结果证明我是正确的。

（服务于物流行业的某个团队的一名教练）

即使在经济衰退结束后，对"银行家"的愤怒指责仍然广为流传，这个团队的成员也因此而伤痕累累，受创颇深。我们已经针对外部挑战、他们的利益相关者需要从他们这里获得什么，以及他们未来两年的总体目标应该是什么分别举办了研讨会。对他们来说，为自己的团队树立一套明确的价值观，而且每个人都要通过详细说明哪些是被赞成的行为来表现自己对这些价值观的认同，是一件很重要的事情。我发现 MBTI 在此处非常有价值，因为它使得我们能够从一场激烈的辩论开始来做这件事，辩论内容是每一种心智功能相同的类型（即 ST、SF、NF、NT）各自看重哪些关于工作的价值。这就产生了一份非常全面的清单，比我在其他组织中经常看到的那些陈词滥调要周全得多。

（服务于金融行业的某个团队的一名教练）

好的做法

如果你计划在某个团队或群体中使用某种类型工具，那么适用于个人的那些道德实践的原则在此也同样适用（见第 2 章），但还需要做一些额外的调整。接受问卷调查应该是自愿的，但在这样说的时候，我充分意识到群体压力会让人很难拒绝。为了减少拒绝的可能性，有必要事先给每个人发电子邮件，解释这项工具在测量什么，说清楚并不存在正确或错误的答案，以及结果将如何被记录和存储。如果人们担心谁将获得他们的测评结果，你需要有足够的信心能够向他们提供保证，因为你已经与委托的客户进行了讨论，明确了这些结果将不会被用于发展以外的任何其他目的，而且他们也会知道保密的界限是什么。在电子邮件中，我总是会解释我自己打算如何探讨这些测评结果，让人们放心地知道他们将有充足的机会进行讨论和提出问题。在电邮的结尾，我还会鼓励人们在有问题时提前发短信或打电话给我。

最理想的做法是为每个研讨会参与者在事前提供一次一对一的会谈，在会谈中他们能获得有技巧的反馈，所以当他们来参加研讨会时，每个人都已经确定了自己的个人类型侧写是哪一种，而且也清楚地知道自己还有什么问题和不确定的地方要提出来，但时间和预算的限制也许会使这种做法并不可能实现。如果是这样的话，那么请假设你需要利用半天的时间让人们亲身体验这些偏好，并对自己的人格类型侧写是什么得出自己的结论。

人们在接受测评时越有安全感，他们就越不可能拒绝参加活动。但如果他们真的这样做了，你只需要表示接收到了他们的"不情愿"，并向他们保证，透露自己的类型或参加任何练习都是自愿的。强调这一点是一种好的做法，比如说，当你邀请人们在一张类型表上写下他们名字的时候。有时人们会犹豫，因为他们不确定调查问卷揭示了什么，即使你是在完成了一整套活动和练习以后才要求人们把自己的名字写到类型表上，仍然会如此。如果是这样，那就接受这种状况并继续前进。

总是为每个参与者准备一些可以带走的材料。如果人们是在互联网上做的问卷调查，那他们就会得到一份个人的类型侧写，既可以阅读，也可以带到研讨会现场。但是如果参与者希望彼此之间能够快速且清晰地看到同事的个人侧写上面都写了些什么，上述的那些材料就不能满足这种需要了，所以在每人拥有一份自己的个人类型侧写外，另行准备一些小册子和其他备用材料是很重要的，例如准备一份 PPT。有时客户会追求节省一些不应该节省的开支，我只能认为这种行为是舍本逐末或形式主义。我曾经礼貌地退出过一个项目，当时委托客户告诉我，她的组织有一套我的关于 MBTI 的书籍，但这些书"仅供借阅"，必须在研讨会结束后归还。我把这些书的价格定得很低，但我并不打算把书免费送人，她也不准备让步，所以尽管我尽了最大的努力进行谈判，但这次合作还是没能谈成。

根据团体规模的大小，为每次的小型团体练习分配观察员也许会是一个好主意。他们的任务是寻找过程中出现的模式，比如：谁在说话、他们说话的方式是怎样的，以及他们使用什么词汇。这就使责任得到了分担，你不再需要成为唯一的解释和发表意见的人。

任何练习都要保持简短：6 ~ 7 分钟通常是最多的，一般来说 5 分钟就足够了。这种限制的原因是，一旦时间长了，其他的偏好就会开始影响人们的行为。当人们无法确定自己的偏好时，向他们保证这没有问题，并考虑邀请他们成为你下面要做的练习的观察者——无论你打算做的是什么练习。你可能有时会遇到一些看起来笨拙、难以调动的团队，因为它们的人数太多。当这种情况发生时，可以把原团队进一步切分成平行的、更小的小组。一般每个小组五六个人就足够了，或者视具体情况而定，看看是否要把哪种小组的数目翻倍，比如说，有两组偏好理性（T）的人，而其他偏好的小组只有一组。如果某个人是某种类型或偏好的唯一代表，你可以主动提出自己和此人分在一起。和这样的人在练习中互动时，把你自己的角色限制在提出开放式问题，所有代表本小组向大组汇报练习成果的事情都留给他们去做。

练习和活动的意义有三方面。首先，通过参与，人们可以弄清楚偏好意味着什么；其次，类型偏好本质上与思维模式有关，但活动和练习可以帮助人们理解这些模式会如何影响到行为；最后，这些练习是生动的，人们不仅能记得自己的行为，而且还记得别人做了什么。

> 那是一次培训项目，参与者是人数众多的一群管理人员。我们按照相似类型被分在一起的方式做了一个练习，当时我和另外五个 INTJ 在同一组，收到的指令是在一张活动挂图上画一张图，以代表我们这个类型。我们为这个指示究竟是什么意思而激烈争吵，意见不一。我们也无法就画什么达成一致。最后，我们六个人各自在不同的纸上画了自己的画。呵呵，我也真的是服了，谁让我们这些 INTJ 的驱动需求是要寻求独立自主呢！20 年来，这幅景象一直伴随着我，当我和公司的其他老板一起工作时，我每周都会提醒自己回想它。这些老板当中包括很多其他的 TJ 类型，其中至少两个人就是 INTJ。

团队教练的角色

在做这项工作的过程中，我会提醒自己根据教练原则来开展工作，就像我面对个人客户时一样。你的专长在于你对人类心理学的知识，以及它如何适用于团体。相对于会议"主席"——一个不同的角色，与做决策有关，决策者会对所做的决定负有责任——你既要在某些方面做得多一些，也会在另外一些方面做得少一些。所做的决定不会影响到你，所以你可以享受难得的独立性。你让人们可以安全地谈论自己的感受；你能够在必要时保持讨论的发散性，阻止共识过早形成；你可以创造挑战和支持的正确搭配；你还可以直面障碍，提供反馈，暂停判断。你是中立的，但不是完全中性的。你的职责不是要解决群体的问题（这一点只有他们自己才能做到），而是要创造一种充满挑战、温暖和接纳的氛围。在这种氛围中，表达出内心的不确定或寻求帮助都是完全没有问题的。你的角色是促进学习的发生，其他一切都不重要。你所做的每件事情都需要包罗在"引导"标签下的所有技巧中，它们是做这些事的基础技能。此外，还要加上你正在使用的与心理测量工具有关的专业知识——无论你用的是哪种工具。

真正能帮上忙的"基本规则"

在与群体合作时，要求该团体提出"基本规则"已经成为一种标准做法。毫无例外的是，它们所提议的都是一些我们熟悉的陈词滥调：开放、诚实、反馈，以及"在这里说过的话、做过的事就留在这里"。然而，通常只需要活动开始一个小时左右，你就会发现这些"规则"大部分都已经被忽略了。相反，我现在通常会建议，想要有效利用我们在一起的时间，最好的方法就是遵循以下这些具体的行为准则：

- 请说"我"，而不是"我们"或"人们"，因为你永远不能真正代表别人发言；
- 每次只有一个人发言，每次只说一个想法；
- 询问别人以求澄清他们的想法，而不是只顾着宣扬你自己的主张；
- 寻求在别人发言基础上的内容生发和建设，而不是排着队发言；
- 多听少说；
- 无论讨论的是什么问题，都要反思一下，你自己对当前的问题曾经造成过什么影响；
- 考虑一下，有没有可能其实你并不知道任何事情的所谓"真相"，所以请不要"哗众取宠"或发表演说、长篇大论，并在你说的每句话之前请加上"在我看来"；
- 全身心地投入：把你来到这里之前所关注的事务暂时放在一边，把你的电子设备收起来；
- 如果你觉得自己的时间没有得到有效利用，那就请大声说出来。

通常来说，我与某个团队举办的任何研讨会的第一部分，就是讨论以上这些建议如何产生影响，以及为什么它们能产生影响。这样的讨论也给了我自己一定程度的许可，让我可以在团体一旦违反这些"规则"时向他们提供反馈。

本章小结 ○────────────────────────────

当你与某个团体合作开展团队教练或其他类似的过程时，如 MBTI 的荣格式测评工具可以增添相当大的价值。团队经常会出现功能失调和根深蒂固的问题，这些问题的根源可能会追溯到几个月前或几年前。荣格式测评工具那种明确的、积极而正面的焦点可以帮助打造一个安全的环境，在这样的环境中才有可能探索那些到这个时间点仍然深藏不露的破坏性冲突。团队教练通常会以一段谨慎的缔结合约谈话开始，然后再分别访谈团队中的每一个人，在这以后，才谈得上评估任何心理测评工具在团队教练计划中所应占据的位置和发挥作用的方式。好的做法还包括让人们对工具的用途和测评结果将如何分享和存储放下心来，以及在任何研讨会上留出足够的时间来充分探讨。专家级别的团队教练会以教练原则指导自己开展工作，他们会明白团队必须找到他们自己的解决方案，而自己作为团队教练的角色则是创造一种氛围并使之成为可能。

第 12 章

设计一场介绍性的工作坊

本章包含了一些精心挑选的可靠的练习，供你向团体介绍 MBTI 或其他类似的荣格式心理测量问卷时使用。这样的活动有数百种，不过大多数都是基于相同想法的形式变换，而且本章篇幅有限，所以我只列举了自己反复使用的那些活动。咨询心理学家出版社和牛津心理学家出版社会出版和发行全面的资源指南，详细解释如何使用那些经过实际检验的练习，但在互联网上还有更多的免费资源。如果你在浏览器中输入 MBTI 练习或 MBTI 游戏，就会出现一些相关的网站，上面会有不断更新的建议和想法。大多数出版商还会维护一个资源库，由他们所培训和授权的人可以免费访问，获取其中的建议练习。我在这里描述的活动是基于 MBTI 的，但它们当中有许多也能配合其他荣格式测评工具使用，完全不需要或只需要很少的改动。

一场介绍性研讨会：总览

适用场合：团队教练过程的一个组成部分；管理者发展；一个群体，人际关系在其中起着重要的作用，而且其现状需要改善；针对教练、管理者、教师、培训师和其他专业人士的一场培训课程，对于这些人而言，了解他人是至关重要的。

我在本章中描述的许多练习在调解、亲密关系咨询和结对教练等方面也非常有效。

目的：介绍工具背后的荣格的基本思想；给人们创造机会，以在实际行动中亲身感受到什么是类型；明确自己的类型偏好。

这是一个简略的纲要，说明了一场介绍性研讨会可以如何谋篇布局。在本章较为靠后的小节中，会有关于如何围绕每个主题进行练习的详细信息。哪些练习最适合那个将工作委托给你的群体，这一点你可以自行判断，从备选活动中随意取用。

用时： 三个半小时。

资源需求： PPT 演示的软硬件、笔记本电脑、投影仪等电子设备；活动挂图、笔等文具；一个足够大的房间，可以容纳进一步的分组，并且没有太多的噪声干扰。根据群体的人数多少，决定是用没有桌子只有椅子的圆形布局，还是用歌厅式的有许多小桌子的布局。这两种方式都能让人们自由活动。

准备工作： 一张以活动挂图形式呈现的类型表，一个 PPT 演示文稿。

条件假设： 该团体已经接受了问卷调查，而且或者已经自己完成了打分，要么已经直接收到了测评结果，但还没有人得到单独的反馈。研讨会的大部分时间将花在练习上，这些练习将使人们能够检查和理解他们的类型偏好，你的发言将尽量减少。如果人们想要了解更多的理论，请他们参考你带到现场的其中一本小册子或你提供的众多网站，这些网站会提供更多关于研究和其他主题的信息。

研讨会的实施步骤如下。

- 由你来做一个简短的介绍，讲述问卷的起源及其开发者，解释它测量什么，不测量什么，以及它与其他工具的异同。
- 进行一次用来探究所谓"偏好"有何含义的练习。
- 你向他们展示一张幻灯片，上面列出了四个维度 / 两分，并对每一个维度附有非常简短的解释。你让人们猜猜，在这四个维度上，他们各自会把自己放在哪个位置，也就是说，他们对自己在每一个维度上的偏好是什么有多清楚或多不确定。告诉他们，因为他们才是最了解自己的人，所以研讨会将会给他们留出充足的时间来考虑什么对他们来说才是"真实的自我"。
- 分组练习，以探索外向 / 内向维度。
- 分组练习，以探索感觉 / 直觉维度。
- 分组练习，以探索理性 / 感性维度。
- 分组练习，以探索判断 / 感知维度。
- 全体一起：邀请参与者再看看他们的测评结果，并将之与之前他们对自己的猜测进行比较。

- 个人活动：邀请参与者阅读他们自己的个性类型侧写，看看哪些描述看起来准确，哪些看起来不准确。根据活动的剩余时间，你可以选择邀请参与者结对讨论这个问题。要强调，任何人对他们的"疑似"类型侧写存在疑问的话，都可以在中场休息时找你一起讨论。
- 邀请参与者各自在活动挂图上的类型表上对应自己类型的单元格中写下自己的名字。当人们还不确定或不清楚的时候，问问他们是否愿意暂时不做这件事。
- 全体一起。做一个探索这个团队的那份类型表的活动。哪些偏好或类型占据了主导地位？外向和内向、感觉和直觉、理性和感性、判断和感知之间又是怎样的一种比例关系？
- 按照心智功能（ST、NT、SF、NF）、类型表象限（IS、IN、ES、EN）或气质（SJ、SP、NT、NF）等将相似的人分为一组，以开始审视、探讨个性类型的影响。主题例如人际关系模式、冲突、影响和对变革的态度等。
- 整个小组：提问与答疑，回顾和总结学习，展望下一步。

做"用手习惯"练习，以了解荣格式人格类型指标中"偏好"的概念

适用场合：一场介绍性研讨会的第一个活动；一对一地服务某个教练客户。

目的：生动地导入"偏好"这个概念；强调我们所有人每天都会使用所有这八种偏好，但我们大多数人在每一对偏好中都会天生偏向于其中之一，其程度可能轻微，也可能强烈。

用时：5 ~ 10 分钟。

准备工作：被分成左右两栏的活动挂图纸。

该练习的实施步骤如下：

- 要求每个人写下他们的名字和他们出生的地方；
- 让他们把笔换到非惯用手里，然后把刚才写过的字再写一遍；
- 问问他们前后两次书写有什么不同；
- 将人们的回答分两栏记录在挂图纸上，两栏的标题分别是"偏好"和"非偏好"；
- 讨论这种现象如何适用于心理偏好。

该练习参与者的典型反应如下。

对于惯用的那只手，图表上可能包括了以下这样的评论：轻松、流利、不用想、自信等。对于非惯用手则可能会是：感觉像个小孩、别扭、虽然能做但感觉很不顺、很花时间、很费劲、不爽等。

外向 – 内向维度的练习

目的：探索沟通风格；澄清、揭露和探索关于自己和他人偏好的一些观点，有时甚至是相互之间的偏见；观察受到偏好影响的行为在现实中是怎样的。

用时：每个练习的典型用时是 5 ~ 10 分钟，然后还要加上汇报的时间。

对于以下的每一个以讨论为基础的练习，都要安排一个观察者。向观察者简单地交代一下，请他们观察以下这些情况：噪声和活动的程度，是否每个人都说了话，谁是沉默的，人们是否互相交谈了，笑声有多响亮，他们是否得到了一个结论。

"好处"和"坏处"练习

该练习的实施步骤如下。

- 把团体按照偏好外向或内向分成不同小组，要求他们在房间的相对两端或甚至不同的房间里工作。
- 请他们讨论以下任意一个问题：（1）关于和我们相反的那个组的偏好，你想提出哪三个问题？（2）你自己的偏好的好处是什么，坏处又是什么？（3）你认为偏好相反的那群人对你有何感觉和看法？你想让他们怎么看你？（4）如果组织完全由外向型人或内向型人组成，那会是什么样子？

"理想的会议"练习

如之前那样，把团体按照偏好外向或偏好内向分成不同小组，并安排相应的观察者，然后布置以下任务：制作一张单页的活动挂图，让它来表示你所在的专业领域一场理想的会议该是什么样子的。你喜欢用什么方式来呈现它都是可以的。

该练习参与者的典型反应如下。

偏好外向的小组经常会制作出一幅拥挤的图像，里面全是人；还会非常强调要讨论，要打破分组，以及晚上和中场休息时的社交活动。有些小组可能什么都不写，但会把他们的结论用迷你剧或小品的方式呈现出来。

偏好内向的小组更可能产生一组比较稀疏的图像或文字，表现出人们在专注地听演讲，或者独自坐着，或者阅读，或者成对交谈，或者在美丽的风景中独自散步，等等。当他们陈述时，他们更有可能依赖于在活动挂图纸上写下他们的结论。

"说话币" 练习

与大多数其他的外向－内向维度练习不同，这个练习将两种偏好的人混合在一起，每组 5 ~ 7 人。其目的有两点：其一是当两种偏好的人同时都在场时（大多数人群都是这样），提高对发言模式的认知；其二则是提升自我意识，例如内向的人是如何惜字如金、言简意赅，而外向的人发言更频繁，说话时间更长，音量也更高。

用时： 活动给 6 ~ 7 分钟，然后再加上讨论的时间。

资源需求： 同样的硬币或乐高积木块，给每人分六个。

该练习的实施步骤如下。

- 布置任务：讨论外向和内向的差异在组织生活中是如何表现的。
- 规则是：每次你发言时都必须放下你手中的一个"说话币"（即那些硬币或乐高积木块）。所有的"说话币"都用完了以后，你就不能再说话了。
- 将活动时间严格控制在五分钟内，你可以使用手机上的计时器来做到这一点。

形式变化： 不计时，活动持续到所有人都用完"说话币"为止。

该练习参与者的典型反应如下。

由于此活动的目的是完全透明的，发言可能比你预想的更为平均。但是，请交代观察员，要留意的不仅是谁发了言和发言的顺序，而且还要注意每次发言的时长。

让全体参与者再次聚在一起，讨论一下：当人们知道自己的日常行为受到了审视时，他们有何感受。例如，偏好外向的人是否有意识地调节了他们说话的方式和说话时长？偏好内向的人需要付出多少额外的努力才能更积极地参与谈话？

任一外向－内向维度练习的典型结果和反应

观察员的作用至关重要。这些活动通常会揭示出不同性格类型的小组在如何着手去做他们的任务方面存在着相当大的差异。外向小组的观察者通常会注意到人们在开心地说说笑笑、吵吵嚷嚷，有些时候还会有抢着说话的行为，比如相互打断对方的句子，或者是不止一个人开口说话。外向小组内的大多数成员都会发言。相比之下，内向小组的观察员描述的会是一种更安静、更深思熟虑的讨论，其中一些成员可能保持沉默，个人发言之间的停顿时间更长。

讨论的实施步骤如下。

- 询问观察者的意见。
- 询问各个小组的意见。
- 当小组陈述练习的结果时，着意寻找那些在不经意间表达出对偏好相反的人严厉评价的说法。例如，内向组有可能会问外向组："你们真的像看上去的那样夸夸其谈吗？"或者"你们为什么要那么急着打破沉默呢"。外向组则经常会问内向组："你为什么在会议上有所隐瞒呢？"或者"你为什么不告诉我们你在想什么呢"。
- 针对类似以上的陈述背后隐藏的相互之间的偏见，以及每种偏好的优缺点，引导一场讨论。
- 讨论是否有可能在许多国家的文化中对外向性会存在社会偏见；如果和你合作的是一个多文化或多国籍的团体，邀请他们发表一些有关其自身文化起源的评论，以及问问他们以上说的那种偏见在他们的文化里体现的程度。
- 向人们询问：如果在使用与己相反的偏好上能够提高技能，他们认为这样做可能会带来哪些发展上的益处？
- 询问参与者个人：他们认为自己在管理自己的个性偏好缺点方面做得怎么样？
- 邀请参与者给出例子，说明在团体成员参加的会议中外向偏好和内向偏好有何展现。
- 当你服务的对象是一个团队时，询问这些偏好如何与他们在会议中的互动模式相吻合。此时，那些偏好内向的人通常会描述自己发现在会议上发言并不容易，因此你可以提出来探讨的有力问题可能包括：（1）有什么做法可以让人们更容易做出更平均的贡献呢？（2）会议领导人/主席可以发挥什么作用？（3）偏好外向的人能够如何调节他们的行为呢？（4）偏好内向的人需要做出哪些额外的努力呢？

感觉 – 直觉维度的练习

目的：更深入地探讨每种偏好在实践中意味着什么，并理解它们作为思维方式是存在着互补性的；观察受到偏好影响的行为在实际行动中如何表现。

一项群体任务：构建一个结构

用时：活动 7 ~ 10 分钟，然后再加上汇报的时间。

把团体分成偏好感觉（S）的小组和偏好直觉（N）的小组，理想情况下每组不超过七人。如果一个小组人数太多，可以多拆分几个小组。

资源需求：两套完全相同的乐高积木块，每套里面都有多种形状和颜色。

任务的实施步骤如下。

- 任务指令是"构建一个结构"。确保你的表达方式不要有任何变化，就只有这六个字，不要有进一步的解释。给活动设置一个五分钟的计时器。
- 交代观察者去观察：小组针对这个任务有何假设；他们如何讨论，讨论了多长时间；他们所使用的词汇语句是什么；他们如何分配角色；完成后的结构看上去长什么样子；他们工作得有多快。

任务参与者的典型反应如下。

偏好感觉的小组通常会心无旁骛、驾轻就熟地开始他们的任务。通常讨论的不多，小组很快就会决定搭建某个类似于"桥"或"塔"且看上去就很现实的事物。形状会是坚实的，颜色会经过专业的搭配，创造出来的东西通常是稳固、对称和没有太多装饰的。小组将假定所有的部件都必须用上，即使这并非指令的一部分。

偏好直觉的小组通常会以一段时间的讨论或争论开始。他们通常会分成几个部分并行工作，而不是作为一个团体来分工合作，至少在一开始时会是这样。颜色是随意使用的，有些积木块就直接被丢弃了。有些时候，即便是像这样的为时其短的练习，团队中的某名成员也可能会感到无聊，然后选择坐下来或走开。他们做出来的"结构"可能会松散且不稳定，或者最终会分崩离析——如果他们真的能够完成某种"结构"的话。偶尔，团体成员会完全独立工作，每个人都制作出自己的

"结构"。

讨论的实施步骤如下。

- 让观察者描述他们看到了什么现象。
- 要求每组评论另一组做出来的"结构"。
- 探究偏好直觉的小组成员对与这些同事一起工作的感受。通常，他们会描述自己的沮丧情绪，因为无法坚持让其他人照着自己的想法来行事，特别是当这些小组包含一些"直觉＋理性＋判断"（NTJ）的类型偏好时。
- 向偏好感觉的小组提出同样的问题。
- 邀请参与者评论这些类型偏好在日常生活中是如何发挥作用的，尤其是当你所服务的是一个完整的团队时，为了能够有效地解决问题，感觉和直觉偏好需要同时派上用场。
- 探索与感觉和直觉偏好分别相关的技能可能会和哪些职业有关联，例如，外科或土木工程职业经常吸引感觉偏好的人，因为这类工作需要高度的缜密性，以及愿意遵循那些经过试验和测试的规程。艺术类别的职业往往会吸引直觉偏好的人，因为这种职业鼓励创新和个性。

S-N 的单人练习

这些练习都遵循着同样的原则，其做法都是要求人们写上一小段话来描述某个主题。这样做的目的是可以证明感觉偏好和直觉偏好的注意力通常会投向不同的地方。

准备工作：准备好一张幻灯片或活动挂图，其上简要地列出人格类型理论预测不同偏好的人在此练习中会做何反应。在练习阶段暂时不要让团队看到这张幻灯片或活动挂图。它的形式可能如下。

偏好感觉（S）	偏好直觉（N）
罗列清单	看全局
细节、数据、事实	隐喻和明喻
物理描述；外形著录	幽默、奇思怪想
现实、实用	关注未来
有形的	想象的情景
一步接一步	缺乏细节

这个活动有很多不同的形式变换，所有的形式都会以类似"写一段话来描述 / 说明……"这样的指令作为开始。以下是一些常见的备选主题。

- 你今天早上是怎么来到这个会场的；
- 一座花园；
- 我们所在的这个房间；
- 一棵树；
- 一张图片（要么在房间里就地取材，要么就是你带到会场来的）。

讨论的实施步骤如下。

- 向小组展示你提前准备好的那张幻灯片或活动挂图。
- 询问有哪些人认为自己所写的内容与理论的预测非常吻合，然后邀请他们朗读自己写下的段落，先邀请一个直觉偏好的人发言，然后再邀请一个感觉偏好的人。
- 讨论这两种偏好对于解决问题有着如何不同的贡献。
- 探索这两种偏好的缺点；问问与会者他们是如何管理这些缺点的。
- 邀请那些所写段落不符合理论预测的人来朗读。这样做能让我们明白理论和"现实"之间并不会完全相同，而且也知道了我们每个人使用偏好的方式都会各自不同。
- 根据实际需要，讨论感觉偏好 – 直觉偏好会如何影响问题的解决、团体生活或职业选择等主题。

形式变化：按照"鱼缸"的方式来组织讨论，也就是说，设置两个圈子，内部圈子和外部圈子各自由不同类型偏好的人组成，然后交换位置再来一轮。你可以在两个圈子之间来引导讨论的展开。

理性 – 感性维度的练习

目的：探索"四个维度 / 两分"中最棘手的一个；而且，与其他三个"两分"相比，这个"两分"中偏好的命名方式更有可能造成混乱，例如"感性"其实并非意味着多愁善感。此外，这些偏好也有可能受到社会规范和性别的影响。所以，与其他三个维度相比，这个维度更有可能刺激到人们的情绪，使其产生抗拒心理。此外，使用那些能够允许细微差别存在的类型指标工具是会有帮助的，例如 MBTI 测评的第二步就是其中之一。在 MBTI 第二步中，根据问卷结果的不同，报告可能会把你描述为一个"对人敏感的 T"，或者一个"喜欢质疑和挑战他人的 F"，或者理性 – 感性两者之间的某个地方。理性 – 感性维度的活动旨在让人们更多地了解这两种决策方法如何在实践中发挥作用。对偏好理性（T）的参与者而言，活动可能会带来震撼，让他们发现自己在应用逻辑和理性时是如何冷漠无情；偏好感性（F）的人们也可能同样地感到震惊，因为他们也许会意识到：即使情况需要迅速采取行动和坚定不移，他们仍然对于那些似乎带有惩罚性质的决定模棱两可，闪烁其词。

活动可以采取两种同样有用的形式，具体用哪种取决于你所面对的团体。

- **案例研究**。这是关于决策的练习，其中部分内容专门编写成了对于理性偏好和感性偏好具有同样的吸引力。典型的情况是，在故意限制了时长的练习可用时间内，偏好感性的小组只注意与人际关系和个人价值观有关的语句和想法，而偏好理性的小组则只注意涉及客观逻辑和公平的语句和想法。
- **讨论练习**。参加者被邀请进行辩论，辩论的主题专门选择了那些理性偏好者和感性偏好者可能会强调其中完全不同的重点题目。

观察员发挥着至关重要的作用。要交代他们注意以下所有状况：人们使用什么样的说法；群体如何对待彼此；他们多快得出结论；在陈述观点时，他们表现出了什么样的情绪或能量，这种情绪或能量的强度又有多少。

案例研究的一个样本

我已经对成百上千人用过下面这个案例研究，效果都很好。你可以随意使用，原样照搬也可以，或者做一些改编，变成你的研讨会参与者所熟悉的行业、部门和角色。

- 把团体分成偏好理性的小组和偏好感性的小组。
- 给每个人一份打印出来的案例研究文本，并告诉他们使用说明已经包含其中。

用时：活动用 15 分钟，然后再加上汇报的时间。

克里斯的案例：一项关于决策的练习

在某行业的一家组织中，你管理着一个由六名高管组成的团队。你的团队向组织的其余部门提供服务。你所在的业务单元目前承受着很大的压力，因为你们必须与外部服务供应商竞争。明年的具体收入目标已经制定，而人们普遍认为这些目标很难实现。

克里斯是你团队中的一员，他为该组织工作了33年，如今他的55岁生日快到了。你和他相识多年，事实上，当你刚加入组织时，他非常慷慨，乐于助人，把知识倾囊相授，与他相处使你感到愉快。当你的婚姻遇到困难时，他是唯一一个让你觉得可以畅所欲言的同事，他会认真倾听，充满同情。

现在你已经是他的上司了。你遇到了一个难题，就是人们对克里斯的行为提出了无数的抱怨。这些控诉涉及对其他部门高管态度粗鲁，以及他的员工说他"欺负人"。在过去一年的时间里，很明显，克里斯对他所看到的组织运作方式非常不满意。他说，他不喜欢这种过于强调节省资金以至于牺牲质量的方式，而且这种方式也已经失去了本组织早年的那种亲切感。照他的说法，"会计师们"似乎已经接管了公司。

你们所在的组织在过去的几年中经历了一段艰难的时期。有过无数次的重组，监管机构对你们很严厉，也有过一些负面的媒体宣传，其中大部分来自你们当地的媒体。最近的一项调查显示，员工的敬业度远远低于应有水平。同样的调查显示，克里斯所管理的部门，员工敬业度只是20分。当你向他提出这个问题时，他说，他只是试图维持旧的价值观和标准，而他的周围有很多"无知的年轻人"，他们并不明白传统在他们所做的事情中的重要性。

你承受着来自自己上司的压力，要求你"解决这个问题，而且要尽快解决"。

从你和克里斯的非正式谈话中，你知道他的生活压力很大。他的妻子患有严重的精神疾病，多年来一直时好时坏，经常长期住院。她目前是当地一家精神卫生机构的住院患者。他们十几岁的儿子患有 I 型糖尿病，克里斯告诉你，由于这个男孩不按时按量吃药，所以病情目前并不理想，最近就有几次紧急入院治疗的突发情况。

> **想一想，在这种情况下，如果你约了克里斯面谈，你打算怎么做？**

该练习参与者的典型反应如下。

偏好理性的小组强调将冲突揭示出来以直接面对；如果存在绩效问题，组织的需求必须优先于个人的需求；全面的公平也是很重要的，所以管理者如何进行这些艰难的对话真的至关重要。团队很少会提出任何过渡性的解决方案，比如找心理咨询师帮忙或转介到人力资源部门。他们通常会迅速而轻松地做出决定，而且讨论的方式通常也很干脆麻利。他们会使用类似这样的词汇：公平、绩效、审查、正义、客观、平衡、公正。

偏好感性的小组寻求的是一种和谐的解决方案，这种方案要认识到整个人的方方面面都会牵涉到决策当中，管理者如何处理这类问题会向组织的其他成员传递重要的信息；个人价值观很重要，绝不能背叛。他们寻找一种让经理和员工都能感到舒服的解决方案，通常会建议在最初的时候进行一次低调的私下会面以探讨这个问题，然后会将寻求心理咨询师的帮助作为备选的方案；同情心会被看作一种关键的价值观；在类似上述案例的情况下，"严厉的关爱"往往是必要的，因为他们也赞同，最终为克里斯找到离开组织的方法可能更接近于人道。他们会使用类似于以下的词汇：善良、温暖、友谊、同理心、融洽。讨论通常会更慢，也更周到。他们也有可能无法达成最终决定。

讨论的实施步骤如下。

- 要求每个小组汇报他们的结论。
- 要求观察者报告他们的所见所闻。
- 邀请每一组对另一组的决定发表评论，以及他们对每一次汇报陈述的方式及做法注意到了些什么。
- 鼓励与会者针对两种不同的价值观开展一场讨论，其一是尊重个人关系；其二是为组织的需要而采取行动。问问大家在什么情况下同情应该高于坚定，怜悯应该高于公正。
- 讨论性别维度的影响：社会化对这一偏好施加了何种影响，比如说，女性是否由于社会化的关系而倾向于抚育，而男性则倾向于强硬？做一个偏好感性的男性和一个偏好理性的女性会是什么感觉？

- 如果手头有数据表明这一偏好在群体所属的更大组织中是如何分布的，那就向大家询问这种分布可能会如何影响到员工敬业度、对结果的重视，以及绩效管理等议题。
- 讨论在大多数组织中高级经理里面都是偏好理性的人占多数这一现象，并询问与会者认为这一现象的原因是什么，后果又会是什么。
- 当你和一个完整的团队一起工作时，请他们思考一下，在他们的日常决策中对理性和感性这两个偏好各自的考虑程度有多少（答案通常会是不平衡的，这取决于团队及其领导者的类型偏好）。

理性 – 感性维度的讨论练习

这些讨论练习往往可以分为两类：一类是案例研究方法的简短版本，例如在一个资源有限的场景中必须做出对某人不利的决定；另一类则是关于某条原则或某个概念的讨论。在这两种情况下，都应把群体拆分成偏好理性的小组和偏好感性的小组。

第一类，即案例研究的简短版本，例子如下：

- 贵公司表示，将奖励团队的一名成员到某个令人心旷神怡的城市来一场周末度假，但你们必须自己决定使用什么标准来选出这个人；
- 你们办公室的空间被重新布置了，其中有两个人不得不轮流使用办公桌，而无法拥有自己专属的工作空间。你们将如何决定这两个人究竟是谁？

第二类，即关于原则或概念的讨论，例子如下：

- 给人们提供反馈的最好方法是什么？
- 你希望在工作中就哪些方面得到赏识？如果你没有得到你所需要的认可，那又会发生什么事？
- 什么是爱？
- 什么有助于良好的团队合作？

用时：讨论 10 分钟，然后再加上汇报的时间。

该练习参与者的典型反应如下。

偏好理性者会强调公平、成就以及有形成果的重要性。他们重视从他们尊敬的人那里得到的明智而审慎的反馈，不赞成把所有的事情都看成有针对个人的成分。

如果他们显然没能做到对其他人施加影响，愤怒会是最初的反应，接下来就会是冷静地抽身而去。如果他们感觉到了对自己缺乏认可，一般就会耸耸肩。

偏好感性者会强调融洽、个人联系、和谐、被他人喜爱、温柔，以及由于帮助别人从而得到认可的重要性。他们认为你是什么样的人和你做了什么样的事是同等重要的。他们重视真诚的赞美，被批评和打击会使他们垂头丧气和失去动力，因为这给他们的感觉实在太个人化了。

讨论的实施步骤与案例研究大致相同。

判断 – 感知维度的练习

目的：判断和感知偏好本质上其实是对于时间、计划和决策在态度上的心理差异。偏好判断的人在做出决定后会感到轻松，而偏好感知的人则希望尽可能长时间地保留自己的选择空间。这两种偏好的人在时间和计划方面的行为可能有所不同，但要注意，不要假设偏好判断者总是"有条理的"，而偏好感知者总是"草率马虎的"。这些练习的目的是帮助个体明确哪种方式感觉更舒服，并理解这两种方式的价值是互补的。

全体练习：工作和玩乐

我是在牛津心理学家出版社举办的 MBTI 资格认证工作坊上初次接触这个练习的，从那以后我已经使用过它很多次了。这个练习通常不会呈现出判断偏好和感知偏好之间泾渭分明的结果，但是我还是非常喜欢使用它，因为事后的讨论会非常有价值。

用时：包括讨论在内总共 15 分钟。

该练习的实施步骤如下。

- 向全体展示一张写有以下两句话的活动挂图或幻灯片：当我完成了我的工作以后，我就可以玩了；我可以在任何时候想玩就玩。
- 请大家站起来并且把桌椅挪开，以便有足够的空间让全体参与者在房间里排成一列。

- 让大家假设现在有一条看不见的直线穿过房间，这条直线的两端代表以上两种陈述，而且你要指出哪一端代表哪一种。
- 指出中点的位置。
- 让团队成员根据他们对以上两种说法的赞同程度来确定自己的位置。例如，如果他们热切地赞同"我可以在任何时候想玩就玩"这句话，他们就应该尽量站在远端。

该练习的参与者的典型反应和汇报讨论要点如下。

- 通常会有一大群人站在中间，但你应该先从站在两端的人开始汇报和讨论，这些人非常清楚自己是否同意以上两种说法。你可以先问问某一端的人他们为什么把自己放在这个位置，然后再问问另外一端的人。
- 邀请任何想发言的人发言，也包括那些站在中间立场的人。可以问问站在中间的这些人，两端分别对他们有什么吸引力，以及他们如何调和其中的分歧。
- 让测评结果为偏好判断（J）和偏好感知（P）的人们依次举起手，不过不要指望测评结果和他们在这条线上所站的位置完全相关，这只是一种很少见的情况。
- 当人们再次坐下时，向他们询问：这些偏好在他们自己的团队或群体的决策风格以及对待计划的态度中有何体现。

判断 – 感知维度的讨论练习

这些练习都基于一个相同的想法，即选择一个偏好判断者和偏好感知者很可能会表现出不同行为模式的主题来探讨。

用时：小组讨论六分钟，然后再加上汇报的时间。

该练习的实施步骤如下。

- 把群体拆分成偏好判断的小组和偏好感知的小组。
- 交代观察者去观察：每个小组展现出的精力水平，他们各自使用了哪些语句和说法，以及他们在实践中对活动指引的遵循程度。
- 任务设置可以为小组在下列话题中选择任意一个来进行讨论：（1）你会如何为某个节日或某次度假做准备；（2）如果我们现在就去看一下你所驾驶汽车的后备箱，我们会在里面发现些什么；（3）截止日期；（4）时间；（5）计划和做规划（问题变体：做规划时会发生什么情况？）。

如果团队完全由偏好判断者或偏好感知者组成，那会是什么样子？

该练习参与者的典型反应如下。

偏好判断的小组可能会举行一场清晰、聚焦的讨论，通常相当严肃。他们的假期准备工作通常包括提前预订交通工具、购买旅游指南、预订出租车和餐馆，有时还会详细安排每天的行程。在讨论中，他们通常会说到在把每件事都"安排妥当"以后的那种放松感。这些人喜欢早到，喜欢计划和做规划，无法想象一个没有计划的世界。他们还喜欢列清单，对时间非常珍惜。在有关汽车后备箱的练习中，通常会发现他们所驾驶汽车的后备箱是干净和相对较空的，除了急救用品和工具箱以外不会有别的东西。

偏好感知的小组可能会觉得这个任务本身就很可笑或很无聊，于是决定去做些完全不同的事情。他们可能会讲一些反对做计划的笑话。他们的汇报陈述可能只有寥寥几句话，然后紧跟着就是爆笑。如果他们确实进行了讨论，那么讨论的内容可能会表达出他们对于受到限制的恐惧。所谓"时间"只是一个模糊的概念，可以被拉伸，甚至可以被排除在外。有时他们会表达出对计划、交付成果、目标等词汇的强烈反感。在汽车后备箱练习中，如果那辆车只由偏好感知者拥有或使用，那么后备箱里面基本不太可能出现空空荡荡的情况。通常这些偏好感知者都会欣然承认里面有一大堆各种各样的东西。如果要问这些东西为什么会在那里，他们的回答基本都是"为了以防万一"或"没必要收拾——那纯属浪费精力"。

讨论的实施步骤如下。

- 请观察者描述他们的所见所闻；
- 邀请这些小组的成员针对他们的讨论发表评论；
- 讨论过度使用这两种偏好的缺点；
- 介绍偏好判断的管理者在大多数组织中占主导地位的现象，讨论可以解释这种现象的原因以及造成的结果，对结果要分成好处和坏处来说；
- 偏好判断者和偏好感知者都有可能会拖延，针对这两种情况分别邀请大家举出一些例子，讨论一下这种拖延可能会采取什么形式，其触发点又可能会是什么；
- 询问不同偏好的人在闲暇时间的行为是否与在工作中的相同（偏好判断者可能会说他们在家里不会那么坚决果断，而偏好感知者更可能会说工作内外都一样）；
- 偏好判断者和偏好感知者都可能把对方逼疯。问问参与者，他们在这个团体中是否会这样；

• 讨论这两种类型偏好是如何互补的，以及它们各自带来的价值。

以心智功能组合来分组的一项练习：理想的组织

目的：更深入地探索类型偏好；针对组织和个人对动机、认可和奖励等议题所持有的假设，识别出不同心智功能的人之间存在的深刻差异；为深入了解冲突管理并能更好地影响他人铺平道路。

用时：练习 10 分钟，然后再加上汇报的时间。

我总是力图在有关 MBTI 的任何研讨会上都使用这个活动，因为它能够产生非常丰富的效果。

形式变化：类似的练习，只不过改为根据气质类型（SJ、SP、NF、NT）或类型表上的象限（IN、EN、IS、ES）来分组，而幻灯片或活动挂图上的内容也要做相应改变。

准备工作：活动挂图、讲义或幻灯片。这些资料中的某一页会描述任务，而另一页则是预测偏好于不同心智功能的人将如何描述他们需要从组织生活中获取什么。在参与者完成他们的讨论之前，要对他们先隐瞒后面这一页的内容。你可以设计几页幻灯片或活动页面来表达这些想法。

该练习的实施步骤如下。

• 把人们按照心智功能的不同拆分成小组，功能相似的人（ST、SF、NT、NF）会被分在同一组内。告诉他们，他们的任务是设计心目中的理想组织。

• 向他们展示提前准备好的活动挂图或幻灯片，其上写明以下任务（设计你心目中的理想组织，用时 10 分钟）。

  – 这个理想的组织将从事什么行业？

  – 人们会因为什么而获得奖励？

  – 人们将会获得什么方式的奖励？

  – 人们会因为什么而受到惩罚？

- 这个组织会有什么样的结构?
- 组织文化如何,在那里工作会有什么样的感受?

- 召集全体,展示你事先准备好的幻灯片或活动挂图(如表 12–1 所示),上面记录了你对每组通常会提出什么观点的预测。

- 要求每组对他们的讨论做总结汇报,首先从 NT 小组开始,其次是 ST 小组,再次是 SF 小组,最后是 NF 小组。

- 每组的总结汇报结束后都要暂停一下,以进行讨论并听取与会者的评论意见。

- 邀请全体参与者来讨论,每组的汇报在多大程度上与你幻灯片或活动挂图上的预测相符合。

表 12–1　　　　　　　　　　　针对不同心智功能组合的人的预测

感觉 + 理性的类型 (ST)	感觉 + 感性的类型 (SF)	直觉 + 感性的类型 (NF)	直觉 + 理性的类型 (NT)
重视: • 效率 • 成本意识 • 通过数据来监控 • 崇尚传统 • 准时 • 忠诚 • 严肃对待工作 • 有形的回报,如金钱、头衔等 • 清晰的角色和程序 • 等级制度 • 即刻的实用性	重视: • 为人们提供实际的帮助 • 脚踏实地 • 循序渐进地改善,不要有突发的让人不愉快的事情 • 现实主义,看重经历和体验 • 关心个体 • 平等分享 • 通过表扬和提升地位来给予回报 • 会对长期服务提供酬劳 • 使用经过验证的方法 • 友善亲和	重视: • 有社会价值的工作 • 能发挥创造力,而且有趣 • 团队合作 • 创新 • 和谐 • 真诚 • 多样性 • 被内心深处强烈的价值观所驱动 • 通过个性化的表扬来提供回报 • 尊重个体 • 情商	重视: • 个人能力 • 扁平的层级 • 独立自主 • 创造力 • 不断追求进步 • 解决复杂的问题 • 除了我们自己制定的规则以外,不接受其他规则 • 回报就是做更大的项目 • 长期成长 • 就思想观念进行争辩

该练习参与者的典型反应如下。

通常情况下,小组讨论出来的内容与幻灯片或活动挂图上的预测内容是高度相关的。这会带来一个潜在的好处,那就是给那些对你所使用的心理测量工具表示过怀疑的人留下深刻印象。

小组之间常常会对彼此的讨论结果表示惊讶，也会有一些批评意见脱口而出，如"你是认真的吗？你真的想在这样的组织里工作吗？"举例来说，直觉＋理性的NT 小组可能会说，他们只要一想到可能要在感觉＋理性的同事（即 ST 小组）所描述的那种"理想组织"中工作就会吓得要死。在 NT 看来，ST 的所谓理想组织是僵化且抵制变革的。而 ST 小组可能会嘲笑他们所看到的直觉＋感性的同事（即 NF 小组）那种"围绕着爱与和平的工作安排"，或者不屑于他们认为自己通过 NT 小组如何描述他们心目中理想的工作环境就已经可以窥见的那种"无政府状态"。如果这类情况发生了，那么你需要小心地引导他们开展讨论，并提醒参与者，一个健康的团队或组织有能力融合所有的四种风格和需求，而一个由某种心理类型主导的组织从长期来看可能会遇上麻烦。

讨论的实施步骤如下。

- 邀请大家回答：在该群体所属的组织中，这四种风格中的哪一种当前占据了主导地位？如果是 MBTI 已经很好地渗透到了组织中的那个，那么其高管团队的个性类型资料可能是已知和公开的。假设是这样，可以参考这些资料来回答前面的提问。
- 询问：在这个团队中是哪种心智功能组合占据了主导地位？这种主导地位又造成了什么样的结果？
- 询问：为了让该团队或组织的思维和行为更加多元化，需要做些什么工作？

本章小结 ○

与一个团队或团体共同进行一系列练习，可以创建出一场生动活泼的试验，人们可以通过这样的试验就自己和他人的类型得出自己的结论。这比简单地阅读某本书上所写的类型侧写更令人难忘，也为团队成员提供了充分的机会，使他们能够明白，他们看待世界的方式很可能与其同事的方式截然不同，而这种差异是有价值的。

第 13 章
团队的自我审视

在与团队一起工作时，我会建议首先进行一次介绍性的、如第 12 章所述的研讨会，接下来再实施本章中的一个或多个活动。第 12 章中的所有练习都可以做些修改，以引发对你所服务的团队或团体有着独特意义的响应，但在本章中，我将介绍一系列可以带来额外价值的活动。你可以将这些活动看成一个由可选项组成的菜单，你可以对其进行选择或调整，以满足与你一起工作的那个特定团队的具体需要。

首先审视其他团队及其类型表的价值所在

在使用荣格式人格类型指标时，你会很容易忘记自己的专业知识。对于那些新手来说，因为他们对整个主题都不熟悉，所以，那些对你来说很明显的模式，在他们眼里可能就不那么明显了。因此，在让我的客户团队详细查看他们自己的类型表之前，我通常会花一些时间为他们提供一些来自其他团队的、匿名的类型表样本，并为他们布置一个小组讨论任务。这有助于对人们的技能优化，并使他们集中注意力。你可以从自己所熟悉的其他团队中挑选一些来创建你所需的样本示例，这样你就能够添加一些背景数据，并悉心保护客户的隐私。

与我工作的团队其实并不认识那些样本团体，手头关于他们的数据也极其有限——基本上就只是一张类型表和零星的一些其他信息。即便如此，团队在练习中仍然能够对那些样本团体中所发生的事情做出令人惊叹的准确猜测和洞察，其准确度和频率之高常令我惊喜万分，直到现在依然让我印象深刻。

练习：审视其他人的团队

目的： 帮助你所服务的群体理解团队自身所存在的模式有何含义；让他们能够更客观地看待自己的团队。

用时： 10 ～ 20 分钟，再加上汇报的时间。

准备工作：

1. 将一些团体的类型表制作成幻灯片或活动挂图，所选类型表应该是多样化的和有趣的；

2. 制作一张幻灯片或者活动挂图，其上附有以下全部或部分问题。

- 看到这个群体的类型表，你立即能想到什么？
- 哪些心智功能相似的类型（或哪些行列）拥有更多的人？
- 哪些心智功能只有很少的代表？
- 关于外向 – 内向和判断 – 感知这两个态度维度，这个团队的情况如何？
- 如果有人的话，哪种类型或心智功能在这张类型表中只有一个代表人？
- 你猜这个团队的优势会是什么？
- 你猜这个团队的短板会是什么？
- 他们开会时可能会是什么样子的？
- 你猜他们可能会在人际关系方面有什么问题？
- 对于向他们汇报工作的下属来说，这个团队可能会存在哪些有服务难度的地方？
- 对他们的老板来说，这个团队可能会有什么让人堵心的事？

布置任务： 通过使用以上幻灯片或活动挂图上的部分或全部问题，来审视你们对这个将要看到其类型表的群体有何猜测或推断。

- 花一点时间提醒你所服务的团体，除了他们将要看到的类型表和其他一些有限的信息以外，对于那些样本团体，他们其实是一无所知的。他们无法评估那些样本团体中任何个人的成熟度、判断和适应能力、智力或胜任力；也无法知道这些个体在使用自己的偏好方面做得是否有效，更不用说他们在多大程度上能够熟练地运用自己的反面偏好了。如果你能建议在场的人在发表评论时加上"可能""也许""大概"这样的词语来修饰他们的评论，那将会有所帮助。

- 做这个练习的方式有很多种，比如：（1）向全体展示一张类型表并征求他们的评论意见。这是最快的方式，但可能会导致少数人主导了讨论。（2）将团体以随机的方式拆分成更小的小组，播放幻灯片或展示活动挂图，并要求每个小组观察类型表上的不同区域，然后向全体汇报。（3）将团体拆分成更小的小组，为每个组提供一张打印出来的不同的类型表，讨论后再向全体汇报。
- 确保团体手头有一份参考指南，如某种缩略式的类型表，其中有每种类型非常简短的描写，或者一本可以让他们快速查找提示的书籍，以知道每种类型可能会有什么行为。
- 将前述的幻灯片或活动挂图上的问题提交给小组，让他们在完成讨论之后汇报结果。

例 1 至例 3 是我向我的客户群体提供的类型表样本，你可能会想自己做一些分析，然后看看你的猜测或见解与当时那些群体所讨论出的结果的符合程度。

例 1：某三明治连锁餐饮公司的高管团队（老板的类型是 INTJ）

ISTJ	ISFJ	INFJ	INTJ
ISTP	ISFP	INFP	INTP
ESTP	ESFP	ENFP	ENTP
ESTJ	ESFJ	ENFJ	ENFJ

典型的讨论产出

讨论这份类型表的小组往往会立即注意到，该团队中至少有六个人的偏好是感觉＋感知，也就是说，这些人具有"工匠"气质，崇尚实用主义，容易相处，喜欢实用的决策和权宜之计。他们会评论说，这类人可能非常适合其所在行业那种快速变化的环境，而且在这种环境中，注意个人卫生和分量控制等细节可能对成功至关重要，对竞争对手的活动做出迅速反应也可能非常重要。他们推测，在这个团队中工作可能会很有趣，尽管有些吵闹，尤其是团队中有四个喜欢开玩笑和搞恶作剧的 ESTP。他们想知道，相比之下，那位 INTJ 的老板会不会是一个比较严肃的人。由于这位老板和团队中另外一名 NT 成员是相对孤立的少数派，因此，这两个人可能费了九牛二虎之力也未必能做到让他们的同事考虑更长远的未来。考虑到该团队中只有一个偏好判断的人，所以该团队如何做决策就很让人忧虑。这个团队中完全缺乏偏好感性的人，这可能会是一件令人担忧的事情，除非这个团队能得到行业内其他从业者的帮助，提醒他们保持员工忠诚度是很重要的。

样本团队的真实情况

对于现实生活中的那个高管团队而言，以上所说的这些推测大部分都是准确的。这份类型表来自一个比较年轻的团队，它们经营的业务当时正在迅速扩张，事实上已经面临着扩张过度的风险。我在一个团队教练计划中与他们一起合作，他们的讨论常常会被一些让人分心且非常有趣的笑话所干扰，从而偏离决策过程，这种事情发生的频率之高令人惊讶。随着某个决策、某个议题看似已经完成了，但过不了多久，就会有人因为想到了一些表面上看似至关重要的想法，从而重新开启这个议题。那位 INTJ 类型的老板是该团队中年龄最大的人，他对此深感困扰。他曾经先是私下对我说，然后又在他的团队面前公开地说，他觉得有时候自己就像是一个到操场上去值日的老师，不断地吹响哨子，告诉那些吵闹的孩子已经到上课的时间了。不得不独自做出如此之多的决定使他感到负担很大，身心俱疲。

团队教练的过程和结果

该团队教练计划的第一部分是关于员工敬业度和领导力的，而 MBTI 测评在这个阶段还没有引入。后来，我和这个团队所做的大部分工作都是鼓励他们仔细观察自己的行为模式——无论是个体的行为，还是作为一个团队的共同行动，并使用 MBTI 作为我们的沟通语言。他们学得很快，并急于付诸实践。

在我们合作期间，该高管团队中有两人找到了其他的工作，所以愉快地离开了。该公司刻意地修改了关于这两个空缺职位的描述说明，使其分别对于"感觉＋理性＋判断"（STJ）和"直觉＋感性＋判断"（NFJ）类型的人具有独特的吸引力。事后证明这样做是成功的，虽然没有将 MBTI 直接用在实际的招聘遴选过程中。该公司还任命了一位 ENFJ 类型的人力资源总监，他以专家水准制定并实施了一项政策，以提高员工的保留率，并培训餐厅经理的基本领导技能。他们的观点是，与其他任何方式相比，MBTI 能让他们更快地认识到以上所有这些措施的必要性。

例 2：某出版社的高管团队（老板的类型是 ESTJ）

ISTJ 一	ISFJ T	INFJ 一	INTJ
ISTP	ISFP T	INFP 一	INTP 一
ESTP	ESFP	ENFP 一	ENTP
ESTJ 一	ESFJ	ENFJ	ENTJ

典型的讨论产出

人们可能会观察到，偏好内向的人在这个团队中占比很高——10 个中占了 8 个。他们会担忧这是否意味着沟通可能会出现问题。他们还注意到，有 7 个人偏好感性（F），但是老板本人是 ESTJ。如果老板是个典型的 ESTJ，那么他可能会喜欢大范围地呈现出高效率状态，而这可能会让他本人遇到阻力——如果他所提议的任何改变看上去也许会损害到个人利益的话。人们可能也想知道这个团队是否会着意避免冲突，因为冲突会干扰到感性偏好者喜欢的和谐状态。有时还会有人怀疑这位老板是否履新不久，是否有可能老板的上任是为了打造更紧张忙碌的工作环境，而那位 ISTJ 则是帮助老板做这件事的亲密战友。在有如此多高管偏好感性的情况下，有些参与者会设想他们在绩效管理方面可能会遇上问题，即愉快、友好的表面掩盖了他们不愿意去处理那些组织不再需要其技能的工作人员。此外，一条常见的评论意见是，每种心智功能组合（ST、SF、NF 和 NT）至少都会有一个代表，而且这个团队中偏好判断者和偏好感知者的人数相等。

样本团队的真实情况

现实生活中的团队也大体如此。他们的文化强调相互的温暖和忠诚。他们中的许多人从该出版社成立之初就在那里工作，其中大多数是女性。没有人的生日会被忘记；为婚礼和新生儿所举办的庆祝活动都很有格调。他们的核心问题在于过度追求以达成共识作为决策的方式。有太多的员工参与决策，有太多的员工要让他们保持"高兴",而且也有太多的托词来请求"再给些时间多做一点点研究工作"。在执行阶段出现了许多代价高昂的、最后时刻的延误,而究其原因都是因为发现了一些这样或那样的重要错误。评估体系并不存在,也很少有人知道老板是如何评价他们的工作表现的。造成的恶果是书籍和其他产品价格昂贵,而且往往是在错过了它们能够发挥最大影响力的时刻后方才出版面世,导致营业额和利润都在急剧下降。

团队教练的过程和结果

为了启动我们的团队教练计划,这位勇敢的 ESTJ 老板委托我们进行了一项她称之为"间谍调查"的工作。结果发现他们社自己的出版待办事项清单长度几乎是竞争对手的两倍,而且要复杂得多,而这并不让她感到意外。团队教练的挑战在于保持现有文化的精华部分,同时引入更清晰的角色,以及更短、更有效的决策过程和改善后的绩效管理。这是团队教练的第一个重点。后来,我向他们介绍了 MBTI 测评,此时我们工作的核心是理解在一个有效的组织中理性和感性这两种偏好都有用武之地。其中一个转折点是学习一种新的给予直接反馈的方式,这种做法既不会伤害对方,也不会刻意逃避那些有难度的信息。

例3:某零售组织中的高级客户服务团队(老板的类型是 ENTJ)

ISTJ 一	ISFJ	INFJ	INTJ
ISTP	ISFP	INFP	INTP 一
ESTP	ESFP	ENFP	ENTP 正丁
ESTJ	ESFJ	ENFJ	ENTJ 一

典型的讨论产出

在这个 10 人的团队中,有 7 人报告自己为 ENTP 类型;老板和另外一个人也在"直觉+理性"(NT)这一栏里面,这就只剩下了一个 ISTJ 类型的人是属于非 NT 偏好的。讨论往往围绕着这个人展开,想要知道他或她是否会痛苦地感觉到自己被孤立了，以及感觉到自己的"奇特"。人们通常还会注意到，在这 10 个人中有 8 个人偏好外向（E），他们认为，这可能会导致团队会议嘈杂混乱。此外，10 个人中也有 8 个人偏好感知（P），人们会担心这将导致即使做出了决定也可能会朝令夕改的情况。那么，在一个小组中有如此多 ENTP 的影响又会怎样呢？此时人们会去阅读有关 ENTP 类型的描述，过程中常常会笑出声来，猜测该团队的气氛将是活跃的、充满创新想法的、喧闹的，也是竞争激烈的，会有很多关于谁可能是最能干的人的争论。如果这种情况失控，有些人就会怀疑气氛是否会变得不那么和谐，即便这种氛围仍然可能充满创造力。团队中没有任何人的偏好是感性（F）。曾有一个人在讨论中说："我敢打赌，他们一定会开很多 T 类型的人的玩笑，我的意思是，会被很多 T 类型的人误以为是'幽默'的玩笑，其实只是伪装成机智的讽刺挖苦。"这张类型表本身没有提供关于性别是否平衡的信息，但看到它以后，有些人会怀疑，如果所有的 ENTP 都是男性，那会是什么样子。因为只有一个人偏好感觉（S），也只有两个人偏好判断（J），有些小组会质疑这个团队在实用性和做计划方面是否能够做好。

样本团队的真实情况

这是一个陷入了困境的团队。他们的老板对新委托的 IT 系统不断错过最终期限感到失去耐心；作为一个整体，这个团队很难接受他们对店面员工在处理客户投诉方面的培训不成功需要承担个人责任，而是倾向于把责任推到公司的其他方面。团队成员会在团队会议之外互相抱怨，他们自己的员工偶尔也会抱怨他们有欺凌行为。然而，并非全部都是不利因素。这个团队的长处是他们拥有旺盛的精力、聪明的才智、学习的意愿和在 NT 身上很典型的对于胜任力孜孜不倦的追求。

团队教练的过程和结果

我们在开始这项工作时以一种结构化的方式审视了他们面临的内部和外部挑战，然后焦点就集中到了使用 MBTI 工具来改善团队内部的人际关系上。我注意到，由于团队中有那么多偏好外向的人，他们经常各说各话，很少有人会在别人的观点上深入思考以建立自己的观点。这一点在引入 MBTI 之前，我就已经向他们提供过反馈了。该团队的所谓"讨论"其实只是一系列相互竞争的陈述或简短的演讲。他们必须学会每次只有一个人发言，而且还要学会倾听。

在团队教练计划进行到一半的时候，团队中的那位 ISTJ 因工作负担和被一些令人不快的个人问题所困扰，以压力太大为由而暂时离开了工作岗位，事实上再也没有回来过。

我们针对他们的人际关系做了一些要求严格的工作，让他们通过了解其他 15 种类型的人可能希望如何被影响来扩展自己的影响风格。正如其中一人在某阶段所说的："现在，我们必须在人际关系方面也能做到轻松应对。我们必须学会那些关于感性（F）的玩意儿，即使这给人的感觉就像我们一直在用左手做事一样。真见鬼！"

练习：审视你所在的团队

适用场合：任何需要通力合作的团队或群体。

用时：30 ~ 60 分钟，可以更多，具体取决于你有多少时间。

该练习的实施步骤如下。

- 实施这个活动最直接的方法是，让小组回答他们在考虑其他团队的类型表已经回答过的那些相同的问题。如果你之前没有做过那个活动，可以使用相同的幻灯片和相同的导入做法。
- 邀请人们结对或组成三人小组来思考第一个问题：第一次看到你们小组的类型表时，让你印象最深刻的地方是什么？让他们用大约五分钟的时间来讨论这个问题，然后根据他们所说的内容来引导一场非正式的讨论。
- 现在，保持全体聚在一起的状态，你可以逐一处理剩下的提问。在每个问答阶段，都要询问一下这些模式在群体生活中是如何展现的，例如：
  - 关于外向 – 内向的模式：这会影响你们是更多地使用电子邮件还是更多地面对面沟通？你们的会议是什么样子的？对于偏好内向者来说，让自己的声音被听到有多困难（要确保开口回答了这个问题的那些人确实是内向的人）？
  - 关于感觉 – 直觉的模式：问题是如何被解决的？
  - 关于理性 – 感性的模式：哪种决策模式占主导地位？你们对此有什么弥补的做法，

以防止不平衡的产生？如果有员工敬业度调查的数据可供参考，那就问问这些数据揭示了员工如何感受他们被管理的情况。

- 关于判断－感知的模式：假设偏好判断的人占据了主导地位，那就问问是否存在着一种过早地做出决定的冲动。如果情况确实如此，那就询问一下有哪些做法可以让话题在更长时间内保持开放？假设偏好感知的人占据了主导地位，那就问问是否有可能团队总是在避免做出决定，以及如何加速决策。

• 当你遇到类型完全相反的人，或者是在类型表上处于对角线象限（IS 对 EN，ES 对 IN）中的人时，问问他们是如何处理他们的关系的。如果关系良好，那就问一下，这种良好关系在多大程度上要归功于他们花了足够的时间去了解彼此的差异。如果关系不怎么好，那就问一下，如果使用类型作为观察透镜，可能需要做些什么来改善关系。

• 要求人们查阅你给他们的解释性小册子或其他材料。你可以说："请花几分钟时间做一些笔记，把你所属类型偏好的本质向团队中的其他人做介绍。你认为这个类型侧写的哪些部分描述准确，哪些部分不准确？关于你这个人，你希望他们了解些什么？"邀请每个人做一个大约三分钟的发言，然后再给每个人一分钟的提问答疑时间，以便澄清。

• 活动的最后 10 分钟，你可以要求团队提出建议，或者返回他们之前已经说过的提议，探讨他们可能想要做出哪些改变，以改进或多加利用之前讨论中已被重点强调的任何方面。请记下这些要点，以便在整个研讨会进入行动计划阶段时可以再度被提出来进行讨论。

练习：影响他人

目的：探讨"了解他人的类型偏好"如何可以增加成功影响他们的机会。

适用场合：改善团队关系；管理发展研讨会；结对教练、教练培训；销售培训；任何培训活动，只要其目的包括促进教学相长。

用时：20 分钟，再加上讨论的时间。

如果没有接受过培训，我们中的大多数人就会天真地以为，不管我们自己喜欢以什么方式受到影响，别人都会和我们一样。此处所说的"影响"，是指你想要的和别人想要的可能并不一样的任何情况。这可能包括给他们指令、与他们合作以改变其行为的某些方面、化解危机，又或者是合同谈判。这种技能也是销售的核心所在，无论你在销售的是某个想法还是某个实际的产品，也无论你是否正式担当销售的角色。

团队通常需要在有效开展讨论、与利益相关者建立联盟、制定战略等许多方面提高自己的水平。MBTI 提供了一个很好的学习方法，以帮助团队做到以上这些。对于一个团队来说，这个练习的直接好处是当涉及影响时，它能清楚地表明类型差异有多么明显。这是一个能使团队精力充沛和氛围愉快的练习，而且也具有严肃的目的。

任务：用人们所喜欢的沟通和说服方式，去影响个性类型和你完全不同或相差颇大的某人。你的具体工作是，让他们对你最近最为享受的一次度假感兴趣也可以是让人们对你最近读过的书、文章或看过的电影感兴趣）。

把人们结成对子，这样他们就可以和类型完全相反的人一起工作，或者至少也是来自类型表中不同象限（IS、IN、ES、EN）或不同心智功能组合（ST、SF、NF、NT，即类型表中所列）的人。

确保他们手头有一些参考资料，如一本类型侧写的册子，或者你准备的一张类似于表 13-1 的幻灯片或讲义，给他们五分钟的准备时间。

该练习的实施步骤如下。

- 为每一轮计时。让那位偏好相反的伙伴提供反馈，说说他们的感受。询问一下，刚才的做法能够成为按照他们自己偏好的风格对其施加影响的一个好例子吗？然后交换位置并重复刚才的过程。
- 再次把全体召集在一起，讨论一下，设身处地将自己套入别人的个性类型中，是容易还是困难。
- 提问：如何在日常的彼此磋商以及与工作环境中其他关键人物的谈判中运用刚才所获得的这些见解？

该练习典型的讨论产出如下。

表 13–1 　　　　　　　　针对不同心智功能组合的人施加影响

感觉＋理性（ST）的人	感觉＋感性（SF）的人	直觉＋感性（NF）的人	直觉＋理性（NT）的人
看重： • 具体细节、事实 • 此时此地 • 实用性 • 按部就班的方法 • 符合逻辑的框架 • 性价比 • 稳定性、确定性 • 明智合理的目标 • 表现出商务范	**看重：** • 实用主义、现实主义 • 个人联系 • 社交细节和礼仪 • 按部就班的方法 • 对人们的实际利益 • 友善 • 简单简洁 • 直率坦白 • 传统	**看重：** • 热情 • 真诚 • 有社会价值的宏伟想法 • 感觉到与他人有联结 • 个人成长 • 新颖性、新鲜感 • 团队协作 • 合作 • 解决问题 • 理想、梦想	**看重：** • 全局思考 • 分析与解决问题 • 逻辑和理性 • 独立自主 • 创造性、新颖性 • 可选方案、可能性 • 生产力、生产效率 • 独一无二，第一个吃螃蟹 • 长期趋势 • 聪明才智
不喜欢： 动听而无意义的话，多愁善感	**不喜欢：** 个人批评	**不喜欢：** 虚假的友谊	**不喜欢：** 过快给出过多细节

　　大多数人会报告说，以与自己个性类型相反的模式来维持谈话是极度困难的。种种典型说法包括"谈话感觉很笨拙，我无法相信原来这如此困难""感觉就像我在用某种外语说话""这件事情的磕绊程度让我们忍不住都笑了"。参与者的评论意见通常会谈到某种突然的顿悟，因为这个练习尽管过程很短，但揭示了我们自己的假设是如何根深蒂固。通常他们还会描述要用一套相反的假设来维持对话所付出的努力是如何艰巨。尽管困难重重，但尝试说服的对象通常会说结果是成功的，典型说法包括"他的确使我对那次度假有了兴趣，他说的那些正是我选择度假时会考虑的事情"。或者你也可以参考下面这段话，它来自一个"理性主义者"（NT）类型的人，当时与她搭档的"工匠"（SP）类型的练习伙伴刚刚向她推荐了去苏格兰地区滑雪度假。

　　　　她告诉我，即使是一个完全的滑雪初学者，也有可能以一名新手的身份而取得快速进步，这符合我对能力和个性化的需求。她还告诉我，这家酒店是一家精品酒店，需要有鉴别力的人才能欣赏！尽管我讨厌寒冷和下雪，而且我也不是很喜欢运动，但我还是对这趟度假之旅产生了兴趣，也会严肃认真地考虑。

练习：更为有效可行的解决问题的方法

目的： 提高参与者做出高质量决策的能力。

适用场合： 团队教练；会涉及决策的任何群体；有关创意的研讨会／工作坊。

用时： 60 分钟。

能够与一个人格类型、气质分类或心智功能都很平均分布的团队共同工作是比较少见的情况。在实践中，即使是分布上比较平均，团队也往往由少数更自信或更资深的人主导。高管团队中完全不存在偏好感性（F）类型的状况是极其普遍的，这可能会使得他们忽略或淡化了他们所做出的任何决策中的人性层面。以上所有这些都可能导致一种有缺陷的决策模式。类型理论认为，在无意识的层面上，当我们必须解决一个问题时，我们会直接诉诸我们的主导功能，通常这样做的代价是，我们很少注意或根本不注意其他三个心智功能。

实施这个活动可以有多种方式。最直接的做法如下。

- 向小组展示如图 13–1 所示的图形，说明它代表了一种方法，使四种心智功能（感觉 S、直觉 N、理性 T 和感性 F）各自的优势都能用来解决任何问题。
- 要求小组提出一个现实生活中的组织问题，这个问题不要太复杂，从而可以在有限的时间内探讨。
- 将人们分组，划分方式是将主导功能相同的人格类型分为一组。
  - 主导功能为感觉 S：ISTJ、ISFJ、ESFP、ESTP；
  - 主导功能为直觉 N：INTJ、INFJ、ENTP、ENFP；
  - 主导功能为理性 T：INTP、ISTP、ESTJ、ENTJ；
  - 主导功能为感性 F：INFP、ISFP、ENFJ、ESFJ。
- 设置一个"鱼缸"演练，即一组人在中间，其余的人在外面听。让每个小组依次通过图形中代表了他们的主导功能的那个角度来思考这个问题，从左上角的"感觉"开始，然后按照顺时针方式依次移动到"直觉"、"理性"和"感性"（假设你的团队中没有人具有这种主导功能，可以考虑让辅助功能是这种类型的人作为替代，或者你自己来扮演这个角色。也可以询问有没有志愿者为了做这个练习可以做到让自己从那种偏好的角度来思考）。注意，将每个阶段严格控制在五分钟内，否则其他偏好就会开始出现干扰。

- 重新把人们召集在一起，再次考虑这个问题。他们现在认为什么才是最好的决策？他们将如何向前推进这个决策？他们将如何减轻任何风险和不利影响？
- 让人们把刚才这套方法和他们通常做决策的方式进行比较。他们对这四种心智功能的考量如何？团队想要在他们的工作流程和实践中做出哪些改变？

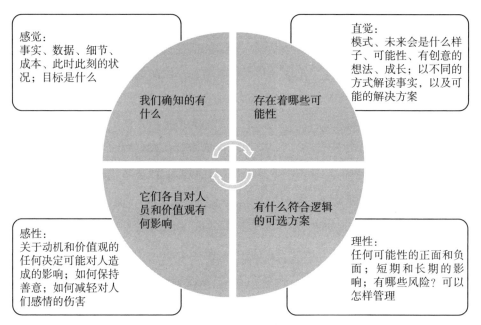

感觉：
事实、数据、细节、成本、此时此刻的状况；目标是什么

我们确知的有什么

存在着哪些可能性

直觉：
模式、未来会是什么样子、可能性、有创意的想法、成长；以不同的方式解读事实，以及可能的解决方案

它们各自对人员和价值观有何影响

有什么符合逻辑的可选方案

感性：
关于动机和价值观的任何决定可能对人造成的影响；如何保持善意；如何减轻对人们感情的伤害

理性：
任何可能性的正面和负面；短期和长期的影响；有哪些风险？可以怎样管理

图 13–1　使用所有四种心智功能的优势来解决问题

　　我曾向无数团队展示过这种解决问题的方法（基于著名的 MBTI "Z 字模型"，参见图 9–1）。无论这些团队中的主导偏好是什么，他们中的大多数人都会评论说，这种方法现在已经渗透到他们的讨论过程中，使他们的决策更为周全，也更为有效可行。

练习：处理压力

　　目的：打破许多人为了保护自己而发展出来的那种刀枪不入的感觉；营造信任和开放的氛围。

用时：每人 5 分钟，再加上 10 分钟用于全体讨论。

这个练习很简单，它可以鼓励人们诚实、开放，并发自内心地谈论什么会使他们感到有压力，有着无法估量的价值。它也鼓励同事们去发现其他人身上的压力症状，并了解应该怎样提供帮助。作为这个练习的引导者，你需要确定自己可以创造一个可信任的、安全的、绝对保密的环境。人们在练习中出现情绪崩溃的情况并不少见，也许是因为他们终于能够公开谈论那些被隐藏起来的担心、不体面或羞辱的事情，这让他们松了一口气。

你也可以将此与荣格式思想对压力和低级功能的解释结合起来，将此练习与你在一对一场合可能使用的类似问题或解释结合起来。

实施该练习的步骤如下。

- 要求每个人阅读关于每种人格类型的人往往会在哪些方面感受到压力的材料。不要说所有这些预测都会适用于他们，因为事实上也的确不会。他们应该根据自己的情况来判断——不适用的，直接跳过就好；有遗漏的，可以随时加上。使用一张事先准备好的幻灯片或活动挂图，来说明你将要求每个人回答以下问题：
  - 对我来说，什么会诱发压力？
  - 我在压力下会有何感受？
  - 你可能会看到我在压力状态下做出什么行为？
  - 什么能帮助我恢复平衡？
- 让每个人都不被打断地说上四分钟，留出一分钟时间征求意见或问题，然后再轮到下一个人。
- 当每个人都发言之后，开展一次讨论，议题是组织的压力可以在多大程度上得到减轻，以及如何在团队层面更好地管理压力和应激反应。

同样的方法还可以用来做另一个替代性练习，即让人们阅读和思考同样的材料，但这次是要在"悲伤""生气""高兴"的标题下来回答三个问题："什么会使我悲伤？""什么会使我生气？""什么会使我高兴？"。

本章小结 ◯────────────────────────

本章中的人格类型练习经过了特别设计，供你以团队教练的角色服务于某个特定团体时使用，而且其前提假设是，你已经在该团体中进行了一些关于人格类型的介绍性工作。这些介绍性工作有可能是单独的反馈会议，也可能是第 11 章和第 12 章所描述的那种半天时间的工作坊。本章的活动聚焦于某个团队以及其中个体所具备的独特特征上，并假设这个团队准备好了要投入时间和精力来提高他们相互合作的能力。你能够使用这些练习中的多少将取决于你有多少时间可用，所以请选择那些最适合于该特定团队的练习。

360 度反馈（360 feedback）

这是一套围绕管理者收集其周围各种来源的评价意见的方法，通过在线问卷调查的方式，或者结构式访谈来作为其出具的描述性报告的基础。

偏差（bias）

编制调查问卷时必须评估实际证据，以判断问卷是否带有偏差。所谓偏差就是说某一群用户发现他们使用该工具比其他用户更为困难。偏差可能来自年龄、国籍、种族、性别等的不同。

"大五"（big five）或称五因素模型（five factor model）

这是流行的说法，指的是一项基于统计学来分析人类性格中五个主要因素的研究的成果，这五个因素分别是开放性（Openness）、尽责性（Conscientiousness）、外向性（Extraversion）、宜人性（Agreeableness）和神经质（Neuroticism）。

两分（dichotomies）

在荣格流派的思想中，这一说法用来描述人格的四个维度（或称对立的两极），分别是外向和内向、感知和直觉、理性和感性、判断和感知。

情商（emotional intelligence，EQ）

这是一个由丹尼尔·戈尔曼提出并逐渐变得家喻户晓的、用来替代智商的概念。他认为，人们对自己的情感和他人的情感的感知能力，与语言推理等认知因素一样重要。

外向（extraversion）

在大多数荣格式测评工具中，这意味着从与他人的接触和活动中获取能量。

表面效度（face validity）

在任何心理测评工具中，衡量其成功与否的一个标准是：针对该工具宣称自己要达成的目标，用户对其测评结果的认可程度（即用户认为测评结果与实际状况之间的差距有多大）。

感性（feeling）

荣格式问卷中关于决策的那一对偏好中的一个，意思是更喜欢基于关系和价值观来做决策的方法。其对立面是"理性"偏好。

功能／心智功能（function/mental function）

又译为机能，是荣格心理学中的一个特定术语，指的是感知和决策的四种不同的认知方式，即（用于感知的）感觉和直觉、（用于决策的）理性和感性。

指标（indicator）

之所以要用这个词来命名心理测量问卷，是为了要公开地宣示：设计问卷时没有想过其测评结果要成为关于"人格"（或其他因素，例如"能力"）的终极裁断，仅仅是个指引而已。

内向（introversion）

在大多数荣格式测评工具中，这意味着从安静的反思中获取能量。

直觉（intuition，也常常写作 iNtution，以突出代表偏好的字母 N）

代表了一种通过整体模式和可能性来感知和理解世界的方式。其对立面是"感觉"偏好。

自比的／自比性（ipsative）

心理测量问卷的一种特征，即所提供的题项 ① 是要求被试必须在其中作强制选择／迫选（forced-choice）的。这些题项会有意设计成每一个看起来都具备同样的吸

---

① 绝大多数情况下为两个。——译者注

引力。

题项（item）

心理测评工具中的问题或者其他触发反应的机制。

判断（judging）

由迈尔斯和布里格斯在荣格的类型学中加入的那一对偏好（两分）其中的一极。它意味着偏爱有计划、有组织、有条理，其对立面是"感知"偏好。

判断功能（judging Function）

指的是由思考和情感这两个偏好所组成的一个维度/两分，涉及我们做决策的典型方式。

荣格式问卷（jungian questionnaires）

卡尔·荣格在其所著的《心理类型》（*Psychological Types*）一书中确定了八种影响行为的思维方式，所有基于这一思想而开发出来的心理测量问卷都被称为荣格式问卷，包括 MBTI 测评和许多其他问卷。

李克特量表（likert scale）

与自比式问卷不同的一种问卷，所采用的不是强迫选择的方式，而是邀请使用者在一个范围内（比如 1 ~ 5）做出选择，所选的数字代表了他们在多大程度上赞同某个特定的说法，因此就有可能做不偏不倚的中立选择。

元分析（meta-analysis）

一种分析方法，指的是对过往的若干项研究进行系统的统计审查，有可能会结合定量和定性数据，以得出比这些研究中任一单项都更有说服力的全面结论。大五心理测量方法就是用这种方式创建的。

神经语言程式学（neuro-linguistic programming，NLP）

在 20 世纪 70 年代，由理查德·班德勒（Richard Bandler）提出的一种促使行为改变的方法，声称可以根据某些假设或预设（presuppositions）对大脑进行"重新编程"。

常模群体（norm group）

指的是接受了某项心理测量问卷或测试，然后被用作参照对象的一定数目的人群。常模群体既可以是随机抽选的样本，也可以是代表了特定的年龄、职业或其他队列特征的人群。

正态分布（normal distribution）

指的是当许多测量值被绘制在图上时产生的钟形曲线。正态分布所产生的测量分数会集中在曲线的中间，也就是顶部，并随着与中间的距离增加而逐渐减少。

感知（perceiving）

由迈尔斯和布里格斯在荣格的类型学中加入的那一对偏好（两分）其中的一极。它意味着保持选择的开放性，灵活应变。其对立面是"判断"偏好。

感知功能（perceiving function）

指的是由感觉和直觉这两个偏好所组成的一个维度／两分，涉及我们的注意力首先流向哪里。

偏好（preference）

在 MBTI 和其他基于荣格思想的问卷中，它被用来描述一个人在四组"维度／两分"中对其中一极的偏爱程度。这四组"维度／两分"分别是：外向 – 内向、感觉 – 直觉、理性 – 感性、判断 – 感知。

心理测量学（psychometrics）

衡量人类的性格、行为和能力的一门科学。

信度（reliability）

心理测量的核心原则之一。当我们使用某个测评工具对相同或类似的被试者在不同时间重复测量时，如果前后的测量结果稳定一致，那么这个测评工具就具备了"信度"。

原始分数（raw scores）

在不对照常模组做任何调整的情况下，一组答案的总和，如在语言推理测试中正确答案的个数。

感觉（sensing）

在大多数荣格式测评工具中，这意味着通过此时此刻可见的事物来感知和理解世界。其对立面是"直觉"偏好。

标准十分（sten scores）

Sten 是标准十分制（standard ten）的缩写，意味着原始分数经过与常模组的分数进行比较，从而转换成一个 10 分制量表中的分数。

团队教练（team coaching）

指的是工作团队定期与教练会面，讨论其角色、关系、系统和结构的一套方法和过程。其目标是通过提高团队应对当前和未来挑战的能力来提升团队绩效。

气质（temperament）

如今，气质类型（temperament types）与大卫·凯尔西（David Keirsey, 1921—2013）的研究联系在一起，并与 MBTI 密切相关。但是，四种气质的概念有着悠久的历史，最早可以追溯到希波克拉底（公元前 460—前 370 年）提出的多血质、抑郁质、胆汁质和黏液质的理论。凯尔西将他的版本命名为工匠（感觉 S+ 感知 P）、卫士（感觉 S+ 判断 J）、理想主义者（直觉 N+ 情感 F）和理性主义者（直觉 N+ 思考 T）。

重测（test–retest）

测量信度的主要方法之一。这意味着在一段时间之后，将相同的测试让相同的人再做一遍。当再次给同样的人群使用某心理测量工具时，如果该工具仍然能产生相同的结果，人们就认为它具备了信度。

理性（thinking）

荣格式问卷中关于决策的那一对偏好其中的一个，意思是，更喜欢用客观和符合逻辑的方式来做决策。其对立面是"感性"偏好。

基于特质说的测评工具（trait–based instrument）

一种心理测量问卷，它用许多不同的尺度——如开放性、决心，等等——来衡量一个人的行为。基于特质说的测评工具所做的是度量，而基于类型说的测评所做的是分类。

基于类型说的测评工具（type-based instrument）

另一种问卷，它将人分为不同的性格类型，其背后是基于这样的假设，即这些性格特征是稳定的，在人的一生中不会有太大的变化。

类型发展（type development）

荣格心理学的一个假设，即每个人都处在一条独特的、贯穿一生的道路上，其发展的结果是获取能力，以使用所有的心理过程和功能，且在不同的人生阶段往往会有一个典型的模式。

类型动力（type dynamics）

MBTI 支持这样一种信念，即每种类型中四种心智功能（感觉、直觉、理性、感性）各自遵循着一个自然形成的层次结构：从强到弱分别是主要功能、辅助功能、第三功能和最次功能。伊莎贝尔·迈尔斯基于荣格思想的某些方面开发了一套准则，用来决定这四种心智功能哪些作用于外部世界，哪些又作用于内心世界。

类型学（typology）

在心理测量学领域意味着一种系统地将人类性格分门别类的特定方法。

效度（validity）

一份问卷是否测量出了它所声称要测量的东西。

Bayne, R. (1997) *The Myers–Briggs Type Indicator: A Critical Review and Practical Guide.*
Cheltenham: Stanley Thornes

Bridges, W. (2004) *Transitions: Making Sense of Life's Changes* (25th anniversary edition) .
Cambridge, MA: Da Capo Press

Brock, S.A. (1994) *Introduction to Type and Selling.* Mountain View, CA: CPP

Cain, S. (2013) . *Quiet: The Power of Introverts in a World that Can't Stop Talking.*
New York: Penguin Books

Dunning, D. (2005) *Type and Career Development.* Mountain View, CA: CPP

Goffee, R. and Jones, G. (2006) *Why Should Anyone be Led By You?* Boston, MA: Harvard Business
School Publishing

Goleman, D. (1996) *Emotional Intelligence: Why It Can Matter More than IQ.* London: Bloomsbury

Ibarra, I. (2003) *Working Identity: Unconventional Strategies for Reinventing Your Career.* Boston,
MA: Harvard Business School Publishing

Keirsey, D. (1998) *Please Understand Me II. Temperament, Character, Intelligence.*
Del Mar, CA: Prometheus Nemesis

Kahneman, D. (2012) *Thinking, Fast and Slow.* London: Penguin Books

Krebs Hirsh, S. and Kise, J.A. (2011) *Introduction to Type and Coaching.* Mountain View, CA:
Consulting Psychologists Press

Kroeger, O. and Thuesen, J.M. (1988) *Type Talk.* New York: Dell Publishing

Lencioni, P. (2002) *The Five Dysfunctions of a Team: A Leadership Fable.*

San Francisco, CA: Jossey-Bass

Luft, J. and Ingham, H.（1955）. *The Johari Window, a graphic model of interpersonal awareness.* Proceedings of the Western Training Laboratory in Group Development. Los Angeles, CA: University of California, Los Angeles

Myers, I.B.（1998）*Introduction to Type*（6th edn）. Sunnyvale, CA: CPP

Myers, I.B., McCaulley, M.H., Quenk, N.L. and Hammer, A.L.（1998）*MBTI Manual: A Guide to the Development and Use of the Myers–Briggs Type Indicator Instru- ment.* Mountain View, CA: CPP

Myers, I.B. and Myers, P.（1980）*Gifts Differing: Understanding Personality Type.* Palo Alto, CA: Consulting Psychologists Press

Myers, K.D. and Kirby, L.K.（1994）*Introduction to Type Dynamics and Development.*

Oxford: Oxford Psychologists Press

Palmer, H. and Brown, P.（1998）*The Enneagram Advantage.* New York: Harmony Books Passmore, J.（ed.）（2008）*Psychometrics in Coaching.* London: Kogan Page

心理测量学的应用范围远不限于教练活动。尽管如此，在教练中使用心理测量学还是有很多可圈可点之处的。尤其是人格类型指标，它们能提供很多东西，因为它们让任何教练都有机会以一种基于优势的方法来和客户开展工作。它们是一种讨论人际差异和处理潜在弱点的安全方式。

它们最引人注目的优势之一就是，类似于 MBTI 的人格类型指标为教练和客户提供了一套通用的心理词汇库。

史蒂夫正在和他的教练讨论家庭问题。他不无遗憾地说："我想让女儿上钢琴课，因为我认为这是让她爱上音乐的好方法。但是她一直非常抗拒。"史蒂夫和他的教练一致认为，尽管他的女儿只有九岁，但她的个性偏好是 ENTP，这一点可能已经很清楚了。史蒂夫突然意识到，他自己那套通过目标、有形奖励和里程碑来说服女儿的 ESTJ 方法，在他女儿身上是最不可能奏效的，因为在种种小心思、小花招上，他的女儿比他可强太多了。这种领悟使得史蒂夫大笑起来。他的教练问："你需要怎么做才能说服一个ENTP？""嗯，让我想想……"史蒂夫说，"在她面前炫耀自己的能力？说她可以成为独一无二的那个人？说她可以创作歌曲来取悦她的朋友……好吧，我明白了！"

客户还可以成为类型观察方面的专家，对同事的偏好做出正确的猜测——即使这些同事并没有做过问卷，并相应地调整他们对待这些同事的方法。明智地应用类

型观念是有效影响他人的捷径之一，而有效影响又是任何领导者或管理者所必须具备的首要技能。类型观念在领导力、职业生涯、调解争端、咨询和解决各种问题方面也有应用，这主要是因为它们很容易理解，而且不会针对人们是否具有太多或太少的任何一种特定的行为特质来下断言。如果这方面正是你需要的，那么还有许多其他优秀的心理测量评估也能很好地做到这一点。

当我回顾多年来自己对荣格式思想和例如 MBTI 这样的杰出问卷一直情有独钟时，我发现，它们使我始终着迷的原因之一就是，它们反映了教练的一个核心价值观——平等的伙伴关系，而正是这个价值观所支撑起的一切，使得教练和客户可以最有效地一起工作。

我把自己的 INTJ 偏好带到了我与客户所做的一切工作中，这是不可避免的，因为这些类型偏好无疑已经成了我身份的一部分，而且我会把真实的自我带入每一次教练谈话之中。然而，我也必须进入客户的世界，无论他们的偏好是什么，他们都会有着自己独特的表现方式。每当我忍不住想给客户展示一幅由小方框和箭头组成的图形，或是解释一个有关领导力的简洁理论时，我都会在心里勒住缰绳，自我拷问道："这个想法中有多少来自我自己的喜好？这个客户有多么需要知道这个理论？"或者"这样做会让我这个 INTJ 感到兴奋，但它能让我的客户感兴趣吗？"或"它能对我的客户有用处吗？"教练活动能让客户做出更好的选择，但这个崇高的目标只能在一种情况下实现，即教练本人和客户同样走在提升自我意识的道路上。

其他心理测量学工具也能用来做类似的事情，但是 MBTI 本身不囿于细节的那种简洁度，这让它更容易使用、更容易记忆、更灵活多变。

人格类型指标对团队和个人都很有用，这是它的独到之处。作为一种与团队一起开展工作的方法，它可以让团队成员深入了解团队的动态。对团队与对个体的工作一样，人格类型指标可以消除敌意和抵抗，这是一条有效的途径，能帮助工作团队战胜他们在定义各自角色、加强相互联系、平衡自主需求与合作需求等方面遇到的许多困难。与其他心理测量学不同的是，荣格式指标有助于人们进行生动、有趣、专注的练习，在这些练习中，人们可以自行观察类型偏好在行为中的表现，并得出自己的结论。

> 我还记得你向我们介绍 MBTI 的那个下午。那是在炎热的七月，所以我们让一楼那间屋子的窗户一直保持敞开的状态。在那之前，我总是认为我某些同事的行为莫名其妙，但这一切对我来说突然就变得有道理了。我看到在团队里扮演小丑角色的尼克突然从窗户跳了出去，原因是他无法让其他人按照他的思路来做感觉－直觉维度的练习。我还看到一脸严肃的老杰夫——我们当中那位总是愁眉苦脸的悲观主义者，当团队正在进行用 Z 字模型来解决问题的练习时，他给我们提供了基本事实，而他所说的基本事实居然被我们那么多人都忽略了。是的，这一切都说得通了——尼克是个 INTP，杰夫是个 ISTJ，我是个 ENFP……所有人都有了可理解的方式。我们之前怎么就会认为一个"好的"团队是每个人的想法都一样呢？我们把非常多的这一类想法融入日常工作，现在一切都变得好多了。

尽管遭受了来自心理测量学中竞争对手的敌意攻击，但荣格式思想观念仍然多年屹立不倒。当我翻看又一篇攻击 MBTI 的文章发表后的网络跟帖时，通常都会看到有人发问："如果文章所说这些都是垃圾，那为什么有这么多人似乎对它坚信不疑呢？"答案当然是：首先，它不是"垃圾"，因为它有着坚实的研究基础；其次，它如此流行是因为它有效而容易理解，并且既可以用在最简单的层面上，也可以应用于非常广泛的人群。

对类型观念的热情需要通过了解它们的缺陷和弱点来加以平衡。人格类型学说不是一种宗教，不需要以信仰作为前提条件。对理论的某些方面持怀疑态度，对你喜欢的用途有所取舍，以及对你认可的问卷版本挑三拣四，这些做法都是可以的。这将取决于你自己的需求、你对质量的判断、你与客户群体的契合度、客户群体能承受的价格，以及你关于什么才适合你自己的看法。你需要在付出和回报之间取得平衡——付出的是你在培训上投入的时间和金钱，得到的则是它在你的专业实践中所提供的回报，以及它对你个人发展方面的贡献。

对我来说，MBTI 时至今日仍然是灵感、快乐和启迪的重要来源之一。它深刻地影响了我如何看待自己，以及我如何理解人类情感和互动的复杂世界。荣格谈到他自己的类型学时曾说，"在人类性格的无垠荒野中，它只是一个罗经点而已"，但是如果人类失去了这些罗经点的帮助，那我们肯定会发现一切都变得更加困难。

北京阅想时代文化发展有限责任公司为中国人民大学出版社有限公司下属的商业新知事业部，致力于经管类优秀出版物（外版书为主）的策划及出版，主要涉及经济管理、金融、投资理财、心理学、成功励志、生活等出版领域，下设"阅想·商业""阅想·财富""阅想·新知""阅想·心理""阅想·生活"以及"阅想·人文"等多条产品线，致力于为国内商业人士提供涵盖先进、前沿的管理理念和思想的专业类图书和趋势类图书，同时也为满足商业人士的内心诉求，打造一系列提倡心理和生活健康的心理学图书和生活管理类图书。

《高绩效团队教练（第2版）》

- 教练大师、巴斯咨询集团创始人兼名誉董事长彼得·霍金斯将系统性教练技术付诸实践的倾心之作。
- 清华大学经管学院领导力研究中心研究员陈生民、著名团队管理专家、创业家兼专栏作家玛格丽特·赫弗南作序推荐。

《高绩效团队教练（实战篇）》

- 教练大师彼得·霍金斯所著《高绩效团队教练（第2版）》的配套案例集。
- 书中大量的案例研究是众多的团队领导者和团队外部教练共同写作完成的，所选案例来自不同的国家和地区，如澳大利亚、芬兰、加拿大、英国及欧洲大陆等。
- 这些案例短小精悍，涉及诸多领域，包括专业服务、医药、健康服务、航空、建筑、金融、地方政府等。